700 ARBRES ET PLANTES DE JARDIN

KLAAS T. NOORDHUIS

700 ARBRES ET PLANTES DE JARDIN

Traduit du néerlandais par
Jean-Louis Parmentier

Gründ

Légende des symboles utilisés

*	Plante disponible habituellement sur commande.
**	Plante proposée généralement par des fournisseurs très spécialisés.
❧	Plante que l'auteur apprécie tout particulièrement.
(d)	Fleurs doubles
(sd)	Fleurs semi-doubles
f.	Feuillage ou feuille
fl.	Fleur
fr.	Fruit

GARANTIE DE L'ÉDITEUR
Malgré tous les soins apportés à sa fabrication, il est malheureusement possible que cet ouvrage comporte un défaut d'impression ou de façonnage. Dans ce cas, il vous sera échangé sans frais. Veuillez à cet effet le rapporter au libraire qui vous l'a vendu ou nous écrire à l'adresse ci-dessous en nous précisant la nature du défaut constaté. Dans l'un ou l'autre cas, il sera immédiatement fait droit à votre réclamation.
Librairie Gründ – 60, rue Mazarine – 75006 Paris

Traduction de Jean-Louis Parmentier
Texte original de Klaas T. Noordhuis
Adaptation : Annie Herschlikowitz
Secrétariat d'édition : Claire Forgeot

Première édition française 1996
par Librairie Gründ, Paris

ISBN : 2-7000-2330-7
Dépôt légal : février 1996
Édition originale 1994 par Rebo Productions, Lisse
sous le titre original *Tuinplanten Encyclopedie*

Composition : PFC, Dole
Imprimé en Slovénie

Sommaire

Les arbres
Les grands jardins 9
Les petits jardins 22

Arbrisseaux et arbustes
Espèces à feuilles persistantes 33
Espèces à feuilles caduques 53

Les plantes pour haies 87

Les conifères 101

Les rosiers 115

Les plantes grimpantes 131

Les plantes vivaces 143

Bambous, fougères et graminées 213

Plantes à bulbes et tubercules 227

Les plantes aquatiques 253

Plantes annuelles et bisannuelles 273

Plantes en pots et en bacs 301

Glossaire 317

Index des noms latins 318

Avant-propos

Passer en revue un si grand nombre de plantes dans un seul livre est passionnant et permet d'apprendre bien des choses. Bien sûr, il peut arriver que certaines des plantes décrites ici ne soient pas immédiatement disponibles chez les pépiniéristes ou dans les jardineries. Il faut alors les commander, car on ne peut attendre d'un fournisseur qu'il détienne précisément la variété que l'on a choisie, surtout si elle est peu demandée. *700 Arbustes et Plantes de jardin* présente des plantes qui, de façon générale, sont disponibles en France et au Benelux, même si certaines d'entre elles, plus rares ou particulièrement remarquables, sont plus coûteuses et ne sont proposées que par des pépiniéristes spécialisés. Il faut parfois se donner du mal pour les trouver, mais alors quelle satisfaction !
Nous avons fait suivre du symbole ❧ le nom des espèces ou variétés qui nous ont paru les plus dignes d'intérêt, et quel jardinier n'a pas ses préférées ? Le texte descriptif donne les raisons de cet intérêt. Dans les listes de plantes sélectionnées, nous indiquons dans l'ordre l'espèce et la variété, suivies selon les cas de la forme générale, la couleur de la fleur ou du feuillage, l'époque de la floraison, la hauteur (en mètres ou en centimètres). Vous trouverez page 4 les explications des abréviations utilisées. Les informations concernent toujours le mode de végétation de la plante.

Klaas T. Noordhuis

Ci-contre : *Sedum kamtschaticum*

Les arbres

Les grands jardins

Le choix d'un grand arbre n'est pas chose simple. On risque de s'apercevoir tôt ou tard que l'arbre cache la forêt... Malgré le nombre des essences disponibles, seuls certains arbres pourront prospérer en un lieu précis. La destinée d'un arbre est de devenir centenaire, et un sujet trop grand, planté dans un petit jardin, se révélera vite une gêne et devra être sacrifié prématurément. Une espèce mal adaptée au sol ou aux conditions climatiques deviendra un beau jour une charge ; nombreuses sont les causes d'échec. Et bien de l'argent est ainsi dépensé en pure perte ! Une sélection judicieuse s'impose, et l'avis d'un spécialiste est indispensable. Ce chapitre présente un grand choix d'espèces et de variétés, car les arbres conditionnent, en une large mesure, le caractère d'un jardin.
La couleur des fleurs et le mois de floraison ne sont mentionnés que lorsque les fleurs ont une valeur décorative.
Dans ce chapitre, la hauteur des arbres est indiquée en mètres.

Ci-contre : *Aesculus hippocastanum*

Les parcs

Un parc se caractérise par l'association d'essences variées. Les compositions diffèrent selon la nature des sols, et il vaut mieux laisser le spécialiste s'en charger, car lui seul connaît bien le terrain et son irrigation. Il faut aussi tenir compte de la hauteur : certains arbres sont fort hauts, tandis que d'autres atteignent au plus 3 m. Il convient de mêler les essences élevées et les plus basses. Une stratification se constitue au cours du temps, et s'il y a surnombre, quand l'entretien n'est plus possible, quand il y a trop d'arbrisseaux et d'arbustes, les sujets manquent d'ampleur. Les arbres sont fournis sous forme de tiges d'une hauteur d'environ 1 m.

Acer campestre	érable champêtre
A. pseudoplatanus	érable sycomore
Alnus glutinosa	aulne glutineux, noir
A. incana	aulne blanchâtre
Amelanchier lamarckii	amélanchier
Betula pendula	bouleau pleureur
B. pubescens	bouleau pubescent
Carpinus betulus	charme commun
Castanea sativa	châtaignier commun
Cornus alba	cornouiller blanc
C. mas	cornouiller mâle
C. sanguinea	cornouiller sanguin
Corylus avellana	noisetier
Crataegus laevigata	aubépine
C. monogyna	épine blanche
Euonymus europaeus	fusain d'Europe
Fagus sylvatica	hêtre
Fraxinus excelsior	frêne commun ou élevé
Hippophaë rhamnoïdes	argousier
Ilex aquifolium	houx commun
Larix kaempferi	mélèze du Japon
Ligustrum vulgare	troène
Picea abies	épicéa commun
P. sitchensis	épicéa de Sitka
Pinus nigra var. *nigra*	pin noir d'Autriche
P. sylvestris	pin sylvestre
Populus alba	peuplier blanc
P. tremula	tremble
Prunus avium	merisier, bois-puant
P. padus	merisier à grappes
P. spinosa	prunellier
Pseudotsuga menziesii	douglas vert
Quercus robur	chêne rouvre
Q. rubra	chêne rouge
Rhamnus catharticus	nerprun
R. frangula	bourdaine
Robinia pseudoacacia	robinier faux acacia
Rosa canina	églantier

R. rubiginosa	rosier rubigineux
Salix alba	saule blanc
S. aurita	saule à oreillettes
S. caprea	saule marsault
S. cinerea	saule cendré
S. pentandra	saule-laurier
S. purpurea	saule pourpré
S. repens	saule rampant
S. viminalis	saule des vanniers
Sambucus nigra	sureau noir
Sorbus aucuparia	sorbier des oiseleurs
Taxus baccata	if
Tsuga heterophylla	tsuga hétérophylle
Viburnum opulus	viorne obier

Acer campestre

Acer

ÉRABLE

A. campestre, l'érable champêtre, est curieux mais beau. Les variétés citées ici ont une forme assez régulière (*voir aussi* Plantes pour haies). *A. platanoïdes*, l'érable plane, est remarquable par sa coloration automnale, dans l'intérieur des terres. *A. pseudoplatanus*, l'érable sycomore, vient fort bien sur les côtes. Cet arbre subit les attaques de *Rhytisma acerinum*, qui provoque l'apparition de taches rondes et noires sur les feuilles. On ne peut lutter contre cette maladie qu'en éliminant les feuilles atteintes et en pulvérisant un fongicide au cuivre. *A. rubrum*, l'érable rouge, est caractérisé par sa couleur rouge intense en automne. *A. saccharinum*, l'érable argenté, est destiné aux parcs, avec ses branches retombantes. *A. (x) zoechense* est un hybride qui rappelle l'érable champêtre.

A. campestre	pittoresque, 8-10
A. c. 'Elsrijk'	conique, 8-10
A. c. 'Queen Elizabeth'	pyramidal large, 8-10
A. negundo	retombant, 15
A. platanoïdes	ovoïdal, 15
A. p. 'Cleveland'	arrondi compact, 8-15
A. p. 'Crimson King'	f. rouge-brun sombre, 8-15
A. p. 'Drummondii'	f. à marge blanche, 15
A. p. 'Elmarald Queen'	vigoureux, 15
A. p. 'Globosum'	aplati, arrondi, 8-15
A. p. 'Olmstead'	colonnaire large, 8-15
A. p. 'Royal Red'	conique, f. brun sombre, 8-15
A. p. 'Schwedleri'	pyramidal large, 15
A. pseudoplatanus	cime large, 30
A. p. 'Atropurpureum'	dessous f. pourpre, 15+
A. p. 'Atrosel'	dessous f. rouge pourpré, 15+
A. p. 'Bruchem'	branches fastigiées obliques, 15+
A. p. 'Erectum'	pyramidal large, 15+
A. p. 'Leopoldii'	f. tacheté jaune, 8-15
A. p. 'Negenia'	pyramidal large, 15+
A. p. 'Rotterdam'	var. 'Erectum'
A. p. 'Worlei'	f. jaune, 8-15
A. rubrum	cime lâche, 15
A. r. 'Scanlon'	dense, colonnaire large, 15
A. r. 'Tilford'	fastigié large, 15
A. rufinerve	touffu, 10
A. saccharinum	lâche, irrégulier, branches retombantes, 20+
A. s. 'Born's Gracious'	fastigié droit, 15+
A. s. 'Laciniatum Wieri'	feuilles très incisées, 15+
A. s. 'Pyramidale'	colonnaire large, 15+
A. x. zoeschense	feuillage rouge, 8-15

Acer negundo

Aesculus

MARRONNIER

Les marronniers sont peu exigeants, mais ils sont déconseillés au bord des terrasses : les écailles des bourgeons à feuilles tombent en premier, suivis des pétales, puis de petits marrons, des gros marrons mûrs en automne, et enfin des feuilles.

A. carnea	rouge, mai, 15+
A. c. 'Briotii'	rouge foncé, sphérique, compact, 8-15
A. flava	jaune clair, mai-juin, 8-15
A. hippocastanum	blanc, taches rouge doré, mai-juin, 20+
A. h. 'Baumannii'	blanc, doubles, large, 15+
A. h. 'Pyramidalis'	blanc, colonnaire, 8-15

Aesculus carnea 'Briotti'

Ailanthus

AILANTE, FAUX VERNIS DU JAPON

Cet arbre, avec ses feuilles pennées, fait penser au frêne ; sa cime est lâche. On peut cultiver au-dessous. Comme il répand une mauvaise odeur, il est destiné aux usages industriels. Les arbres femelles portent de grosses masses de fruits rougeâtres. L'ailante croît sur les sols ordinaires.

A. altissima	cime large, lâche, 15+
A. a. 'Pendulifolia'**	grandes f. pendantes, 15+

Alnus

AULNE

L'aulne convient aux jardins humides. Seul *A. incana*, dont la variété *Laciniata* a une belle forme, exige un sol plutôt sec et possède, comme la variété *Imperialis*, des feuilles découpées. *A. cordata* a des feuilles vert foncé, brillantes, et moins poisseuses que celles de *A. glutinosa*. *A. g.* 'Imperialis' croît lentement et a un port plutôt buissonnant. *A.* x. *spaetii* est rouge violacé en automne.

A. cordata	15
A. glutinosa	mars-avril, 15+
A. g. 'Imperialis'	branches étalées, 10
A. g. 'Incisa'	petites feuilles, 10
A. g. 'Laciniata'	cime large, 10-15
A. incana	15+
A. x *spaethii*	tête pyramidale, 8-15

Alnus glutinosa 'Incisa'

Ailanthus altissima

Betula

BOULEAU

Le bouleau commun, sauvage, est *B. pendula*, ou *B. verrucosa*. Parmi les variétés, *B. p.* 'Crispa' porte des feuilles crêpées, *B. p.* 'Fastigiata' a un port très fastigié, *B. p.* 'Tristis' des branches pendantes, et *B. p.* 'Youngii' un port pleureur. *B. pubescens*, à écorce lisse et feuilles velues par-dessous, est indigène. Les bouleaux prospèrent en tous sols, mais ils ne supportent pas le vent de mer.

B. costata	écorce crème, 12-20
B. ermannii	tronc blanc rosé, 8-15
B. nigra	écorce rugueuse, 8-15
B. papyrifera	écorce papyracée blanche, 15+
B. pendula	écorce blanc sale, 15+
B. p. 'Crispa'	f. crêpées, 8-15
B. p. 'Fastigiata'	très fastigié, 8-15
B. p. 'Tristis'	très pendant, 8-15
B. p. 'Youngii'	très pleureur, 5
B. pubescens	écorce rougeâtre, 15+
B. utilis ssp. *jacquemontii*	écorce cuivrée, 8-15

Betula utilis

Carpinus

CHARME

Le charme sauvage a une grande et large cime et son port est fastigié. Comme le charme commun, il garde jusqu'au printemps ses feuilles mortes, qui le protègent contre les frimas. Cette particularité est exploitée pour avoir, même en hiver, des haies denses (*voir aussi* Plantes pour haies).

C. betulus	f. vert clair, 8-15
C. b. 'Fastigiata'	f. vert foncé, 8-15
C. b. 'Purpurea'	f. foncé, 8-15
C. b. 'Quercifolia'	f. ovale, 8-15

Carpinus betulus 'Fastigiata'

Castanea

CHÂTAIGNIER

Cet arbre, peu exigeant, supporte très bien la sécheresse, mais il est sensible au vent de mer. Dans le sud de l'Europe, il est souvent touché par la maladie de l'encre, en voie d'expansion. Ses longues inflorescences sont jaune-vert, et les bogues épineuses de ses fruits, les châtaignes, sont vert clair. Ces dernières sont comestibles, mais leur préparation est longue.

C. sativa	jaune-vert, juin, 20

Castanea sativa

Catalpa

Ses grandes feuilles vert tendre et ses grosses fleurs en trompette sont remarquables. Le catalpa est sensible aux gelées dans son jeune âge, il a une large cime et il prospère dans les zones humides, mais à condition que le sol ne soit pas trop détrempé. Il veut le plein soleil.

C. bignonioïdes	blanchâtre, juin-juil., 15
C. b. 'Nana'	blanchâtre, plus petit, 10

Catalpa bignonioides

Cercis

ARBRE DE JUDÉE

Bien qu'il ne soit pas très haut, cet arbre s'étale et ne convient guère aux petits jardins. Sa floraison est suivie par la formation de gousses pourpre foncé. Il convient de le planter en un lieu abrité.

*C. siliquastrum***	rose lilas, mai, 8

Cercis siliquastrum

Corylus

NOISETIER

C. avellana, le noisetier ou coudrier de nos paysages, est un arbrisseau, et *C. colurna*, le noisetier de Byzance, est un arbre ; tous deux conviennent aux sols plutôt secs et donnent des fruits comestibles, les noisettes. *C. colurna* a une écorce douce au toucher.

Corylus avellana 'Pendula'

C. avellana 'Pendula'	large, 1, 5
C. colurna	cime régulière, 15

Fagus

HÊTRE

Le hêtre vit très bien dans les endroits raisonnablement humides ou secs, mais bien drainés. Il ne faut ni le tailler ni le priver de son environnement, car il ne supporte pas l'ensoleillement direct. Ainsi traité, même un sujet âgé peut mourir subitement. Le hêtre se plaît dans les sols sablonneux et argileux.

F. sylvatica	f. vert foncé, 30
F. s. 'Asplenifolia'	f. très découpé, 20

Fagus sylvatica 'Pendula'

F. s. 'Pendula'	pleureur, 25
F. s. 'Purpurea'	f. brunes, 20
F. s. 'Purpurea Latifolia'	f. brunes, 25
F. s. 'Purpurea Pendula'	f. rouges, pleureur, 20
F. s. 'Purpurea Tricolor'	f. brunes à marge rose, 10
F. s. 'Zlatia'	croissance lente, 10

Fraxinus

FRÊNE

Le frêne se plaît sur les côtes où souffle le vent de mer, et c'est la meilleure essence pour les sols argileux et lourds. *F. excelsior*, le frêne commun, indigène chez nous, a une cime irrégulière ; ses variétés ont une croissance très régulière. Les sujets âgés (sauf pour *F. e.* 'Westhofs Glorie') sont parfois si chargés de fruits, ailés et pendants, que leurs branches se cassent. *F. e.* 'Aurea' et *F. e.* 'Jaspidea' sont deux variétés dorées, la seconde ayant une croissance plus rapide et étant de couleur moins jaune. La var. 'Eureka' a une croissance rapide.

F. angustifolia 'Monophylla'	f. simple, 15
F. a. 'Raywood'	arrondi et large, 15+
F. excelsior	irrégulier, 15+
F. e. 'Althena'	cône large, 15
F. e. 'Atlas'	cône étroit, 15+

Fraxinus excelsior

Gleditsia triacanthos

F. e. 'Aurea'	jaune en automne, 15+
F. e. 'Diversifolia'	f. simple, 15+
F. e. 'Eureka'	cône large, 15+
F. e. 'Jaspidea'	vert clair à jaune, 15+
F. e. 'Westhofs Glorie'	cône large, 15+

Ginkgo

ARBRE AUX QUARANTE ÉCUS, GINKGO

Le ginkgo prend une belle couleur jaune d'or en automne. On rabattra régulièrement les têtes doubles qui apparaissent habituellement, pour obtenir plus tard un beau sujet à tige unique. Les exemplaires mâles et femelles diffèrent : les seconds s'étendent davantage et portent des fruits. La fécondation par les arbres mâles n'est pas toujours nécessaire pour la formation des graines. Le ginkgo constitue un groupe à part parmi les conifères, et il est difficile de le classer dans le système botanique. Mais c'est bien un conifère, car il porte des feuilles assimilables à des aiguilles. Les variétés 'Mayfield' (étroite), 'Aurea' (feuilles jaunes), 'Variegata' (tachetées de blanc) et 'Laciniata' (feuilles profondément découpées) sont peu répandues.

G. biloba	15-20
G. b. 'Fastigiata'	colonnaire, 20
G. b. 'Pendula'	branches pendantes, 15

Gleditsia

FÉVIER À TROIS ÉPINES

Cette espèce se caractérise par de longues épines ramifiées sur le tronc et les branches ; les variétés 'Inermis', 'Shademaster' et 'Moraine' n'en possèdent pas. Comme le robinier, cet arbre se contente de sols assez pauvres. Les branches peuvent se casser du fait d'une croissance rapide. Les feuilles, à fines folioles, sont vert vif et la ramure peu dense permet la culture sous-jacente. Les cultivars sans épines conviennent aux lieux de passage.

G. triacanthos	crème, juin, 20
G. t. 'Inermis'	sans épines, 15
G. t. 'Moraine'	sans épines, 15-20
G. t. 'Shademaster'	fastigié large, sans épines, 15-20
G. t. 'Skyline'	pyramidal, 8-15
G. t. 'Sunburst'	f. jaune, croissance lente, 15

Gymnocladus

CHICOT DU CANADA

Ses feuilles rappellent celles du frêne. Il convient de planter cet arbre à croissance lente dans un sol qui ne soit pas trop sec. Il ne supporte pas le vent et ne convient pas au littoral.

G. dioica	blanc verdâtre, mai-juin, 10-15

Juglans

NOYER

Bien que *J. nigra*, le noyer d'Amérique, soit moins sensible aux gelées que *J. regia*, le noyer commun, ce dernier donne les meilleures noix quand il est cultivé. L'arbre doit être planté dans de bonnes conditions. Les feuilles mortes, gluantes tapissent le sol, et empêchent la végétation sous-jacente.

J. ailanthifolia var. *cordiformis*	fastigié, f. très grandes, 15
J. cinerea	large, croissance lente, 15
J. cordiformis	
J. nigra	pyramidal, s'étend tardivement, 20+
J. regia	cime plus ronde, 15-20

Liquidambar

COPALME

Cet arbre se plaît partout. Son port est beau et ses feuilles ressemblent à celles du lierre. Il est élancé et acquiert avec l'âge une cime pyramidale formant écran. Les feuilles prennent en automne des couleurs jaunes, rouges et violettes. L'écorce présente de belles nervures subéreuses.

L. styraciflua ❧	coloration automnale, 15

Juglans cordiformis

Liquidambar styraciflua

Liriodendron

TULIPIER

Cet arbre qui possède une grande et large cime a des fleurs en forme de tulipes, d'où son nom.

L. tulipifera	vert-jaune, mai-juin, 20-25
L. t. 'Aureomarginatum'*	f. à marge vert-jaune, 20
L. t. 'Fastigiatum'*	colonnaire, 20

Liriodendron tulipifera

Magnolia

Cet arbre à feuilles persistantes peut former de très belles haies. Ses grandes fleurs, de 10 cm de diamètre, éclosent juste avant la foliation. La floraison d'une année peut être perdue en cas de gelées tardives.

M. kobus ❧	blanc, avril-mai, 10

Metasequoia

Voir Conifères

Morus

MÛRIER BLANC

Cet arbre de taille moyenne possède des feuilles vert clair qui se découpent avec l'âge. Les vieux sujets ont un tronc noueux. Ses fruits font des taches : éviter de planter cette espèce près d'un perron ou d'une terrasse (*voir aussi* Arbres pour petits jardins *et* Plantes grimpantes).

M. alba	fr. blanc ou rouge, 8-15

Magnolia kobus

Ostrya

Par ses feuilles et par son port, cet arbre ressemble au charme. Il porte au début du printemps des chatons vert-jaune, puis, plus tard, des fruits similaires aux cônes du houblon. Il est peu exigeant quant à son emplacement.

O. carpinifolia	cime ronde, large, 8-15

Paulownia

Le paulownia est recherché pour ses fleurs tubuleuses violacées. Il convient moins aux petits jardins : ses énormes feuilles (jusqu'à 40 cm) ne s'accordent pas avec la végétation ambiante, d'autant que leur couleur vert clair ressort beaucoup sur le fond. Les jeunes sujets sont sensibles au gel ; chez les exemplaires plus âgés, les boutons floraux redoutent les gelées nocturnes. Il lui faut un emplacement abrité.

P. tomentosa	violet clair, mai-juin, 10

Paulownia tomentosa

Phellodendron

Cet arbre, de taille moyenne, possède des feuilles pennées comme celles du frêne, et a une cime basse et large. Sa floraison n'est pas remarquable, mais il prend une belle coloration en automne. Il est sensible aux gelées nocturnes tardives, et réclame des sols assez secs et riches en humus.

P. amurense	jaune-vert, juin, 8-15

Platanus

PLATANE

Le platane ne convient qu'aux grands parcs. Adulte, il perd de grandes plaques d'écorce. Le tronc ressemble alors à un puzzle : l'écorce apparaît claire en ces endroits. Les feuilles ressemblent beaucoup à celles de l'érable, mais l'examen attentif ne permet aucune confusion. *P. orientalis*, le platane d'Orient, ne diffère guère de *P. acerifolia*, platane à feuilles d'érable, mais il est sensible aux gelées dans son jeune âge.

P. x *acerifolia*	vert, mai, 20-30
*P. orientalis**	vert, mai, 20-30

Populus

PEUPLIER

Le peuplier n'est pas fait pour les jardins, mais pour les parcs ou les paysages ouverts. Ses racines prolifèrent très vite et détruisent tout sur leur passage, et ses feuilles mortes collent au sol. Les branches des exemplaires âgés tombent facilement, causant de grands dommages dans les jardins. Le peuplier doit finalement être abattu très jeune, ce qui n'est pas économique. *P. tremula*, le peuplier tremble, ou tremble, émet des

Populux x *canescens* 'Honthorpa'

Platanus orientalis

drageons très gênants. *P. trichocarpa**, qui répand une suave odeur balsamique, ne supporte pas le vent ; il en existe de nombreuses variétés dans le commerce (*voir aussi* Plantes pour haies).

P. alba 'Nivea'	dessous f. blanc, 15-20
P. x *canescens* 'Honthorpa'	fastigié, 15-20
P. c. 'Limbricht	cime ovoïdale, 15-20
P. c. 'De Moffart'	15-20
P. c. 'Witte van Haamstede'	ovoïdal évasé, 15-20
P. x *euramericana* 'Zeeland'	ovoïdal, régulier, 15-20
P. e. 'Oxford'	15-20
P. nigra 'Italica'	colonnaire étroit, 15-20
P. n. 'Vereecken'	colonnaire, 15-20
P. tremula 'Erecta'	fastigié, 15
P. t. 'Tapiau'	croissance rapide, 15+

Prunus

CERISIER D'ORNEMENT

P. avium, le merisier (vrai), est un grand arbre, à cime ouverte et arrondie, dont l'écorce est brun pourpré, et qui donne des fruits presque noirs, les merises. *P. padus*, le merisier à grappes ou bois-puant, supporte l'ombre. Ces deux espèces croissent sur sol humide. *P. serotina*, le cerisier tardif, fait de bonnes haies ; il a beaucoup nui à la flore de nos régions, quand on l'a utilisé ainsi.

P. avium	blanc, avril-mai, 10-15+
P. a. 'Plena' ❧	blanc, doubles, avril-mai, 8-15
P. padus	blanc, avril-mai, 8-12
P. p. 'Colorata'	rose
P. p. 'Watereri'	cime lâche, large, 15
P. p. 'Pandora'	rose, mars-avril, 12

Prunus avium

Pterocarya

NOYER DU CAUCASE

Ses inflorescences pendantes et vert-jaune sont très ornementales. Ses feuilles ressemblent à celles du frêne, mais elles sont plus grandes et plus rugueuses. Cet arbre aime les terres argileuses.

P. fraxinifolia	cime large et arrondie, 15-20

Pterocarya fraxinifolia

Quercus

CHÊNE

Les chênes sont de grands arbres pour les parcs ou pour border routes et allées. Leur croissance est très lente. Comme leurs racines sont très profondes, ils résistent bien au vent. *Q. cerris*, le chêne chevelu, a une cime sphéroïdale large, et les cupules de ses glands sont velues. *Q. frainetto*, le chêne de Hongrie, souffre des gelées nocturnes tardives. *Q. palustris*, le chêne des marais, malgré son nom vulgaire, croît sur des sols aussi bien humides qu'assez secs, mais il ne supporte pas le vent marin et demande un sol acide. *Q. petraea*, le chêne rouvre, porte des feuilles restant bien plus longtemps que celles de *Q. robur*, le chêne pédonculé, notre plus grand arbre indigène à feuilles caduques (sa taille dépend bien sûr de la fertilité du sol). *Q. rubra*, le chêne rouge d'Amérique, présente la plus belle coloration automnale ; il croît rapidement dans son jeune âge, et peut pousser sur des sols pauvres, secs et acides.

Q. cerris	branches écartées, 30
Q. c. 'Laciniata'*	branches écartées, f. découpé, 30
Q. frainetto	branches fastigiées en oblique, 15+
Q. palustris	coloration automnale rouge, 15
Q. petraea	ramification régulière, 20
Q. p. 'Columna'	colonnaire, 20

Quercus palustris

Q. robur	grand et large, 15+
Q. r. 'Fastigiata'	colonnaire, 15
Q. rubra	coloration automnale, 25

Robinia

ROBINIER FAUX ACACIA

Bien qu'il s'agisse d'un grand arbre, le robinier peut convenir aux jardins de superficie moyenne. Sa cime est aérée et lâche, ce qui permet la végétation sous-jacente. Sur les sols assez fertiles, il croît si vite que ses branches ploient et se brisent sous le vent. On ne lui apportera donc pas d'engrais (*voir aussi* Arbres pour petits jardins).

R. x. *ambigua* 'Decaisneana'	rose clair, juin-août, 8-10
R. pseudoacacia	crème, juillet, 20
R. p. 'Appalachia'	floraison abondante, 25
R. p. 'Bessoniana'	peu épineux, 20
R. p. 'Semperflorens'	peu épineux, 2 floraisons, 20
R. p. 'Unifoliola'	non épineux, f. simple, 20

Salix matsudamna 'Tortuosa'

Salix

SAULE

Le saule blanc ne convient pas plus aux jardins que le peuplier. Quand un saule devient trop important, il est possible de l'étêter. *S. pentandra*, le saule-laurier ou à cinq étamines, de taille moyenne, convient aux grands jardins humides. *S. babylonica*, le grand saule pleureur, dont la feuillaison au printemps est d'un très beau vert clair, est donné ici sous sa nouvelle dénomination de *S.* x *sepulcralis* 'Tristis' ; il convient aux sols humides près des grands étangs. *S. matsudamna* 'Tortuosa', le saule tortueux, se révèle souvent plus grand qu'on ne l'aurait supposé à l'achat.

Robinia pseudoacacia

S. alba	cime ovale, 25
S. a. 'Barlo'	cime étroite, 20
S. a. 'Belders'	cime étroite, 20
S. a. 'Chermesina'	cime pyramidale, 20
S. matsudana 'Tortuosa'	branches tortueuses, 12
S. pentandra	croissance rapide, 10
S. x *sepulcralis* 'Tristis'	pleureur, 15+

Sophora

Cet arbre a une cime arrondie et large. Ses feuilles pennées ne prennent pas de coloration automnale, mais tombent tard. Les jeunes exemplaires sont sensibles aux gelées et ne supportent pas bien le vent. Croissance en tous terrains. La variété 'Pendula' est le sophora pleureur.

S. japonica	blanc, août-sept. 10-15
S. j. 'Pendula'	blanc, pleureur, 3-5

Sorbus

SORBIER (ET ALISIER)

Ces arbres, fins et de taille moyenne, ont une floraison remarquable et produisent de grandes grappes de baies. Ils n'aiment pas les sols argileux ou trop humides. *S. aria*, l'alisier blanc, donne des fruits rouge orangé ; ses feuilles ne sont pas pennées et sont feutrées de blanc à la face inférieure. *S. intermedia*, l'alisier du Nord, a une préférence pour les terrains calcaires ; ses feuilles sont lobées seulement à la base (*voir aussi* Arbres pour petits jardins).

S. americana 'Belmonte'	croissance rapide, 6
S. aria	blanc crème, juin, 8-12
S. a. 'Gigantea'	cime ovoïdale large
S. a. 'Magnifica'	cime ovoïdale large
S. x *arnoldiana* 'Schouten'	cime ovale, 6-8
S. aucuparia	blanc, mai-juin, 10
S. a. 'Edulis'	cime lâche, 10
S. a. 'Sheerwater Seedling'	cime ovoïdale, 10
S. intermedia	crème, mai, 8-10
S. i. 'Brouwers'	cime régulière, 10
S. latifolia 'Atrovirens'	blanc crème, mai, 10

Taxodium

CYPRÈS CHAUVE (OU CYPRÈS DE LOUISIANE)

Voir Conifères.

Sorbus intermedia

Tilia tomentosa 'Brabant'

Tilia ❧

TILLEUL

Les feuilles des tilleuls sont reconnaissables aux pétioles obliques, et les arbres aux rejets de pied chez la plupart des espèces et variétés. Les tilleuls atteignent facilement l'âge de 1 500 ans, alors que les chênes vivent généralement 500 ans. Les araignées rouges vivant sur les feuilles sécrètent un miellat, sorte de substance poisseuse qui salit tout ce qui se trouve sous les arbres. On ne plantera donc pas de tilleuls près d'une terrasse ou sur un parking. *T. cordata*, le tilleul à petites feuilles, donne en juillet des fleurs odorantes d'un blanc jaunâtre. *T.* x *euchlora*, le tilleul argenté de Crimée, est un grand arbre à cime assez étroite. *T. petiolaris*, le tilleul argenté pleureur, possède des branches très pendantes ; bien qu'il porte moins de pucerons pollueurs que les autres, il est peu planté. *T. platyphyllos*, le tilleul de Hollande, porte de grandes feuilles à l'envers pubescent. *T.* x *vulgaris*, le tilleul commun, produit généralement des rejets. *T.* x *vulgaris* 'Pallida', le tilleul royal, grand, résiste au vent. La variété 'Zwarte Linde' a une écorce foncée.

T. americana 'Nova'	cime ovoïdale large, 25
T. cordata 'Erecta'	conique, puis ovoïdal, 20
T. c. 'Greenspire'	ovoïdal, fastigié, 20
T. c. 'Rancho'	ovoïdal, fastigié, 20
T. x *euchlora*	cime assez étroite, 20
T. flavescens 'Glenleven'	20
T. mongolica	compact, 10
T. petiolaris	branches tombantes, 25
T. platyphyllos	cime large arrondie, 25
T. p. 'Fastigiata'	fastigié, 25
T. tomentosa 'Brabant'	ovoïdal large, 20
T. x *vulgaris* 'Pallida'	cime ovoïdale large, 25
T. v. 'Zwarte Linde'	cime large, lâche, 25

Ulmus

ORME

La maladie de l'orme a tant détruit cet arbre qu'il a pratiquement disparu d'Europe. Le scolyte de l'orme, inoffensif par lui-même, dissémine la maladie. Les arbres parasités doivent être désinsectisés sans tarder : on ôte l'écorce, et on l'immerge dans l'eau ou on la brûle. La plupart des foyers d'infestation de ces coléoptères proviennent de bûches non écorcées qui restent longtemps en plein air. On trouve encore *Ulmus carpinifolia* (syn. *U. campestre, U. minor*) dans des parcs boisés, mais on ne le plante généralement plus : peut-être disparaîtra-t-il un jour, victime de la maladie. Il y a moins de risques avec les variétés suivantes.

U. carpinifolia 'Dampieri'	colonnaire large, 15
U. c. 'Wredei'	pyramidal, f. jaune d'or, 8
U. glabra 'Camperdownii' ❧	pleureur, 3
U. g. 'Exoniensis'	étroit, fastigié, 15
U. x *hollandica*	haut, irrégulier, 20
U. h. 'Clusius'	nouveau, 15
U. h. 'Dodoens'	fastigié, raide, 20
U. h. 'Groeneveld'	raide, régulier, 20
U. h. 'Lobel'	étroit, fastigié, 15
U. h. 'Plantijn'	large, fastigié, dense, 20

Zelkova

Cet arbre de taille moyenne, à cime sphérique aplatie, porte des branches partant à l'horizontale, et prospère en tous terrains fertiles et bien drainés. Il est susceptible d'être atteint par la maladie de l'orme. Sa multiplication se fait par semis ou bouturage.

Z. serrata	cime large aplatie, 12

Ulmus carpinifolia 'Dampieri'

Les petits jardins

Dans le choix des arbres destinés aux petits jardins, il faut tenir compte de la densité de la cime par rapport à la végétation sous-jacente, de la couleur des feuilles et des fruits, et de la rapidité de croissance. On verra, dans les pages suivantes, les possibilités d'introduction d'une essence dans un petit jardin en pensant bien que seuls les arbres peuvent conférer une profondeur visuelle aux jardins de superficie réduite et que, en plein été, on est tout heureux de trouver des endroits ombragés. En plus des informations ci-dessous qui peuvent aider à faire une première sélection, il faut prendre conseil auprès d'un spécialiste. Dans les sélections ci-dessous, la taille des arbres est donnée en mètres ; la couleur des fleurs et l'époque de la floraison sont indiquées seulement lorsque les arbres fleuris présentent un caractère ornemental.

Acer

ÉRABLE

Certains érables ont une taille qui permet de les placer dans les petits jardins. Leur frondaison n'est pas dense, ce qui permet la croissance sous-jacente d'arbustes. Leurs fleurs, vertes, ne sont guère remarquables. Leur variété est immense. Ils ne sont pas exigeants, et ont besoin de sols humides et d'ombre (*voir aussi* Arbres pour grands jardins *et* Arbrisseaux et arbustes).

A. negundo	vert clair, 10-15
A. n. 'Aureovariegatum'	f. doré, 8
A. palmatum	vert, 8
A. p. 'Atropurpureum'	f. rouge-brun, 8
A. p. 'Bloodgood'	f. rouge, 8
A. p. 'Crimson Queen'	f. rouge, 8
A. pensylvanicum	tronc rayé blanc verdâtre, 8
A. rufinerve	tronc vert et blanc, 10

Aesculus

MARRONNIER D'INDE

Cet arbre magnifique produit des grappes de fleurs longues de 15 cm (*voir aussi* Arbrisseaux et arbustes *et* Arbres pour grands jardins). Le genre est vaste : il en est de 1re grandeur (15 m et plus), de 2e grandeur (8-15 m) et de 3e grandeur (moins de 8 m). Il existe aussi des arbrisseaux et des arbustes.

A. pavia	rougeâtre, mai-juin, 6-8
A. p. 'Atrosanguinea'**	rouge foncé, mai-juin, 6-8

Alnus

AULNE

L'aulne est monogame : un sujet porte soit de petits chatons femelles rouges (devenant plus tard des cônes), soit des chatons mâles. C'est un arbre pour les paysages humides, mais il est moins recommandé dans les jardins, car il est attaqué par un insecte, *Egelastica alni*, qui ronge irrégulièrement les feuilles réduites à l'état de squelettes par les larves. *A. incana*, l'aulne blanc, prospère sur terrains aussi bien humides que secs, il est très robuste.

A. incana 'Aurea'	f. jaune d'or, 5-8
A. i. 'Laciniata'	f. profondément incisé, 5-8

Acer palmatum 'Atropurpureum'

Aesculus pavia

Amelanchier

AMÉLANCHIER

L'amélanchier d'Amérique, *A. lamarckii*, a été introduit chez nous au siècle dernier et s'est largement naturalisé. Certaines variétés sont cultivées en tant qu'arbres et conviennent aux petits jardins. Les grappes de fleurs blanches, les baies d'un violet rougeâtre qui attirent les oiseaux et la coloration automnale allant de l'orangé au rouge ont une grande valeur décorative. L'amélanchier convient à tous les sols, aussi bien humides que secs, et il aime le plein soleil et la mi-ombre (*voir aussi* Arbrisseaux et arbustes).

Amelanchier lamarckii

A. arborea 'Robin Hill'	blanc, branches obliques, mai-juin, 5-8
A. lamarckii 'Ballerina'	blanc, grandes f., mai-juin, 5-8

Betula

BOULEAU

Bien que la plupart des bouleaux deviennent très hauts, ils restent étroits et laissent passer suffisamment de lumière pour que la végétation sous-jacente prospère : on peut donc les planter même dans de petits jardins.

B. pendula	tronc blanc-gris, fin, 15
B. p. 'Youngii'	en tonnelle, pleureur, 3

Betula pendula

Cercidiphyllum

KATSURA

Les fleurs de cet arbre large sont insignifiantes, mais la coloration automnale est très belle. Cette essence craint les gelées nocturnes tardives.

C. japonicum	vert clair, 8-15

Cercidiphyllum japonicum

Cornus

CORNOUILLER

Le cornouiller mâle, *Cornus mas*, forme habituellement un grand buisson, mais on peut aussi l'obtenir à tige unique. Cet arbrisseau à cime drue est parfaitement adapté aux jardins de ville très ombragés.

C. mas	jaune, fév.-avril, 5

Cornus mas

Corylus

NOISETIER, COUDRIER

Bien que le noisetier, comme le cornouiller *(Cornus sp.)*, forme généralement un buisson, on peut lui faire développer une tige unique. Son tronc est généralement droit et il supplante tous les autres. Il aime l'ombre. Ses chatons pendants, jaunes, libèrent leur pollen au printemps. Les variétés ci-dessous donnent à l'automne des noisettes plus nombreuses et plus grosses que l'espèce type.

C. avellana	jaune, mars, 4
C. a. 'Garibaldi'	jaune, mars, 4
C. a. 'Red Zellernut'	jaune, mars, 4

Crataegus

AUBÉPINE

Les aubépines conviennent aux bordures des avenues et des allées. Elles poussent aussi bien dans les jardins de ville qu'à la campagne, sous forme de haies ou d'arbrisseaux. Malheureusement, des chenilles peuvent, en été, manger leurs feuilles, au point de les rendre totalement chauves. Les fleurs éclosent en mai, juste au moment où apparaissent les feuilles. Les arbres sont couverts de baies rouges en automne, brillantes et longuement persistantes chez *C.* x *prunifolia*.

C. laevigata	blanc, 5
C. l. 'Paul's Scarlet'	rose foncé (d), 5
C. l. 'Plena'	blanc (d), 5
C. monogyna 'Rosea Plena'	rose (d), 6
C. m. 'Stricta'	blanc, étroit fastigié, 8
C. x *prunifolia*	f. vert foncé brillant, 6

Crataegus monogyna

Cydonia

COGNASSIER

Le cognassier est un arbuste large à grosses fleurs, qui a besoin de soleil. On peut le commander en buisson, à demi-tige ou à haute tige. Selon la variété, il donne des fruits (coings) piriformes ou sphériques.

C. oblonga	fr. piriforme, 3
C. o. 'Leskovacz'	fr. sphérique, 3

Davidia

Cet arbre, de taille moyenne, porte de grandes feuilles. Ses fleurs, insignifiantes, sont entourées de deux grandes bractées blanches, visibles à la fin du printemps.

D. involucrata	blanc, mai-juin, 10

Cydonia oblonga

Davidia involucrata

Fagus

HÊTRE

Il s'agit ici d'une variété du hêtre commun *(Fagus sylvatica)*, moins haute et qui convient, avec sa forme très fuselée, aux jardins de superficie moyenne. Les feuilles pourrissent lentement : dans les petits jardins, on doit donc les ratisser de temps en temps.

F. sylvatica 'Dawyck'*	fastigié, 15

Fraxinus

FRÊNE

Le frêne est peu exigeant pour sa situation. Son feuillage ne ressort guère dans les jardins, car il se réduit à de faibles proportions. L'arbre a besoin de lumière.

F. ornus	cime ronde, 8
F. o. 'Arie Peters'	arrondi, 6-8
F. 'Obelisk'*	fastigié, 6-10

Fagus sylvatica 'Dawyck'

Ginkgo

ARBRE AUX QUARANTE ÉCUS, GINKGO

Les sujets mâles sont étroitement fastigiés, et les arbres femelles sont ramifiés largement. L'ennui est que les ginkgos sont produits par semis et qu'on ne peut reconnaître leur sexe lorsqu'ils sont jeunes. Du fait de leur forme, seuls les exemplaires mâles conviennent aux petits jardins. Le résultat relève donc du hasard (*voir aussi* Arbres pour grands jardins).

G. biloba	15-20

Fraxinus ornus

Gleditsia

FÉVIER

Bien que le févier soit grand, il peut convenir aux petits jardins : sa cime lâche laisse bien passer la lumière, et favorise la végétation sous-jacente. De ce fait, il ne paraît pas envahissant. Sa coloration automnale est belle. Ses fleurs, insignifiantes, sont verdâtres. Il supporte bien la pollution atmosphérique. On le plante en tous terrains bien drainés.

G. triacanthos	vert vif, 8-15
G. t. 'Moraine'	évasé, 15
G. t. 'Sunburst'	f. jaune d'or, 10

Gleditsia triacanthos

Koelreuteria

SAVONNIER

Cet arbre est assez sensible au gel dans son jeune âge ; peu exigeant, il convient parfaitement pour la ville et fleurit mieux lors des étés chauds. À découvert, ses branches peuvent se casser. Il s'accommode des sols médiocres.

K. paniculata	jaune, juil.-août, 10

Laburnum

CYTISE, FAUX ÉBÉNIER

Le cytise est vendu généralement sous forme d'arbrisseau buissonnant, mais on le trouve aussi en hautes tiges. Le type buissonnant devient parfois un arbre, mais il reste alors à tiges multiples. Grâce à ses remarquables fleurs jaunes, il est idéal dans les petits jardins, mais l'écorce et les graines sont très vénéneuses. On ne le plantera pas en terrain humide. L'espèce sauvage porte de courtes grappes florales ; la variété 'Vossii', plus onéreuse, en possède de plus longues.

L. anagyroïdes	jaune, mai-juin, 5-7
L. x *watereri* 'Vossii'	jaune, mai-juin, 5-7

Laburnum x *watereri* 'Vossii'

Koelreuteria paniculata

Magnolia

Ce bel arbre, régulier, donne des fleurs blanches d'un diamètre de 10 cm, qui gèlent lors des gelées nocturnes tardives. On perd alors une année de floraison. Les fleurs de *M. acuminata* éclosent simultanément avec les feuilles. Les fruits ont la forme de cucurbitacées. Le magnolia aime les sols humides mais sans excès.

*M. acuminata***	bleu métallisé et jaune, mai-juin, 10
M. kobus ❧	blanc, mai, 10

Magnolia kobus

Malus

POMMIER D'ORNEMENT

On placera ces arbres d'ornement en un lieu ensoleillé, mais pas trop humide à cause du chancre, maladie qui produit de vilaines nodosités sur les branches, en faisant mourir lentement les sujets atteints. Les arbres sont généralement vendus sous forme d'arbrisseaux ; on doit donc demander spécialement des « hautes tiges », sur lesquelles les branches inférieures naissent à partir de 2 m au minimum. Sous forme d'arbres, ces pommiers conviennent aux petits jardins, car ils permettent la culture sous-jacente. Sous forme d'arbrisseaux, les pommiers d'ornement conviennent seulement aux très grands jardins.

Malus 'Prof. Sprenger'

Malus	**fleur**	**fruit**	**hauteur**	**particularités**
M. 'Adam's	vieux rose	carmin	6	cime ronde
M. 'Aldenhamensis'	rouge pourpré	brun pourpre	6	f. brun-rouge
M. 'Almey'	rouge lilas	rouge	6	f. pourpré
M. 'Butterball'	blanc	jaune d'or	5-8	fastigié large
M. floribunda	rose foncé	vert-jaune	5-8	retombant
M. 'Gorgeous'	rose clair	rouge	5	branches pendantes
M. 'Golden Hornet'	blanc	jaune	6	fastigié
M. 'Hopa'	rouge lilas clair	rouge vif	6	f. vert
M. 'John Downie'	blanc	orangé	8	fastigié
M. 'Liset'	vieux rose	rouge	6-7	f. rouge
M. 'Makamik'	rose lilas	rouge vif	6	
M. 'Prof. Spenger'	blanc	jaune orangé	5-6	coloration automnale
M. 'Radiant'	rose foncé	carmin	6	exempt de maladies
M. 'Red Jade'	blanc	rouge	6	pleureur
M. 'Red Sentinel'	rose	rouge vif	6	f. vert
M. 'Rudolph'	rouge sombre	rouge orangé foncé	5-8	f. rouge
M. 'Wintergold'	blanc	jaune vif	8	cime ronde

Mespilus

NÉFLIER

Cet arbrisseau d'origine ancienne croît souvent au bord des fossés. Sa cime est basse mais large. Il a un bel aspect, est rarement cultivé comme arbre fruitier malgré la présence de nèfles. Le néflier propage la maladie du feu bactérien, qui frappe les Rosacées en arbres. Il aime la mi-ombre et est vendu généralement en demi-tiges.

M. germanica	blanc, avril-mai, 3

Mespilus germanica

Morus

MÛRIER NOIR ET MÛRIER BLANC

Le mûrier noir *(Morus nigra)* est un grand arbuste ou un petit arbre, selon la hauteur à laquelle il croît. Ses feuilles sont peu découpées et ses fleurs sont insignifiantes. Le mûrier blanc pleureur (*M. alba* 'Pendula') convient aux plus petits jardins (*voir aussi* Arbres pour grands jardins *et* Plantes grimpantes).

M. alba 'Pendula'	fr. blanc ou rouge, 3
M. nigra	fr. rouge sombre, noir, 5-10

Morus alba 'Pendula'

Nothofagus

HÊTRE DE L'HÉMISPHÈRE SUD

Ce hêtre austral, à tiges multiples, a de petites feuilles et une très belle ramification. Les lenticelles blanches de l'écorce sont d'un bel effet. Il convient aux jardins de terrasses, car il supporte très bien le vent.

N. antarctica	petit, f. vert foncé, 5-8

Nothofagus antarctica

Parrotia

Le parrotia est généralement cultivé sous forme d'arbrisseau. Une simple branche peut donner un (large) arbre. Sa coloration automnale est fort belle, caractéristique des plantes de la famille des hamamélis, dont le parrotia fait partie. Il s'adapte aussi bien aux terrains acides que calcaires.

*P. persica** ❧	étamines rouges, mars, 6

Parrotia persica

Phellodendron

Le phellodendron, originaire de Mandchourie, est un arbre de taille médiocre, à cime large, lâche et formant écran. Ses grandes feuilles pennées atteignent 35 cm de longueur. L'écorce du tronc est subéreuse et dense.

P. amurense	jaune-vert, juin, 8-15

Phellodendron amurense

Photinia

Ce petit arbre à feuilles ovales prend une coloration automnale rouge. Ses fruits rouge écarlate persistent longtemps sur les branches, qui sont très étalées.

P. villosa ❧	fr. rouge écarlate, 5-8

Photinia villosa

Prunus

CERISIER D'ORNEMENT

Certains de ces arbres à fleurs portent des baies. Parmi toutes les sortes de *Prunus*, le cerisier du Japon *(P. serrulata)* est peut-être le plus demandé. Cette espèce, si l'on excepte sa variété 'Amanogawa', a une ramure très laide, que ne rachète pas sa faible floraison. *Prunus cerasifera* 'Trailblazer' (syn. *P. c.* 'Hollywood'), variété de prunier-cerise, porte, outre de petites fleurs roses, de grosses prunes rouges, comestibles.

P. avium 'Plena' ❧	blanc (d), mai-juin, 8
P. cerasifera 'Nigra'	f. rouge-brun, avr.-mai, 8
P. c. 'Trailblazer'	f. rouge-brun, avr.-mai, 8
P. maackii 'Amber Beauty'	blanc, avril
P. padus 'Watereri'	blanc, mai, 10
P. serrulata 'Amanogawa'	rose clair, avril, 8
P. s. 'Kiku-shidare-zakura'	rose foncé, pleureur dense, 4-6
P. subhirtella 'Autumnalis'	blanc, nov.-avril, 6
P. s. 'Autumnalis Rosea'*	rose, nov.-avril, 6

Prunus subhirtella

Prunus

PRUNIER

Parmi les arbres fruitiers communs, les pruniers conviennent aux jardins d'agrément. Leur floraison exubérante, qui ne le cède en rien à celle des cerisiers d'ornement, est suivie par la récolte des prunes. Les variétés qui suivent sont autofécondables ; un seul sujet suffit, mais la pollinisation croisée est préférable. Les variétés 'Reine-claude d'Althan', violet-rouge, et 'Reine-claude verte', verte, ne le sont pas. Les pruniers atteignent une hauteur de 6 m. Dans la liste ci-dessous, on trouvera, pour chaque variété, la couleur et la période de maturité des prunes.

P. domestica	bleu, août-sept.
P. 'Belle de Louvain'	bleu-rouge, fin août
P. 'Bleu de Belgique'	bleu, août-sept.
P. 'Czar'	rouge/bleu, août
P. 'Mirabelle de Nancy'	jaune-vert, août-sept.
P. 'Ontario'	jaune, août
P. 'Opal'	rose, juil.-août
P. 'Reine-claude d'Oullins'	jaune-vert, août-sept.
P. 'Victoria'	rouge, août-sept.

Prunus domestica

Pyrus

POIRIER D'ORNEMENT

À la différence des espèces fruitières (qui appartiennent aussi au genre *Pyrus*), ces arbres ne sont guère sensibles à la maladie du feu bactérien, qui frappe les Rosacées en arbres. *P. salicifolia*, le poirier à feuilles de saule, porte des feuilles semblables à celles des saules ; ses branches sont très retombantes et donnent à l'arbre un aspect pleureur ; souvent, il reprend difficilement après la plantation : il nécessite de grands soins lors du transport (risques de dessiccation) et de l'implantation. Bien que ces arbres soient élevés, ils croissent en forme étroitement pyramidale et conviennent donc aux petits jardins. Il leur faut un terrain assez sec et une situation très ensoleillée.

P. calleryana 'Chanticleer'	blanc, avril, 8-12
P. c. 'Redspire'	vert brillant, 8-12
P. caucasica	longtemps vert, 8-12
P. communis 'Beech Hill'	blanc, avril, 8-15
P. salicifolia	f. gris, blanc, avril-mai, 6-8

Robinia

ROBINIER FAUX-ACACIA

Les grappes de fleurs parsèment la frondaison de feuilles finement pennées et vert clair. Il passe assez de lumière sous l'arbre pour que la végétation sous-jacente prospère. Les branches ont tendance à se briser lorsque le sol est trop fertile et qu'il y a du vent. Les robiniers conviennent fort bien dans les villes, sur des terrains pas trop humides.

R. ambigua 'Decaisneana'	rose clair, juin-août, 8-10
R. pseudoacacia 'Frisia'	f. jaune, 5-8
R. p. 'Umbraculifera'	en coupole, sans épines, 5
R. viscosa	rose clair, 5-8

Salix

SAULE

Les saules, à croissance rapide, peuvent fort bien être remplacés par d'autres arbres. Comme les peupliers, ils sont déconseillés dans les jardins. Ils conviennent aux parcs et dans la campagne ; les saules 'têtards' sont particulièrement utiles aux hiboux et aux chouettes qui y nichent. Les deux petites espèces ci-dessous portent des chatons jaunes au printemps.

S. magnifica ❧	grandes f., 6
S. pentandra	f. vert foncé, 8-15

Salix magnifica

Robinia pseudoacacia

À droite : *Sorbus* x *thurigiaca* 'Fastigiata'

Sophora

Cet arbre typique des pagodes japonaises est arrondi et de taille moyenne. Seuls les sujets assez âgés fleurissent. Le feuillage vert clair se reflète joliment dans l'eau. On plantera cette espèce, analogue à l'acacia, en des lieux abrités et en plein soleil. Le sophora vient bien en tous terrains.

S. japonica	crème, août-sept., 5-15
S. j. 'Pendula'	crème, août-sept., 5

Sorbus

SORBIER (ET ALISIER)

Les sorbiers et alisiers sont recommandés sur des superficies limitées. Leurs fleurs blanches en ombelles et leur jolies baies ressortent fort bien en plein soleil. On ne plantera pas ces arbres près des portes et portails, ni sur les terrasses, car leurs baies font des taches. Dans la liste ci-dessous, les couleurs indiquées concernent les fruits (*voir aussi* Arbres pour grands jardins).

S. aria 'Majestica'	rouge orangé, 5-8
S. aucuparia 'Fastigiata'	orange, 10
S. decora	rouge, 10
S. hybrida 'Gibbsii'	carmin foncé, 6-8
S. 'Joseph Rock'	crème, 5-8
S. latifolia 'Atrovirens'	brun orangé, 8-10
S. 'Pearly King'	rose-rouge, 5-8
S. x *thuringiaca* 'Fastigiata'	rouge foncé, gros, 10

Tilia

TILLEUL

La couleur « vert tilleul » n'est pas applicable à toutes les espèces. De nombreux insectes, les abeilles notamment, sont attirés par les fleurs, en été. Le tilleul de Mongolie porte des fleurs blanc verdâtre, qui exhalent bien sûr une odeur suave. On évitera de le planter autour des terrasses et parkings, car il attire des acariens qui sécrètent un miellat visqueux, lequel tend à s'égoutter. Il prend une coloration jaune clair en automne (*voir aussi* Arbres pour grands jardins).

T. mongolica	blanc verdâtre, cime ronde, 8

Ulmus

ORME

Dans un coin de jardin, on peut utiliser, pour faire une tonnelle, *U. glabra* 'Camperdownii', variété d'orme de montagne qui, comme *Betula p.* 'youngii', laisse pendre ses branches vers le bas. Les arbres cités ci-dessous peuvent fort bien figurer dans un projet de plantation, du fait de leur forme et de leur couleur, mais ils sont susceptibles de contracter la maladie de l'orme, ce qui peut obliger à les arracher (*voir aussi* Arbres pour grands jardins).

U. carpinifolia 'Wredei'	or foncé, 5-8
U. glabra 'Camperdownii'	pleureur, 5

Tilia mongolica

Ulmus glabra 'Camperdownii'

Arbrisseaux et arbustes

Espèces à feuilles persistantes

Certaines espèces à feuilles persistantes ont absolument besoin d'un sol acide. Les feuillus ne supportent pas, normalement, l'exposition à l'est. Après les gelées nocturnes, en effet, les feuilles dégèlent trop vite, ce qui occasionne des dégâts.
Les plantes persistantes apprécient habituellement la mi-ombre.
À la différence de la plupart des arbrisseaux et arbustes à feuilles caduques, ceux qui ont un feuillage persistant sont livrés en motte : ils sont donc plus onéreux.
L'évaporation par les feuilles continue à se faire en hiver, évitant ainsi aux racines d'être endommagées par l'absorption d'eau. Lors des périodes de gel, les feuilles pendent, ce qui peut faire stagner l'eau reçue.
Lors de la plantation d'un jardin, il convient de veiller à bien répartir les arbrisseaux et arbustes à feuilles persistantes et à feuilles caduques, surtout aux endroits où l'on désire camoufler quelque chose, par exemple un silo à compost. Quand on parle d'arbustes à feuillage persistant, on pense aux conifères, mais le choix de feuillus est également très vaste.
Pour les arbrisseaux et arbustes dont les fleurs ne sont pas dignes d'intérêt, on trouvera la mention de la largeur, de la couleur des baies, de la couleur des feuilles, et d'autres caractéristiques de ce genre.
Sauf indication contraire, la hauteur est donnée en mètres.

Andromeda

ANDROMÈDE

Cet arbrisseau rampant, qui aime un sol humide et acide, n'est guère attrayant : de ce fait, grande est la surprise quand on voit éclore ses grosses fleurs. On le placera à mi-ombre. Il est vendu la plupart du temps à l'état fleuri.

A. glaucophylla	rose, mai-juin, 1
A. polifolia	rose, mai-juin, 1

Andromeda polifolia

Arctostaphylos

BUSSEROLE, RAISIN D'OURS

Ce sous-arbrisseau rampant, à fleurs similaires à celles des bruyères, fleurit en mai. Ses baies rondes et rouges sont belles. Il lui faut un sol acide.

A. uva-ursi	rose, mai-juin, 0,3

Aucuba

Les aucubas, qui doivent être situés en un endroit abrité, sont parmi les plus beaux persistants. *A. japonica* 'Variegata' est aussi une plante d'appartement et de serre (serres froides, atmosphère froide). Plantés en un lieu approprié, les aucubas atteignent une hauteur de 3 m ; ils ne supportent bien les rigueurs de l'hiver que s'ils sont abrités, surtout de l'est. La plupart d'entre eux sont vendus avec des feuilles tachetées de jaune, ce qui est plus en harmonie avec le reste du jardin. Les fleurs (mai-août) sont insignifiantes. La beauté de ces plantes vient de leurs feuilles brillantes et de leurs baies rouges. On obtient les plus belles baies en plantant un exemplaire mâle. La variété 'Rozannie' est dioïque. Si l'on désire un seul aucuba, on choisira toujours la variété 'Variegata'. Dans les jardineries, on ne conçoit pas qu'il puisse y en avoir d'autres ! La hauteur maximale, qui dépend de l'endroit, atteint 2 à 3 m.

Variétés à feuillage vert

A. japonica 'Borealis'*	
A. j. 'Longifolia'**	sujets mâles sans baies
A. j. 'Dentata'**	
A. j. 'Rozannie' ❧	
A. j. 'Hillieri'**	

Variétés à feuillage tacheté

A. J. 'Crassifolia'*	sujets mâles sans baies
A. j. 'Crotonifolia'*	sujets mâles sans baies
A. j. 'Variegata'	

Aucuba japonica 'Variegata'

Azalea

AZALÉE

Voir *Rhododendron.*

Berberis

ÉPINE-VINETTE

Le genre *Berberis* englobe plus de 200 espèces, dont une part sont toujours vertes. *B.* x *media* 'Parkjuweel' a un feuillage semi-persistant. Les épines que portent les rameaux rendent l'élagage pénible. L'entretien et le sarclage n'en sont pas facilités. Le problème est ici le même que pour le houx, mais certaines variétés ont des feuilles très peu indentées. Les épines-vinettes ne sont guère exigeantes, mais elles aiment bien le plein soleil. On évitera l'exposition à l'est, afin que les feuilles ne soient pas « brûlées » par les gelées nocturnes au début du printemps. Pour *B. stenophylla*, on trouve dans le commerce trois variétés – 'Brilliant', 'Crawley Gem' et 'Irwinni' – qui résistent assez bien à l'hiver, mais on les plantera seulement sur les côtes. On trouvera ci-dessous une sélection d'espèces et variétés généralement disponibles. Les autres appartiennent à la catégorie des « plantes pour amateurs ».

B. candidula	jaune clair, avril-mai, 0,75
B. darwinii	jaune orangé, taches rouge, mai, 2
B. gagnepainii	fr. bleu givré, mai, 1,5
B. g. var. *lanceifolia*	fr. bleu givré, f. étroit
B. x *interposita* 'Wallich's Purple'	mai
B. julianae	jaune, fr. bleu givré, mai, 2
B. linearifolia	orange, avril-mai, 1,25
B. l. 'Orange Beauty'	orange, avril-mai, 1
B. x *lologensis*	jaune orangé, mai, 1
B. l. 'Apricot Queen'	abricot, mai, 1

Berberis darwinii

B. l. 'Mistery Fire'	orange, mai, 1
B. x *media* 'Parkjuweel'	f. vert foncé, 1
B. m. 'Red Juwel'	f. rouge, 1
B. stenophylla	jaune orangé, avr.-mai, 2,5
B. thunbergii 'Green Ornament'	baies rouges, 1,5
B. verruculosa	jaune, grosse, mai, 1,25

Buxus

BUIS

Cet arbuste, toujours vert, forme souvent des haies et permet de pratiquer une taille artistique. Sa forme libre, qui peut atteindre une hauteur de 5 m, est moins connue. Il existe de nombreuses variétés dont la taille, la forme et la couleur des feuilles, ainsi que la croissance, sont diverses. Il est facile à bouturer ; il faut attendre un an avant l'apparition des premières racines. On effectuera la plantation à l'ombre et on veillera à arroser abondamment les boutures pendant l'été (*voir aussi* Plantes pour haies). Les espèces et variétés suivantes conviennent particulièrement pour les sujets isolés.

B. microphylla 'Asiatic Winter'	
B. m. var *koreana*	large, 1
B. sempervirens	f. petite, 4
B. s. 'Rotundifolia'	f. grosse, 5
B. s. 'Suffruticosa'	f. petite, 0,5

Calluna

BRUYÈRE À BALAI

Comme les bruyères *(Erica sp.)*, la *Calluna* convient aux sols sableux et tourbeux, fortement acides. Pour obtenir une floraison prolongée dans les jardins à terre de bruyère, il convient de combiner les bruyères avec d'autres arbustes et plantes ligneuses, également fleuris. On n'oubliera pas de planter aussi quelques arbustes à feuilles caduques, afin que les changements de saison se fassent bien sentir. Les hauteurs sont données en centimètres.

C. vulgaris	violine, juil.-août, 40
C. v. 'Alba Dumosa'	blanc, juil.-août, 40, traçante
C. v. 'Alba Erecta'	blanc, vert clair, août-sept., 50
C. v. 'Alba Plena'	blanc, août-oct., 40, traçante
C. v. 'Alba Rigida'	blanc, août-sept., 15, basse et traçante
C. v. 'Allegretto'	violet, juil.-sept.
C. v. 'Alportii'	violet, août-sept., 70, dressée
C. v. 'Annemarie'	rouge, juil.-sept.
C. v. 'Aurea'	rose-violet, f. jaune d'or, juil.-sept., 40
C. v. 'Barnett Anley'	violet, août-sept., 50, large
C. v. 'Beoley Gold'	blanc, f. jaune, août-sept., 40

Buxus sempervirens

Calluna vulgaris 'Alba Erecta'

C. v. 'Blazeaway'	violet, f. vert-jaune, 45
C. v. 'Carmen'	rouge-violet, août-sept., 45, fastigiée large
C. v. 'Cramond'	rose, sept-nov., 50, fastigiée large
C. v. 'Cuprea'	violet, f. bronzé, août-sept., 45
C. v. 'C.W. Nix'	rouge, août-sept., 80, fastigiée
C. v. 'Dainty Bess'	rose, gris-bleu, août-oct., 10
C. v. 'Dark Beauty'	rose-violet, août-sept., 35, fastigié
C. v. 'Dark Star'	rouge sombre, juil.-sept.
C. v. 'Darkness'	rose-violet, août-sept., 40, fastigiée
C. v. 'Elegant Pearl'	blanc, juil.-sept.
C. v. 'Elegantissima'	blanc, f. blanc-gris, sept.-déc., 55
C. v. 'Elsie Purnell'	rose argenté, f. vert-gris, août-sept.
C. v. 'Flore Pleno'	rose, sept.-oct., 45, fastigiée large
C. v. 'Gold Haze'	blanc, f. jaune clair, août-sept., 50
C. v. 'Golden Carpet'	rose, f. jaune d'or, août-sept., 10
C. v. 'Golden Feather'	violet, f. jaune, août-sept., 30, tapissante
C. v. 'Hammondii'	blanc, f. sombre, août-sept., 60, fastigiée
C. v. 'H.E. Beale'	rose, août-sept., 60
C. v. 'Hookstone'	mauve, juil.-sept.
C. v. 'J.H. Hamilton'	rose foncé, août-sept., 25, traçante
C. v. 'Joan Sparkes'	violet clair (d), 20

Calluna vulgaris 'Tib'

C. v. 'Long White'	blanc, sept.-oct., 70, fastigiée
C. v. 'Marleen'	blanc, violet, f. sombre, sept.-nov., 35
C. v. 'Mountain Snow'	blanc, juil.-sept., 50
C. v. 'Peter Sparkes'	rose, sept.-nov., 60
C. v. 'Ralph Purnell'	violet, août-sept., 60, fastigiée
C. v. 'Red Star'	rouge, juil.-sept.
C. v. 'Robert Chapman'	rose, août-sept., 40, fastigiéelarge
C. v. 'Silver Knight'	lilas, juil.-sept., 45, fastigiée
C. v. 'Silver Queen'	mauve, f. gris, août-sept., 45
C. v. 'Sister Anne'	lilas, f. vert grisâtre, août-sept., 10
C. v. 'Sunset'	rose-violet, f. bronzé, août-sept., 30
C. v. 'Tenuis'	rose, juil.-nov., 30, largement couvrante
C. v. 'Tib'	violet, juin-oct., 40, fastigiée
C. v. 'Underwoodii'	violet, oct.-nov., 45, fastigiée
C. v. 'Wickwar Flame'	rose-violet, juil.-sept.

Camellia

CAMÉLIA

Bien qu'on trouve dans le commerce des variétés plus résistantes au froid, il est toujours déconseillé de planter les camélias en des lieux non abrités, au-dehors. En plus de leurs fleurs à teintes pastel, de toutes nuances, ces arbrisseaux possèdent un feuillage brillant du plus bel effet. Il est bien de les planter en serre froide, mais sous certains climats – océanique notamment – ils viennent très bien en plein air. En serre, il leur faut une température d'au moins 5 °C pour une humidité relative de 60 % ; à l'extérieur, ils supportent des froids de – 12 °C, en situation abritée, en évitant l'exposition à l'est.

C. japonica	gris, blanc, rose, jaune, rouge, avril, 2

Camellia japonica

Ceanothus

CÉANOTHE

Cet arbuste fleuri, à demi persistant, qui supporte mal les gelées, fait de très jolis massifs. Il peut aussi servir pour des bordures ou en bacs, si possible adossé à un mur exposé à l'ouest, bien protégé contre les vents froids.

C. x *delileanus* 'Gloire de Versailles'	bleu, juil.-oct., 2
C. d. 'Henry Desfossé'	bleu, août-oct.
C. d. 'Indigo'	bleu, août-sept.
C. d. 'Topaze'	bleu, juil.-sept.
C. pallidus 'Marie Simon'	rose, août-sept.
C. p. 'Perle Rose'	rose, août-sept.
C. thyrsiflorus var. *repens*	bleu, août-sept.

Cotoneaster

Attention à la hauteur des cotonéasters : certains d'entre eux sont de bonnes plantes couvre-sol, alors que d'autres sont de grands arbustes. Ils ont en commun de remarquables fleurs blanches et des baies rouges brillantes. Ils conviennent à tous types de sols, à mi-ombre (*voir aussi* Arbustes à feuilles caduques).

C. conspicuus	blanc, mai, 0,5
C. c. 'Decorus'	blanc, mai
C. c. 'Flameburst'	blanc, mai
C. dammeri ❧	blanc, mai, 0,15
C. d. 'Major'	blanc, 0,20
C. d. 'Mooncreeper'	blanc, 0,15
C. microphyllus	blanc, mai-juin, 0,4
C. m. var. *cochleatus*	blanc, mai-juin, 0,8
C. m. var. *melanotrichus*	blanc, mai-juin, 1
C. salicifolius	blanc, mai-juin, 2
C. x *watereri* 'Winter Juwel'	blanc, mai, 3,5

Hybrides-cultivars

C. 'Coral Beauty'	blanches, mai, 0,5
C. 'Skogholm'	blanches, mai, 0,5
C. 'Queen of Carpets'	blanches, mai, 0,3

Daboecia

DABOÉCIE

Ce sous-arbrisseau voisin des bruyères est plus grand que celles-ci. Il a besoin d'un sol acide et d'un endroit protégé, car il est sensible aux gelées. La hauteur est donnée en centimètres.

D. cantabrica 'Alba'	blanc, juil.-sept., 30
D. c. 'Atropurpurea'	violet foncé, 25

Ceanothus x *delileanus* 'Gloire de Versailles'

Cotoneaster x *watereri* 'Winter Juwel'

D. c. 'Cupido'	rouge, juil.-sept., 45
D. c. 'Pragerae'	violet, juil.-sept., 15
D. c. 'William Buchanan'	rose carminé, juin-nov., 30

Daboecia cantabrica 'Atropurpurea'

*Daphne**

DAPHNÉ

D. laureola et les espèces mentionnées ici sont des sous-arbrisseaux très différents de *Daphne mezereum*, leur proche parent, à feuillage caduque. Ces espèces conviennent aux jardins de rocaille, sans ensoleillement matinal ; elles peuvent être placées parmi les semi-persistants.

D. x *burkwoodii*	rose roussâtre, mai-juin, 1,5
D. cneorum ❧	rose, juil.-sept., 0,5
*D. laureola***	jaune, mai-juin, 0,5
*D. odora***	rose, mars-avril, 1,5
*D. tangutica***	rose lilas, mai, 0,5

Deutzia

Cet arbuste semi-persistant et assez élevé a des feuilles finement dentées, et porte des fleurs en grappes élancées.

*D. taiwanensis***	blanc, juin-juil., 1,5

Elaeagnus ❧

ÉLÉAGNE ou CHALEF

L'éléagne est un persistant très robuste. Son feuillage est décoratif, mais ses fleurs et ses fruits ressortent peu. Le dessous de ses feuilles est gris. *E. pungens*, l'éléagne épineux, porte des épines. Les éléagnes à feuilles bigarrées doivent être situés au soleil pour que les couleurs ressortent, et ceux à feuilles vertes se plaisent à l'ombre légère.

E. x *ebbingei*	face inférieure grise, 3
E. e. 'Gilt Edge'	marge jaune d'or, 3
E. e. 'Limelight'	tache centrale jaune, 3
*E. glabra**	fl. blanc, baies orangées, sept.-oct., 3
E. pungens	f. vert, fl. crème, mai, 3
E. p. 'Maculata'	grosse tache jaune, 2,5

Eleagnus x *ebbingei*

Daphne cneorum

Empetrum

CAMARINE

Ce bel arbuste gazonnant et toujours vert a besoin absolument d'un sol acide et humide, à mi-ombre. Ses fleurs sont très petites. Sa beauté lui est conférée par ses baies noires.

E. nigrum	rougeâtre, mars, 20 cm
E. hermaphroditum	rougeâtre, avril, 30 cm

Empetrum nigrum

Erica

BRUYÈRE

Les bruyères portent de belles inflorescences à fleurs pendantes, de couleurs plus vives et plus dispersées que chez les callunes *(Calluna sp.)*. La plus connue est *E.* x *darleyensis*, qui fleurit au cours des quatre premiers mois de l'année. On en cultive une bonne dizaine de variétés (non mentionnées). Ces bruyères conviennent à la culture en bacs ; dans ce cas, une terre ordinaire leur suffit. *E. arborea*, la bruyère en arbre (haute de 2 m), convient aux jardins d'hiver et aux jardins intérieurs très abrités : elle doit être emmitouflée lors des grands gels ; elle fleurit de mars à mai. Pour les principales variétés de bruyères ci-dessous, la hauteur est en centimètres.

***Erica carnea*, bruyère des neiges**	
E. c. 'Ann Sparkes'	violet foncé, f. jaune
E. c. 'Aurea'	rose-violet, f. jeune, févr.-avril, 20
E. c. 'Cecilia M. Beale'	blanc, nov.-mars, 20
E. c. 'Challenger'	violet foncé
E. c. 'Foxhollow Fairy'	rose, f. vert-jaune, janv.-mars, 20
E. c. 'Heathwood'	rose-violet, f. vert clair, mars-avril, 25
E. c. 'James Backhouse'	rose-violet, f. vert clair, fév.-avril, 25
E. c. 'King George'	rose-violet, déc.-mars, 15
E. c. 'Loughrigg'	rose pourpre, f. bronzé, fév.-avril, 20
E. c. 'March Seedling'	violet-rose
E. c. 'Myretoun Ruby'	amarante, mars-avril, 20
E. c. 'Pink Spangles'	rose, mars-avril, 25, large, clairsemée
E. c. 'Praecox Rubra'	rouge-violet, déc.-mars, 20, étalée
E. c. 'Rosy Gem'	rose, fév.-avril, 20
E. c. 'Ruby Glow'	rose-violet, nov.-avril, 20
E. c. 'Snow Queen'	blanc, janv.-mars, 15
E. c. 'Springwood Pink'	rose clair, janv.-mars, 20, rampante
E. c. 'Springwood White'	blanc, janv.-mars, 20, rampante
E. c. 'Thomas Kingscote	rose-violet, mars-avril, 20
E. c. 'Vivellii'	carmin, f. bronzé, déc.-avril, 20
E. c. 'Winter Beauty'	rose-violet foncé, déc.-mars, 15, dense
***E. ciliaris*, bruyère ciliée**	rose, juil.-oct., 30, traçante
E. c. 'Corfe Castle'	rouge, sept., 40
E. c. 'Globosa'	rose, sept., 30
E. c. 'Stroborough'	rose ou blanc, sept., 50, fastigiée
***E. cinerea*, bruyère cendrée**	
E. c. 'Alba'	blanc, juil.-août, 25, croissance étalée
E. c. 'Alba Minor'	blanc, juil.-oct., 15, dense
E. c. 'Atropurpurea'	violet foncé, août-sept., 20
E. c. 'Atrorubens'	rose foncé, juil.-oct., 25
E. c. 'C.D. Eason'	rouge clair, f. sombre, juin-sept., 30
E. c. 'C.G. Best'	rose saumon, août-sept., fastigiée
E. c. 'Cévennes'	rose, juil.-oct., 25, fastigiée
E. c. 'Coccinea'	carmin, juin-sept., 20

Erica cinerea 'Alba'

E. c. 'Domino'	blanc, anthères brunes, juil.-sept., 25
E. c. 'Eden Valley'	blanc lilas, juil.-sept., 15
E. c. 'Golden Drop'	rose violacé, f. bronzé, juil.-août, 15
E. c. 'Golden Hue'	lilas, f. jaune, juil.-août, 35
E. c. 'G. Osmond'	lilas, juil.-sept., 30, fastigiée
E. c. 'Katinka'	violet foncé, juin-oct., 30, fastigiée
E. c. 'Knap Hill Pink'	rose clair, juil.-sept., 30
E. c. 'Mrs Dill'	rouge clair, juin-août, 15
E. c. 'Pallas'	violet, juin-sept., 35, fastigiée large
E. c. 'Pink Ice'	rose, juin-sept., 15, dense
E. c. 'P.S. Patrick'	violet, août-sept., 30
E. c. 'Pygmaea'	rose, juin-août, 15
E. c. 'Rosea'	rose clair, juil.-août, 25, dense
E. c. 'Velvet Night'	violet foncé, juil.-août, 30
E. x *stuartii*	
E. s. 'Irish Lemon'	violine clair, 20, étalé
***E. tetralix*, bruyère commune**	
E. t. 'Alba'	blanc, f. vert-gris., juin-août, 25
E. t. 'Alba Mollis'	blanc, juin-sept., 30, touffu
E. t. 'Alba Praecox'	blanc, f. vert-gris., juin-août, 25
E. t. 'Con. Underwood'	carmin, f. vert-gris., juil.-sept., 35
E. t. 'Daphne Underwood'	rose saumon, juin-août, 20, croissance faible
E. t. 'Helma'	rose, juil.-août, 30, fastigiée
E. t. 'Hookstone Pink'	rose saumon, f. vert-gris., juin-oct., 25
E. t. 'Ken Underwood'	carmin, juin-oct., 25, très fastigiée

Erica vagans 'Mrs. F.D. Maxwell'

E. t. 'L.E. Underwood'	abricot, juin-oct., 25, très fastigiée
E. t. 'Pink Glow'	rose, juil.-sept., 25
E. t. 'Pink Star'	mauve, juin-sept., 15, bas, étalée
***E. vagans*, bruyère errante**	
E. v. 'Alba'	blanc, juil.-sept., 40, fastigiée large
E. v. 'Diana Hornibrook'	rouge, juil.-oct., 35
E. v. 'George Underwood'	rose saumon, juil.-oct.
E. v. 'Grandiflora'	rose tendre, août-oct., 60
E. v. 'Holden Pink'	rose, août-oct., 35, fastigiée large
E. v. 'Lyonesse'	blanc, anthères jaunes, août-oct., 35
E. v. 'Mrs. F.D. Maxwell'	rouge, juil.-oct., 35, dense
E. v. 'Nana'	blanc crème, août-oct., 25, dense
E. v. 'Pyrenees Pink'	rose saumon, anthères rouges, août-oct., 35
E. v. 'St. Keverne'	rose saumon, août-oct., 35, dense
E. v. 'Valerie Proudley'	blanc, août-oct., 20, fastigiée large
E. v. 'Williamsii'	mauve, juil.-oct., 20, large

Erica vagans 'Valerie Proudley'

Escallonia 'Victory'

Escallonia ❧

Les escallonias fleurissent longuement, mais de façon exubérante. Les inflorescences se trouvent parmi les petites feuilles brillantes de ces arbustes noueux. On les plantera en des lieux abrités, sur tous sols, mais bien drainés.

E. 'C.F. Ball'	rouge carminé, 3
E. 'Dart's Rosy Red'	vieux rose, 2
E. 'Donard Seedling'	rose tendre, mai-juil., 2
E. 'Red Elf'	rouge foncé, juin-juil., 1,5
E. 'Slieve Donard'	blanc, taches roses, 2
E. 'Victory'	rose carminé, 2

Euonymus

FUSAIN

Bien que les variétés citées ici, persistantes, puissent servir de plantes grimpantes, elles conviennent généralement pour tapisser le sol. Elles peuvent être palissées contre les murs, et s'accordent avec les jardins de bruyères et de rampants. La coloration du feuillage ressort mieux au soleil, mais elle ne pâtit pas de l'ombre. *E. fortunei* var. *radicans* et *E. f.* 'Vegetus' peuvent aussi bien croître contre les murs ou les arbres, en atteignant alors une hauteur de 6 m ; *E. f.* 'Variegatus', quant à elle, reste plus basse.

E. fortunei 'Carrierei'	vert foncé brillant, 1,5
E. f. 'Coloratus'	vert foncé semi-mat, 0,5
E. f. 'Dart's Carpet'	vert foncé terne, 0,3
E. f. 'Green Carpet'	nouveau
E. f. 'Emerald Gaiety'	vert grisâtre, marge blanche, 1,25
E. f. 'Emerald'n Gold'	vert grisâtre, marge jaune, 0,5
E. f. var. *radicans*	vert mat, 1,5
E. f. 'Silver Queen'	jaune crème, puis vert grisâtre, 0,8
E. f. 'Tustin'	vert grisâtre, dentées, 0,3
E. f. 'Variegatus'	vert, marge blanche, 0,4
E. f. 'Vegetus'	vert pâle, grand, 1,5

Euonymus fortunei 'Vegetus'

x *Gaulnettya*

Cet arbrisseau dense est un croisement entre *Gaultheria* et *Pernettya*. Ses feuilles coriaces sont vert foncé. Ses fruits rouges mûrissent à la fin de l'automne. On le placera en sol acide et humide, mais non en plein soleil.

G. wisleyensis 'Ruby'	blanc, mai-juin, 1

Gaultheria

THÉ DU CANADA, GAULTHERIE

Comme les autres Éricacées, les *Gaultheria* ont besoin d'un sol humifère, perméable et humide.

G. procumbens	blanc, fr. rouge, 0,15
G. p. 'Koralle'	blanc, gros fr. rouge, 0,20
G. shallon	blanc, fr. noir, 0,75

Gaultheria procumbens 'Koralle'

Hebe

Voir Plantes en pots *et* Plantes de serre.

Hedera

LIERRE

Les variétés présentées ici sont les formes fleuries du lierre grimpant, mais ne possèdent pas de crampons. Quand on les bouture, elles produisent des arbustes non grimpants, de soleil et d'ombre, en tous sols. On peut les planter sous des arbrisseaux peu fournis.

H. colchica 'Arborescens'	vert, déc.-fév., 1
H. helix 'Arborescens'	vert, déc.-fév., 1

Hedera helix 'Arborescens'

Hypericum

MILLEPERTUIS

H. calycinum est persistant, *H. uralum* semi-persistant. Ils ont besoin de soleil et conviennent aux jardins de rocaille, sur tous sols.

H. calycinum	grandes fl., jaune, 0,30
H. uralum	petites fl., jaune, 1

Hypericum calycinum

Ilex

HOUX

Les houx sont des arbustes ou même de petits arbres. *I. verticillata*, un des moins connus, a des feuilles caduques (*voir* Arbustes à feuilles caduques). Toutes ont une croissance assez lente ; elles sont de soleil et de mi-ombre. La variété 'Pyramidalis' a des feuilles presque démunies de piquants, ce qui facilite l'entretien du sol. *I. a.* 'Atlas' est une forme mâle qui ne donne pas de baies mais peut servir à la pollinisation. *I. a.* 'Ferox', le houx hérissé, est très piquant et ne donne pas de baies. C'est aussi le cas de 'Golden Queen' et de 'Silver Queen' (❧), mâle.

Feuillage vert

I. aquifolium	vert foncé, 12
I. a. 'Alaska'	vert foncé, élancé, 8
I. a. 'Bacciflava'	baies jaunes, 8
I. a. 'Ferox' ❧	piquant dense, sans baies, 8
I. a. 'Haren'	
I. a. 'Duc van Tol'	baies rouges, 8
I. a. 'J.C. Van Tol' ❧	baies rouge orangé, 10
I. a. 'Pyramidalis'	baies rouges, 8

Feuillage panaché

I. a. 'Argentea Marginata'	marge argentée, 8
I. a. 'Aurea Marginata'	marge jaune, 8
I. a. 'Ferox Argentea'	panaché argent, 8
I. a. 'Golden Queen'	large marge jaune d'or, 5
I. a. 'Golden van Tol'	marge jaune, 4
I. a. 'Madame Briot'	marge jaune d'or, 8
I. a. 'Rubricaulis Aurea'	marge jaune pâle, 8
I. a. 'Silver Queen'	marge crème, 6
I. crenata	vert, 1
I. c. 'Convexa'	f. conv. en haut, 1
I. c. 'Golden Gem'	jaune d'or, 0,5
I. c. 'Green Lustre'	dense, vert foncé, 1,5
I. c. 'Rotundifolia'	grandes feuilles, 1,5
I. meserveae ❧	
I. m. 'Blue Angel'	1, reste bas
I. m. 'Blue Girl'	nouveau, 1,5

Ilex 'Duc van Tol'

I. m. 'Blue Prince'	2,5
I. m. 'Blue Princess'	reste bas, 1,5
I. m. 'Dragon Lady'	fastigié, f. tranchant, 2,5

Kalmia

Les arbustes de ce genre, s'ils ne sont pas très beaux, portent des fleurs très curieuses. Leurs feuilles d'un vert bleuté semblent toujours fanées. Ils ont besoin d'une ombre légère, d'un sol humifère et acide.

K. angustifolia	rose, juin, 1
K. a. 'Rubra'	rose foncé, mai-juil., 1
K. latifolia	rose carminé, mai-juin, 1,5
K. l. 'Red Crown'	rouge, juin, 1
K. polyfolia	violine clair, avril, 0,5

Kalmia latifolia

Ledum

Les lédums croissent à l'état naturel dans les marais des pays nordiques. Ils portent des grappes de fleurs à l'extrémité des rameaux. Il leur faut un terrain tourbeux, humide et surtout acide, et ils se plaisent au soleil et dans la mi-ombre. *L. groenlandicum* est le thé du Labrador, dénomination abusive.

L. groenlandicum	blanc, avril-juin, 1
L. g. 'Compactum'	blanc, avril-juin, 0,5
L. palustre	blanc, avril-mai, 1

Ledum groenlandicum

Leucothoë

Cet arbuste bas a des branches retombantes et prend une coloration automnale brun pourpré. Très décoratif, on le nommait naguère *L. fontanesiana*. Il en existe seulement deux types, dont la variété 'Rainbow' porte des feuilles panachées.

L. walteri	blanc, mai-juin, 1
L. w. 'Rainbow'	f. panaché crème, jaune et rose

Leucothoë walteri 'Rainbow'

Ligustrum

TROÈNE

Seuls *L. lucidum* et *L. ovalifolium* ont un feuillage persistant. Les autres espèces n'en ont pas, mais leurs feuilles ne tombent pas encore aux premières gelées nocturnes : ils sont semi-persistants. *L. vulgare*, le troène commun, à feuilles caduques, comprend trois variétés qui sont toujours vertes et peuvent être plantées en sous-bois ; les autres variétés sont décoratives. Dans les jardins de ville abrités, *L. lucidum* peut se developper en arbre. Les fleurs, blanches, à caractère décoratif, ne viennent pas sur les sujets taillés en haies.

L. delavayanum	f. petites, 2
L. japonicum	f. vert olive, dense, 2
L. lucidum	grandes f. brillantes, 5

L. obtusifolium var. *regelianum*	large, 2
L. ovalifolium	f. vert, 4
L. o. 'Argenteum'	f. marge blanche, 3
L. o. 'Aureum'	f. jaune, 3
L. o. 'Dart's Abundance'	large, baies noires, 4
L. quihoui ❧	fl. blanc, août-sept., 2
L. x *vicaryi*	fastigié, f. jaune, 2
L. vulgare 'Atrovirens'	f. vert, 4
L. v. 'Lodense'	f. vert, 0,5
L. v. 'Liga'	forte croissance, 2,5

Ligustrum lucidum

Lonicera

CHÈVREFEUILLE

Ce genre comprend des lianes ligneuses et des arbustes à feuilles caduques, très répandus. *L. fragrantissima*, le chèvrefeuille d'hiver, est semi-persistant ; de port lâche, il lui faut une station abritée. Les autres chèvrefeuilles s'adaptent en tous lieux et en tous sols. De plus, on peut les tailler en toutes formes. Leurs fleurs sont insignifiantes (*voir aussi* Plantes grimpantes).

Lonicera fragrantissima

L. fragrantissima	blanc crème, mars-juin, 2
L. nitida	large, 1,25
L. n. 'Baggesen's Gold'	vert jaunâtre, 0,8
L. n. 'Dutch Green'	vert clair, 0,5
L. n. 'Elegant'	f. grossier, 1
L. n. 'Graziosa'	sensible au gel, 0,8
L. n. 'Maigrün'	vert vif, 0,8
L. pileata	large, 0,6
L. p. 'Moss Green'	vert vif, 0,5

x *Mahoberberis*

Ce croisement de *Mahonia* et de *Berberis* est une plante de collectionneurs : son intérêt réside en sa particularité botanique. Il demande le soleil ou la mi-ombre.

M. neubertii 'Dart's Desire'	jaune, mai-juin, 2
M. n. 'Dart's Treasure'	jaune, 2

Mahonia

Ces arbrisseaux sont peu exigeants, à usages multiples, et bon marché comme d'autres persistants qu'ils peuvent accompagner. Ils aiment le soleil, mais poussent aussi à l'ombre. Leur feuillage craint les gelées hivernales, en particulier celui de *M. aquifolium*.

M. aquifolium 'Apollo'	jaune d'or, avril-mai, 0,6
M. a. 'Atropurpurea'	jaune, mars-avril, 0,6
M. a. 'Smaragd'	jaune, mars-avril, 0,8
M. a. 'Undulata'*	jaune foncé, avr.-mai, 1,5
M. bealii	jaune clair, déc.-avr., 1,5

Mahonia bealii

M. japonica	jaune clair, longues grappes, janv.-mars, 1
M. j. 'Hivernant'	nouveau
M. x *media* 'Charity'	jaune, longues grappes, janv.-mars, 2
M. m. 'Winter Sun'	jaune clair, longues grappes, janv.-mars, 1,5
*M. nervosa**	jaune clair, grappes dressées, mai-juin, 0,4
M. n. 'Calypso'*	jaune, large, 0,4
M. repens	jaune, grappes denses, avril-mai, 1
M. x *wagneri* 'Moseri'	f. rose-jaune, avr.-mai, 0,8
M. w. 'Pinnacle' ❧	jaune, mars-mai, 1,5
M. w. 'Vicaryi'	jaune, mars-mai, 1

Osmanthus

Cette sorte de faux houx diffère du houx vrai en ce que ses feuilles, coriaces, sont opposées et non alternées, et portent des dents piquantes mais un peu plus petites et plus mates. Sa croissance est lente et il n'a pas d'exigence particulière.

O. heterophyllus	blanc, 2
O. h. 'Variegatus'	f. marge crème, 2

Osmanthus heterophyllus

Oxycoccus

Voir Vaccinium.

Pernettya

Ces arbustes dioïques sont très ramifiés. Les exemplaires femelles portent de grosses baies. Un pied mâle suffit pour féconder les sujets femelles d'un jardin. Les fleurs, blanches, sont insignifiantes. Il faut un endroit abrité, sur sol acide.

P. mucronata	blanc, rose ou rouge, 1
P. m. 'Crimsonia'	carmin, 1
P. m. 'Parelmoer'	blanc
P. m. 'Rosalind'	rose
P. m. 'Signaal'	rouge
P. m. 'Wintertime'	blanc argenté tardif

Photinia

Les *Photinia* portent des fleurs blanches au printemps et des baies rouges à l'automne. Fleurs et baies ne sont remarquables que dans de bonnes conditions. Cet arbrisseau à grandes feuilles doit être placé en un lieu abrité et à mi-ombre (*voir aussi* Arbres pour petits jardins).

P. x *fraseri* 'Red Robin'	jeune f. rouge foncé, 2-3

Photinia x *fraseri* 'Red Robin'

Pieris

Seuls les jeunes pousses de ce buisson extrêmement résistant aux rigueurs de l'hiver sont susceptibles de souffrir des gelées tardives. Il lui faut un sol humifère et acide.

P. floribunda	blanc, avril-mai, 2
P. f. 'Forest Flame'	rejets rouges, 2
P. japonica	blanc pendant mars-avril, 2
P. j. 'Cupido'	blanc crème, avr.-mai, 0,8
P. j. 'Debutante'	blanc, mars-avr., 0,8
P. j. 'Purity'	blanc, avril-mai, 1
P. j. 'Valley Rose'	rose, mars, 1,5
P. j. 'Variegata'	crème, f. panaché argenté, 1
P. j. 'White Cascade' ❧	blanc en longues panicules, avril-mai, 2

Hybrides-cultivars

P. 'Flaming Silver'	f. marge blanc crème, 2
P. 'Forest Flame'	f. blanc, jeunes pousses rouges, 2,5

Potentilla

POTENTILLE

Les feuilles à 3 folioles de cet arbuste très gazonnant et persistant sont vert foncé brillant. Cette nouveauté richement fleurie n'est pas encore disponible partout (*voir aussi* Arbustes à feuilles caduques).

P. tridentata 'Nuuk'	blanc, mai-juin, 0,3

Prunus

LAURIER-CERISE

Cet arbrisseau à feuilles persistantes, très connu, existe en nombreuses variétés de hauteurs différentes. On peut donc le choisir en fonction des caractéristiques du jardin. Il supporte très bien la taille et convient en tous sols, au soleil aussi bien qu'à l'ombre.

P. laurocerasus 'Caucasica' ❧	étroit et fastigié, très résistant l'hiver, 3

Pieris japonica

P. l. 'Herbergii'	fastigié, dense, 2
P. l. 'Mischeana'	croissance très large, 1
P. l. 'Mount Vernon'*	très large, 0,3
P. l. 'Otto Luyken'	dense, fl. remarquable, 1
P. l. 'Reynvaanii'	fastigié, f. ondulé, 1,75
P. l. 'Rotundifolia'	large et fastigié, craint le gel, 4
P. l. 'Rudolf Billeter'*	large et fastigié, 1,25
P. l. 'Schipkaensis'	croissance large, 2
P. l. 'Schipkaensis Macrophylla'	fastigié, robuste, large, 2,5
P. l. 'Van Nes'	large, vert sombre, 1,75
P. l. 'Zabeliana'	croissance horizontale, 2,5
P. lusitanica	*voir* Plantes en pots

Prunus laurocerasus 'Reynvaanii'

Pyracantha

BUISSON ARDENT

Bien que cet arbrisseau soit généralement palissé contre les murs, il peut être planté en sujet isolé mais abrité. *P. coccineum* 'Red Column' est un nouveau cultivar couvrant. *P.* 'Orange Glow', à baies rouge orangé, résistant aux maladies, peut aussi être planté en sujet isolé. Tous sols, mais pas trop calcaires.

Pyracantha coccineum 'Red Column'

P. coccinea 'Red Column'	baies rouges
P. c. 'Red Cushion'	baies rouges
Hybrides	
P. 'Convalaya'	baies rouges, 0,7
P. 'Golden Charmer'	baies jaune orangé
P. 'Mohave'	baies rouges, 1,5
P. 'Orange Charmer'	baies orange foncé, 1,5
P. 'Orange Glow'	baies rouge orangé, 1,5
P. 'Soleil d'Or'	baies jaunes
P. 'Teton'	

Rhododendron

RHODODENDRON (HYBRIDE À GROSSES FLEURS)

Les meilleurs hybrides du commerce sont décrits dans le chapitre Plantes pour haies. On trouvera dans la liste ci-dessous des variétés résistant bien au froid et de grande taille (généralement plus de 2 m) : elles ne sont pas toujours disponibles dans les jardineries, il faut les commander.

R. 'A. Bedford'	lavande, tache rouge noirâtre
R. 'Album Novum'	blanc
R. 'Bernstein'	orangé jaune, tache rouge orangé
R. 'Bismarck'	blanc lilas pâle, tache brun-rouge
R. 'BLue Peter'	lavande, tache brune
R. 'Caractacus'	rouge pourpré
R. 'Carola'	rose foncé, motifs lilas et brun jaunâtre
R. 'Catharina Van Tol'	rose, motif vert-jaune
R. 'Constanze'	rose foncé, motif bordeaux
R. 'Dr H.C. Dresselhuys'	rouge pourpré
R. 'Duke of York'	rose vif
R. 'Edward S. Rand'	rouge pourpré, motif brun verdâtre

Un rhododendron hybride à grosses fleurs

R. 'Fastuosum Flore Pleno'	bleu-violet, motif jaune
R. 'Gomer Waterer'	blanc, motif jaune verdâtre
R. 'Gudrin'	lilas rose pâle à blanches
R. 'Holstein'	lilas rose, motif rouge noirâtre
R. 'Humboldt'	violet pourpré rouge foncé
R. 'Janet Blair'	rose
R. 'Lady A. de Trafford'	rose, tache brun-rouge foncé
R. 'Eleanor Cathcart'	rose, tache rouge-brun foncé
R. 'Lee's Dark Purple' ❧	violet pourpré foncé, ocelle brun jaunâtre
R. 'Mme Carvalho'	blanc, motif vert-jaune
R. 'Mme Masson'	blanc clair, tache jaune
R. 'Maharani'	jaune crème, points brun-rouge
R. 'Maria Stuart'	rose violacé tendre, tache plus foncée
R. 'Marie Forty'	pourpre foncé, tache rouge noirâtre
R. 'Mrs. G.M. Millais'	crème, tache jaune d'or
R. 'Mrs. P. den Ouden'	rubis foncé
R. 'Old Port'	violet pourpré, motif clair
R. 'Sammelglut'	rouge foncé, étamines blanc
R. 'Simona'	rose tendre, rouge foncé

Rhododendron

RHODODENDRON (HYBRIDE RAMPANT)

Ces rhododendrons bas, à grosses fleurs s'épanouissant précocement, ne dépassent pas 1 m de hauteur. Ils supportent bien l'hiver, mais les fleurs doivent être protégées lors des gelées nocturnes tardives. Ils supportent l'ombre légère, mais on peut les planter en plein soleil.

R. 'Abentglut'	rouge devenant éclatant
R. 'Baden-Baden'	devenant rouge écarlate
R. 'Carmen'	rouge sang
R. 'Juwel'	rouge écarlate foncé
R. 'Red Carpet'	rouge éclatant
R. 'Scarlet Wonder'	rouge écarlate

Rhododendron 'Pink Pearl'

Rhododendron (Azalea)

RHODODENDRON (AZALÉE)

Ce groupe est bien connu sous la dénomination d'azalées du Japon ; on parle également d'hybrides *Obtusum*. Elles portent de petites fleurs et de petites feuilles, et sont semi-persistantes. Il leur faut un endroit abrité et non ensoleillé, sur sol acide. La variété 'Diamant' (25 cm), large et trapue, est nouvelle : ses fleurs sont rose foncé, violettes, rose franc et rouges. Ces azalées sont des arbustes parfaits pour les petits jardins de ville, que le soleil bas n'atteint pas toujours. Nous indiquons ci-dessous les hauteurs, mais il ne faut pas perdre de vue que ces plantes sont plus larges que hautes.

Rhododendron 'Baden-Baden'

R. 'Addy Weri'	orangé, 1
R. 'Adonis'	blanc, 0,5
R. 'Aladdin'	rouge orangé, petites f., 0,5
R. 'Amoena'	lilas carminé, petites f., 0,75
R. 'Beethoven'	lilas, 1
R. 'Campfire'	rouge, 1
R. 'Favorite'	rubis, grande f., 1
R. 'Hatsugiri'	violet pourpré, petite f., 0,5
R. 'Hino-crimson'	rouge carminé, petite f., 0,4
R. 'Kermesina'	rose, petite f., 0,5
R. 'Lilac Time'	lilas, 1
R. 'Moederkensdag'	rouge, grande f., 0,4
R. 'Orange Beauty'	orangé, grande f., 1
R. 'Palestrina'	blanc, grande f., 1
R. 'Schubert'	rose, 1
R. 'Silvester'	lilas rose vif, petite f., 0,6
R. 'Stewartstown'	rouge orangé, 1
R. 'Vuyk's Rosyred'	rose, grande f., 1
R. 'Vuyk's Scarlet'	rouge, grande f., 1

Rhododendron

RHODODENDRON NAIN

Ils sont persistants, leurs fleurs sont petites, et leurs feuilles écailleuses. À l'exception de *R.* 'Praecox', ils conviennent aux jardins de rocaille. On se les procure facilement.

R. 'Blue Diamant'	lilas, 1
R. 'Blue Tit'	bleu-gris, 0,5

Rhododendron 'Amoena'

R. 'Intrifast' (*R. impeditum*)	lilas, 0,25
R. 'Laetevirens'	rose, 1
R. 'Moerheim'	lilas, 0,3
R. 'Oudijks Favorite'	lilas, 1
R. 'Pink Drift'	lilas rose, 0,25
R. 'Praecox'	lilas, 1,5
R. 'Purple Pillow'	violet, 2
R. 'Ramapo'	lilas violet, 0,5

*Rhododendron***

RHODODENDRON BOTANIQUE

Le genre *Rhododendron* comprend quelque 1 000 espèces naturelles, la plupart étant originaires d'Extrême-Orient. Celles qui sont décrites ici sont toutes à feuilles persistantes et ont des racines peu profondes ; on ne doit donc pas les planter en terrain trop sec. Il leur faut absolument

Rhododendron 'Praecox'

un sol humide, humifère et acide, ainsi que la mi-ombre. Les espèces à grandes feuilles ne supportent pas l'exposition à l'est en hiver. Leur croissance et leur floraison diffèrent beaucoup suivant les espèces. On les trouvera chez les producteurs ou dans les jardineries spécialisés. Il s'agit de plantes pour amateurs.

R. adenogynum	rose carmin, avril 1-2
R. adenophorum	rose et carmin, avril, 1-2
R. aechmophyllum	rose pourpré, taches plus foncées, mai, 1,5
R. aeruginosum	rose à rouge pourpré, 1,5
R. ambiguum	jaune, taches vertes, avril-mai, 1
R. argyrophyllum	blanc rosé, f. argenté, 2-3
R. astrocalyx	jaune vif, petite f., 1
R. augustinii	lilas bleu violet, avril, 2
R. auriculatum ❧	blanc, odorant, août, 3
R. beesianum	rose, tache rouge foncé, avril-mai, 4
R. brachycarpum	blanc crème, tache verte, juin-juil., 2
R. bureaui	blanc rosé à rouge, mai, 1,5
R. calophytum	blanc rosé, blanc, mars-avril, 3
R. calostrotum	violet pourpré intense, 0,3
R. campanulatum	rose pâle, mai-juin, 1,5
R. carolinianum	rose pâle, mai-juin, 1,5
R. cyanocarpum	rose tendre, avril-mai, 3
R. decorum	rose, mars, 2,5
R. discolor	rose à blanc, juil., 2
R. ferrugineum	rouge pourpré foncé, juin-juil., 1
R. floribundum	rose pourpré, 3
R. forrestii	rouge écarlate, avril, 0,25
R. fortunei	rose clair, mai, 2
R. haemaleum	carmin, mai-juin, 0,75
R. haematodes	écarlate foncé, mai, 2

Rhododendron 'Intrifast'

R. hirsutum	rose pâle, 1
R. hirtipes	blanc à rose foncé, 1,5
R. impeditum	*voir R.* 'Intrifast' (page 49)
R. insigne	blanc rosé, mai-juin, 1,5
R. litiense	jaune, f. ornemental, 2
R. lutescens	jaune citron, mars-avril, 0,6
R. minus	rose lilas, mai-juin, 0,8
R. orbiculare	rose, mai, 1
*R. peregrinum***	blanc rosé, 3
R. puralbum	blanc éclatant, mai, 3
R. radicans	pourpre, juin, 0,1
R. triflorum	jaune, motif vert, avril-mai, 2
R. wardii	jaune, mai-juin, 2
R. williamsianum	rose, avril, 1
R. yakushimanum	rose intense, mai, 1

Rhododendron

Voir Arbustes à feuilles caduques *et* Plantes pour haies.

Ribes

GROSEILLIER D'ORNEMENT

Les fleurs blanc verdâtre des variétés naines à feuilles coriaces éclosent toutes en février-mars, et donnent des baies noir rougeâtre. Ces espèces ne craignent absolument pas le gel mais doivent être plantées à mi-ombre.

*R. henryi***	fl. vert-jaune, fév.-mars, 0,3
*P. laurifolium***	fl. blanc verdâtre, fév.-mars, 0,5

Rosa

ROSIER

Quoique les rosiers ne soient pas des persistants, ils ne perdent pas leurs feuilles aux premières gelées. Et, en situation abritée, elles subsistent même jusqu'en février (*voir* Rosiers).

Rubus

RONCE

Ce genre comprend des arbustes et des plantes couvre-sol, les uns persistants, les autres à feuilles caduques. *R. tricolor* donne même de gros fruits comestibles. Certains sont parfois résistants en hiver : les nouvelles variétés sont exceptionnelles, comme 'Dutch Wintercover' et 'Kenneth Ashburner'. Ils tapissent bien le sol, au soleil ou dans la mi-ombre. Il faut les protéger du vent d'est.

R. calycinoïdes	blanc, juin-juil., 0,3
Hybrides	
R. 'Dutch Wintercover'	comme le type
R. 'Green Wave'	blanc, dense, 0,2
R. 'Kenneth Ashburner'	blanc, 0,6
R. tricolor	blanc, juil., 0,4

Ruscus

FRAGON, PETIT HOUX

Cet arbuste mériterait d'être plus connu. Toujours vert, il convient à la mi-ombre dans les coins boisés. C'est une plante dense, dont les rameaux raides sortent pour ainsi dire du sol humifère et humide. On en fait des bouquets secs.

*R. aculeatus***	f. vert foncé, 0,6

Ruscus aculeatus

Sarcococca

Au tout début du printemps apparaissent sur cet arbuste nain de petites inflorescences à étamines roses. Il lui faut de l'ombre et un terrain calcaire. Les fleurs femelles sont peu remarquables. Les feuilles sont vert foncé brillant.

S. humilis	blanc, fév.-mars, 0,6

Sarcococca humilis

Skimmia

On plantera ces arbustes, à croissance lente, dans l'ombre et sur sol humide et acide, en un lieu abrité. On les choisira sphériques et denses. Les boutons floraux sont formés en automne. Il y a des pieds mâles et femelles, ce qui est important pour la formation des baies. *S. reevesiana* s'autoféconde.

S. japonica	blanc, avr.-mai, 1
S. j. 'Foremanii'	baies rouges (pieds femelles), 1
S. j. 'Rubella'	panaches rouge-brun (pieds mâles), 1
S. reevesiana	baies rouges, 0,9
S. r. 'Ruby King'	baies rouges, grand

Skimmia japonica 'Foremanii'

Stranvaesia

Cet arbuste toujours vert a pratiquement disparu du commerce, car il transmet la maladie du feu bactérien. On évitera donc de le planter ; son transport est d'ailleurs interdit dans de nombreux pays.

Stranvaesia

Vaccinium

AIRELLE ET CANNEBERGE

V. macrocarpon, ou la canneberge, est parfois rangée dans le genre *Oxycoccus* ; c'est un sous-arbuste rampant à petites fleurs roses, d'ombre ou de mi-ombre, sur sol humifère et acide.
V. vitis-idaea est persistante, à la différence de *V. myrtillus*. Ces espèces aiment les sols sablonneux, pauvres et acides, sous les arbres.

V. macrocarpon	baies rouges, 0,1
V. vitis-idaea	fl. blanche, baies rouges, juin-août, 0,3

Vaccinium

Viburnum

VIORNE, BOULE-DE-NEIGE

Ce genre comprend des arbrisseaux et arbustes, dont certains sont persistants. Les viornes sont ornementales. Elles aiment tous les sols, le soleil et la mi-ombre, mais craignent l'exposition à l'est.

*V. buddlejifolium**	blanc, mai-juin, 2
V. x *burkwoodii*	rose tendre, mai, 2
V. davidii	blanc, baies bleues, juin, 0,5
*V. henryi**	blanc, mai-juin, 2
V. rhytidophyllum	crème, mai, 4
V. hybr. 'Pragense'	blanc, mai, 3
V. tinus (obier)	*voir* Plantes en pots

Viburnum x *burkwoodii*

Viscum

GUI

Le gui est semi-parasite. Il vit sur les arbres dont il se nourrit. Cet arbrisseau à feuilles persistantes sert souvent comme décoration de Noël et du jour de l'an. On peut le faire se reproduire en introduisant ses baies blanches et visqueuses à la main sous l'écorce de certains arbres : les mieux appropriés pour cela sont les arbres fruitiers (surtout les pommiers), les peupliers, les saules et l'épicéa. Il prolifère sur les arbres affaiblis ou malades. Il vaut mieux éviter de l'implanter sur des arbres sains, car il les épuiserait rapidement. On en extrait la glu.

V. album	baies blanches, nov.-janv., 1

Viscum album

Espèces à feuilles caduques

Le forsythia, le jasmin, le groseillier et le lilas sont cultivés dans tous les jardins. Il existe pour chacune de ces plantes de nombreuses variantes, tant en matière de couleurs de fleurs (simples ou doubles), que de formes de feuilles, de taille, sans parler des milliers d'espèces et de variétés d'arbrisseaux et arbustes encore peu connues. Elles remplaceront avantageusement les grands lilas ou les seringas dans les jardinets. Les pépiniéristes en ont tous une sélection. Les moyens informatiques qui les équipent de plus en plus facilitent la recherche des arbrisseaux et arbustes cultivés par les professionnels. On aura plus de chance de trouver les plantes désirées si on les commande au début de la saison des plantations : celle-ci va de la mi-novembre à la mi-avril. On n'oubliera pas que les arbustes peuvent être plantés, dans la moitié nord de l'Europe, facilement jusqu'à la mi-mai, de préférence à une date antérieure ; plus on va vers le sud, plus la plantation pourra être anticipée. Les végétaux livrés en conteneurs ou en motte peuvent être plantés encore plus tard sous nos climats tempérés (et même en été, quand il ne fait ni trop chaud ni trop sec). En cas de sécheresse, planter en automne peut s'imposer. Les plantes citées, ici, ne craignent pas le gel. La hauteur des arbrisseaux et arbustes est donnée en mètres. Lorsque les fleurs n'ont pas de valeur décorative, nous indiquons les caractéristiques des feuilles ou de la plante.

Acanthopanax

Les feuilles de cette espèce, avec leurs lobes, ressemblent plus à celles du châtaignier, par leur forme palmée, qu'à celles de l'acanthe – comme le nom de genre pourrait le faire croire. Cet arbrisseau épineux porte de petites inflorescences jaune verdâtre, mais ses feuilles vert clair font sa beauté. Il peut faire des haies impénétrables, bien que, pour cet usage, *Berberis thunbergii* soit moins coûteux.

A. sieboldianus	f. vert clair, 3

Acanthopanax sieboldianus

Acer

ÉRABLE DU JAPON

A. palmatum croît lentement, mais comme il est greffé, il est onéreux. Les variétés 'Dissectum' possèdent toutes des feuilles finement pennées (*voir aussi* Arbres pour grands jardins *et* Arbres pour petits jardins).

A. palmatum 'Atropurpureum'	f. rouge, 4
A. p. 'Bloodgood'	f. rouge noirâtre, 5
A. p. 'Dissectum'	f. vert, finement penné, 1,5
A. p. 'Dissectum Garnet'	f. rouge brun foncé, 2
A. p. 'Dissectum Nigrum'	f. brun rouge foncé, 2,5
A. p. 'Ornatum'	f. rouge brun, large, 2,5

Acer palmatum 'Atropurpureum'

Amelanchier

AMÉLANCHIER

Les arbrisseaux de ce genre ont une structure lâche, qui permet aux débutants de les tailler facilement, étant donné que les branches sont bien visibles. Lors des printemps précoces, le feuillage est de couleur bronze, sa belle coloration d'automne. Les fleurs blanches donnent des grappes de petites baies rouge violacé. On trouve dans le commerce des sujets de différentes qualités : les scions sont bon marché pour les parcs boisés ; les exemplaires bien ramifiés sont destinés aux jardins d'agrément.

Amelanchier ovalis 'Helvetica'

Aesculus

MARRONNIER D'INDE

On connaît généralement *Aesculus hippocastanum*, le marronnier blanc. Il s'agit ici des marronniers arbustifs, dont les grappes de fleurs, lâches et clairsemées, éclosent plus tard dans l'été. L'espèce *pavia* est un petit arbre à fruits sans piquants ; les variétés ci-dessous sont bien plus petites. Ces marronniers veulent une exposition ensoleillée.

A. parviflora	crème, juil.-août, 2-4
A. pavia 'Humilis'**	rose foncé, mai, 1
A. p. 'Rosea Nana'**	rose, mai, 1

Aesculus parviflora

A. Lamarckii, l'amélanchier d'Amérique, a été introduit au siècle dernier et est maintenant largement répandu. *A. ovalis*, l'amélanchier de montagne, vient d'Europe centrale.

A. lamarckii	blanc, avril-mai, 4
A. ovalis 'Edelweiss'**	blanc, avril-mai, 3
A. o. 'Helvetica'*	blanc, avril-mai, 3
A. x *spicata**	fr. bleu noir

Aralia

ANGÉLIQUE DU JAPON

Cet arbrisseau élevé et étroit porte de grandes ombelles blanches. Ses branches, comme des troncs, sont bien insérées et constituent le charme de la plante en hiver.

A. elata	blanc, 5
A. e. 'Aureovariegata'*	blanc, f. panaché de doré
A. e. 'Variegata'	blanc, f. panaché d'argent

Aralia elata

Aronia

Pour les arbrisseaux de jardin, on pense généralement aux potentilles et aux spirées, et on oublie les aronia. Or, ceux-ci conviennent aussi bien à l'ombre qu'au soleil, et aux bosquets qu'aux jardins d'agrément. Les baies noires et les belles teintes automnales ont une valeur décorative.

A. arbutifolia	blanc, baies rouges, avril-mai, 2
A. a. 'Brilliant'	blanc, baies rouge éclatant, 2
A. melanocarpa	blanc, baies noires, mai-juin, 2
A. m. 'Viking'	blanc, baies noires, 4
A. prunifolia	blanc, baies rouge noirâtre, 4

Berberis

ÉPINE-VINETTE

Toutes les espèces d'épine-vinette possèdent des épines. L'élagage en est donc pénible, d'autant plus que ces épines provoquent de petites inflammations. On portera donc des gants de jardin. La différence entre *B. thunbergii* et *B. vulgaris* est facile si l'on examine les fruits : ceux du premier sont rouge brillant, et ceux du second sont rouge mat (*voir aussi* Arbustes à feuilles persistantes).

B. aggregata	jaune pâle, juil.-août, 1,75
B. buxifolia	jaune orangé, avril-mai, 3
B. b. 'Nana'	sans fleurs, 0,5
B. koreana	fr. rouge clair, 1,75
B. x *mentorensis*	coloration automnale, 1,5
B. x *ottawensis*	fr. rouge jaunâtre, 2
B. o. 'Auricoma'	f. brun pourpre, 2,25
B. o. 'Decora'	f. bleu rouge pourpré, 1,75
B. o. 'Forescate'	
B. o. 'Superba'	f. rouge pourpré mat, 2
B. x robrustilla	fr. rouge orangé, 1
B. r. 'Autumn Beauty'	
B. r. 'Buccaneer'	fr. blanc verdâtre rouge orangé, 1
B. r. 'Fireball'	fr. rouge, 1
B. r. 'Pirate King'	fr. rouge carminé, givré, 1,5
B. r. 'Wisley'	fr. rose rouge orangé, 1
B. thunbergii	j. clair, fr. rouge, mai, 1,5
B. t. 'Atropurpurea'	f. brun rouge pourpré, 1,5

Aronia melanocarpa

B. t. 'Nana'	nain, 0,5
B. t. 'Bagatelle'	f. rouge brun, 0,3
B. t. 'Dart's Purple'	f. rouge brun, 1
B. t. 'Green Carpet'	f. vert, coloration automnale, 1
B. t. 'Green Ornament'	vert clair puis vert foncé, 1,5
B. t. 'Kobold'	f. vert foncé, 0,4
B. t. 'Red Chief'	f. brun rouge pourpré, 0,4
B. vulgaris	jaune clair, f. vert, mai, 2
B. v. 'Atropurpurea'	f. rouge brun, 2
B. wilsoniae	jaune d'or, fr. saumon foncé, 1
Hybride-cultivar	
N. 'Red Tears'	f. vert grisâtre, fr. rouge, 1,5

Buddleia

Les buddleias sont appréciés parce qu'ils attirent les papillons. On ignore souvent qu'ils craignent le gel : on les buttera à l'automne pour éviter qu'ils ne gèlent en profondeur. On élaguera au printemps, après les dernières gelées, toutes les branches jusqu'à 50 cm du sol. Ne pas les tailler les fait pousser en hauteur et ils produisent moins de fleurs. C'est l'un des rares arbrisseaux faciles à

Buddleia davidii 'Black Knight'

Berberis koreana

bouturer. Hauteur (pour une taille sans peine) : 2 m. Ils prospèrent en plein soleil ; ces fleurs s'épanouissent de juillet à fin octobre.

B. davidii 'African Queen'	violet pourpré foncé
B. d. 'Black Knight'	pourpre foncé
B. d. 'Border Beauty'	lilas foncé
B. d. 'Empire Blue'	bleu foncé à bleu violet
B. d. 'Ile de France'	violet foncé
B. d. 'Orchid Beauty'	mauve
B. d. 'Pink Delight'	rose
B. d. 'Royal Red'	rouge violacé
B. d. 'White Bouquet'	blanc
B. d. 'White Profusion'	blanc pur, longues grappes
B. weyeriana 'Sungold'	orange, sphéroïdale

Buddleia weyeriana

Callicarpa bodinieri var. *giraldii*

Callicarpa

Ces arbustes simples ont un port fastigié. Leurs baies décoratives, violettes, restent longtemps sur la plante et peuvent être séchées. La variété 'Profusion' est autofécondable. Quelle que soit la variété, il faut s'assurer qu'elle produira réellement des baies.

C. bodinieri var. *giraldii*	violet, oct.-nov., 3
C. b. 'Profusion'	violet, oct.-nov., 3
*C. dichotoma**	violet foncé, oct-nov., 1,5
C. japonica var. *angustata*	f. longues étroites, 2

Calycanthus

Cet arbuste aromatique, de hauteur moyenne, dense et à feuilles très brillantes, s'adapte à presque tous les sols, en plein soleil.

C. fertilis	rouge brun, juin-août, 2,5
C. f. 'Purpureus'	rouge brun, f. à dessous brun, 2

Caragana

Les fines feuilles vert clair et les fleurs jaune pâle font tout le charme de cet arbrisseau. La variété 'Walker' convient aux bacs et pots de fleurs et comme plante tapissante ; ses feuilles sont plus fines et plus découpées. *C. maximowicziana* est un buisson semi-pleureur. Les *Caragana* croissent au soleil et dans la mi-ombre.

C. arborescens	jaune citron, mai, 6
C. a. 'Lorbergii'	jaune citron, mai, 4

Calycanthus fertilis

C. a. 'Pendula' ❧	jaune, pleureur, avril-mai, 1,5
C. a. 'Walker'	jaune, pleureur, avril-mai, 0,5
C. aurantiaca	jaune orangé, mai, 1
*C. maximowicziana***	jaune, mai, 1,5

Caragana arborescens

Caryopteris

Les arbustes de ce genre fleurissent sur les rameaux d'un an et peuvent donc être rabattus au printemps jusqu'au sol. On les plantera dans un terrain plutôt sec, en un endroit abrité et chaud, en plein soleil.

Caryopteris clandonensis 'Heavenly Blue'

C. x *clandonensis*	bleu clair, août-sept., 1,5
C. c. 'Heavenly Blue'	bleu, août-sept., 1,5
C. c. 'Kew Blue'	bleu, août-sept., 1,5
C. incana	bleu foncé, août-sept., 1,5

Chaenomeles

COGNASSIER DU JAPON, POIRIER DU JAPON

Les fleurs, semblables à celles du pommier, éclosent d'avril à juin et donnent en automne des fruits semblables à des pommes, de couleurs jaune, vert jaune et verte. Ce genre, destiné au plein soleil, est souvent vendu sous l'appellation *Cydonia*.

C. japonica 'Sargentii'	orange, épineux, 0,75
C. speciosa	rouge, parfum de roses, 2
C. s. 'Brilliant'	rouge foncé, haut, 1,5
C. s. 'Rosea Plena'	rose, fastigié touffu, 1,5
C. s. 'Simonii'	rouge sang, rampant, 0,5
C. s. 'Umbilicata'	rose, fastigié haut, 2
C. superba 'Clementine'	rouge orangé, fastigié large, 1,5
C. s. 'Coral Sea'	saumon, fastigié touffu, 1,5
C. s. 'Crimson and Gold'	rouge foncé, large, 0,75
C. s. 'Ernst Finken'	rouge, 2
C. s. 'Fire Dance'	rouge foncé, traçant, 1,25
C. s. 'Nicoline'	écarlate, large, 1
C. s. 'Vermilion'	orange, fastigié touffu, 1
C. s. 'Vesuvius'	écarlate, traçant, 1,5

Chaenomeles speciosa 'Nicoline'

Chimonanthus

Cet arbuste à longues pousses craint le gel. Il peut être palissé contre les murs abrités et exposés au midi, sur sol calcaire perméable. Ses fleurs éclosent au début du printemps sur les branches encore dénudées. Les rameaux fleuris conviennent aux vases (*voir* Forsythia).

C. praecox	jaune crème, pourpre, janv.-fév., 2

Chimonanthus praecox

Chionanthus virginicus

Chionanthus

Il faut butter cet arbuste sensible au gel. Fastigié et large, prenant une coloration automnale jaune, il convient en sujets isolés ; il demande un sol argileux et le plein soleil.

C. virginicus	blanc, juin-juil., 3

Clerodendrum

CLÉRODENDRON

Cet arbuste a besoin d'un emplacement abrité et chaud. Les fleurs, odorantes, donnent des fruits bleus. *C. trichotomum* var. *fargesii* est moins sensible au gel que le type. La croissance peut être contrôlée notamment en supprimant les rejets de racines.

C. trichotomum	blanc, août-sept., 2,5

Clethra

Les arbustes de ce genre figurent parmi les plus remarquables arbustes à floraison tardive. Leurs fleurs odorantes présentent une belle couleur

Clerodendrum trichotomum

jusque tard en automne. *C. barbinervis*, large, craint le gel. Les *Clethra* ont besoin d'un terrain acide et humide, et d'une exposition à mi-ombre, car ils supportent mal le plein soleil.

C. alnifolia	blanc jaune, juil.-sept., 2,5
C. a. 'Rosea'	rose, juil.-sept., 2
C. barbinervis	blanc, août, 1,5

Clethra alnifolia

Colutea

BAGUENAUDIER

La dénomination baguenaudier vient du latin *baca*, « baie », car les fruits de cet arbuste sont des gousses, vert clair, renflées en vessie. Cette espèce a besoin d'un sol sablonneux, pauvre et sec, en plein soleil.

C. arborescens ❧	jaune, mai-août, 3,5
C. x *media*	marques brun orangé, mai-août, 2,5
C. m. 'Copper Beauty'	orangé, f. vert bleuté, 2,5

Cornus

CORNOUILLER

Cornus alba, porte des fleurs blanches en mai, qui donnent des baies blanches ; on le plante surtout pour la couleur de ses rameaux. C'est également le cas de *C. amonum*, destiné à des sols plus humides. *C. controversa, florida* et *kousa* veulent un sol acide ; les autres sont moins exigeantes, mais toutes prospèrent au soleil aussi bien que dans l'ombre ou la mi-ombre. Ces arbrisseaux conviennent à des jardins assez grands.

C. alba	rameaux brun rouge, 4
C. a. 'Elegantissima'	f. blanc panaché, 3
C. a. 'Gouchaultii'	f. tacheté jaune, 1,5
C. a. 'Kesselringii'	rameaux assez foncés, 1,5
C. a. 'Sibirica'	branche rouge, 2,5
C. a. 'Sibirica Variegata'	branche rouge éclatant, f. panaché, 2
C. alternifolia	fastigié large, 6
C. amonum	rameaux brun-pourpre, 4
C. canadensis	*voir* Plantes vivaces
C. controversa	fl. blanc crème, 8
C. florida	blanc, baies rouges, 10
C. kousa	crème, mai-juin, 3,5
C. mas	jaune, fév.-avril, 5-7
C. sanguinea	branches brun-rouge, 4
C. s. 'Midwinter Fire'	branches rouge orangé, 3
C. stolonifera 'Flaviramea'	branches vert-jaune, 3
C. s. 'Kelsey's Dwarf'	branches brun-rouge, 0,75

Colutea arborescens

Corylopsis ❧

On plante toujours des forsythias, mais le corylopsis est idéal comme arbuste à floraison printanière jaune. En été, son feuillage est vert clair. Ces plantes sont belles et leur ramure est décorative en hiver. Il leur faut la mi-ombre, mais ils s'adaptent à tous les sols.

C. pauciflora ❧	jaune soufre, mars-avril, 1
C. spicata ❧	jaune clair, mars-avril, 2

Corylopsis spicata

Corylus

NOISETIER, COUDRIER

Les noisetiers sont des arbrisseaux élégants à port fastigié ; ils conviennent aux jardins assez grands. *C. avellana* 'Contorta' possède des rameaux curieusement tordus : lors de l'achat, il faut veiller à ce que les feuilles ne soient pas frisées et à ce que le sujet n'ait pas un aspect maladif, ce qui lui enlèverait de sa valeur ornementale. Ces arbrisseaux prospèrent sur tous sols et aussi bien au soleil qu'à l'ombre.

C. avellana	chatons jaunes, mars-avril, 4,5
C. a. 'Contorta'	chatons jaunes, branches tordues, 3
C. maxima 'Purpurea'	chatons jaunes, f. rouge-brun, 4

Corylus avellana 'Contorta'

Cornus kousa

Cotinus

ARBRE À PERRUQUE

Cet arbuste porte de grandes, fines et belles inflorescences plumeuses, mais sa ramure est laide en hiver. De plus, l'extrémité de ses branches gèle. Sa floraison a lieu sur les rameaux de deux ans. On le placera à l'abri du vent, mais en plein soleil, et en tous terrains.

C. coggygria ❧	brunâtre, juin-juil., 3-5
C. c. 'Red Beauty'	f. rouge foncé, 3-5
C. c. 'Royal Purple'	rouge-brun foncé, 3-5
C. c. 'Rubrifolius'	f. lie-de-vin, 3-5

Cotinus coggygria

Cotoneaster

Les cotonéasters ont plusieurs utilisations : les espèces basses pour les jardins de rocaille et devant les murs, comme couvre-sol et tapis végétal ; les espèces hautes pour faire des haies et des bosquets. Presque toutes les espèces et variétés portent des baies rouges brillantes, ce qui les fait apprécier des oiseaux. Toutes prennent de belles colorations automnales. Attention : les cotonéasters sont souvent atteints du feu bactérien. On les plantera en plein soleil (*voir aussi* Arbustes à feuillage persistant).

C. adpressus	rougeâtre, juin, 0,25
C. apiculatus	rose, étalé, juin, 2
C. bullatus	rougeâtre, mai-juin, 4
C. b. 'Firebird'	blanc, fr. rouge orangé, 4
C. dielsianus	blanc ou rose, juin, 3
C. franchetti	blanc, rose, juin, 1,5
C. horizontalis	blanc ou rose foncé, juin, 1,5
C. h. 'Robustus'	blanc ou rose foncé, 2
C. praecox	rougeâtre, large, mai, 0,6
C. p. 'Copra'	fr. rouges, large, 1
C. racemiflorus var. *soongoricus*	dessous f. blanc grisâtre, 2
C. splendens	vert gris., f. rond, 2
C. sternianus	blanc rougeâtre, mai-juin, 2
C. wardii	fastigié, dessous f. blanc, 2
C. x *watereri* 'Winter Jewel'	blanc, vaste, mai, 3,5

Cotoneaster horizontalis

Crataegus

AUBÉPINE

On plante et taille habituellement ces arbrisseaux en haies dans les grands jardins. Certaines années, leur feuillage peut être totalement mangé par les chenilles. Les fleurs donnent en automne des baies appréciées des oiseaux. *C. laevigata* est encore connue sous la dénomination de *C. oxyacantha. C. monogyna*, l'épine monogyne, commune, est également indigène chez nous. Tous terrains, y compris en plein vent (*voir aussi* Plantes pour haies).

C. laevigata	blanc, 7
C. l. 'Paul's Scarlet'	rouge, fl. double, 6
C. lavallei 'Carrierei'	blanc, fr. rouge orangé
C. monogyna	blanc, mai, 8
C. m. 'Stricta'	branches plus dressées
C. pedicellata	grosses grappes de fr. rouges, 6
C. prunifolia 'Splendens'	f. ovales brillantes, 6
C. wattiana	sans épines, baies jaunes, 5

Cydonia

COGNASSIER

Voir Chaenomeles.

Cytisus

GENÊT

Nous ne citons que quelques espèces et variétés de genêts, issues de *C. scoparius*, le genêt à balais ou genêt commun. Ces arbustes ne peuvent être transplantés qu'à un certain âge ; on les livre en motte. Lors des hivers très rudes, *C. scoparius* peut geler. Nos campagnes possèdent de nombreux genêts sur sol sableux. Planter sur sol assez sec, en plein soleil (*voir aussi* Genista *et* Spartium).

C. decumbens	jaune d'or, mai-juin, 0,2
C. x *kewensis*	blanc, souvent jaune, mai, 0,3
C. Praecox	jaune crème, mai, 2
C. p. 'Allgold'	jaune d'or, mai, 2
C. p. 'Boskoop Ruby'	rose foncé, mai-juin, 1,5
C. p. 'Hollandia'	lilas rouge, mai-juin, 1,5
C. p. 'Zeelandia'	rose, avril-mai, 1,5
C. purpureus	lilas rose, mai-juin, 0,5
C. p. 'Atropurpureus'	lilas foncé, mai-juin, 0,4
C. scoparius	jaune clair, mai-juin, 2
C. s. 'Andreanus'	jaune, rouge, mai-juin, 1,5
C. s. 'Lena'	jaune-rouge, mai-juin, 1,5
C. s. 'Fulgens'	jaune-rouge, mai, 1,5
C. s. 'Luna'	blanc-jaune, mai-juin, 1,5
C. s. 'Moonlight'	jaune soufre, juin, 1,5
C. s. 'Windlesham Ruby'	crème, lilas clair, juin, 2

Crataegus monogyna

Cytisus x *praecox*

Daphne

BOIS-GENTIL

Cette espèce peut fleurir dès le mois de mars. Les fleurs violet clair et foncé de cet arbrisseau donnent des baies rouges, toxiques. Les branches, charnues, sont dressées, à la différence de *D. cneorum*, à port plus étalé. La multiplication se fait par marcottage : on maintient les branches

Daphne mezereum 'Alba'

basses courbées au sol, on les recouvre de terre. Une fois les branches enracinées, un an après, on les sépare de la plante mère.

D. mezereum	violet, mars-avril, 2
D. m. 'Alba'	blanc, mars-avril, 2
D. m. 'Rubra'	rouge-violet, mars-avril, 2

Decaisnea

Cet arbrisseau, très fastigié et à grandes feuilles pennées, semble quelque peu exotique. Il est ornemental par ses fruits, grosses capsules bleu acier. Élevé et étroit, il convient aux petits jardins. Il lui faut du soleil.

D. fargesii	jaune verdâtre, mai-juin, 5

Decaisnea fargesii

Deutzia

Cet arbrisseau, parfait pour les jardins avec son port fastigié, s'adapte à tous sols, en plein soleil. Certains types rappellent le seringa *(Philadelphus)*.

D. hybr. 'Magicien'	rose foncé, juin
D. gracilis	blanc, mai-juin, 6
D. hybr. 'Mont Rose'	rose clair, juin-juil., 1
D. x *kalmiiflora* ❧	rose, grande, juin, 1,5
D. Lemoinei	blanc, juin, 1,5
D. x *magnifica*	blanc éclatant (d), mai-juin, 3
D. rosea	boutons roses, fl. blanche, juin-juil., 1
D. scabra	blanc, juin-juil., 3
D. s. 'Plena'	blanc, rose (d), juin-juil., 2,5
D. s. 'Pride of Rochester'	blanc (d), 2,5

Diervilla

Ces arbustes bas portent des fleurs semblables à celles des weigelia, sur les rameaux d'un an : il faut le tailler après la floraison. Le *D.* x *splendens* possède des feuilles rouges dès leur apparition. Planter en sol assez sec, au soleil ou dans la mi-ombre.

D. rivularis	jaune citron, juil.-août, 1
D. sessilifolia	jaune soufre, juin-août, 1
D. x *splendens*	jaune soufre, juin-août, 1

Diervilla sessilifolia

Deutzia scabra 'Pride of Rochester'

Elaeagnus

ÉLÉAGNE

Il existe des éléagnes persistants, mais nous traitons ici des espèces à feuilles caduques. Ils conviennent à de grands jardins de style sauvage. *E. angustifolia*, ou olivier de Bohême, est indigène chez nous. Leurs feuilles grisâtres et semblables à celles des saules sont remarquables. Ils demandent un sol assez sec en plein soleil.

E. angustifolia	crème, juin, 4
E. commutata	blanc, mai, 3
E. umbellata	f. argenté, 3

Elaeagnus angustifolia

Enkianthus campanulatus

Enkianthus

C'est un grand arbuste ayant besoin d'un sol humifère et acide. Il lui faut le soleil ou la mi-ombre, mais on doit le protéger contre un ensoleillement trop intense. Cet arbuste largement fastigié est encore plus beau en automne avec sa coloration rouge intense.

E. campanulatus	jaune rosé, mai, 3

Euonymus

FUSAIN

Comme pour les aubépines *(Crataegus sp.)*, le feuillage du fusain peut être envahi de chenilles. Le fusain est très décoratif, avec ses fleurs blanches, ses fruits orangés à enveloppe rouge, et ses remarquables couleurs automnales. On le plante en tous sols (de préférence calcaire), au plein soleil ou à mi-ombre.

E. alatus ❧	bourrelets subéreux sur les branches, 2
E. a. 'Compactus' ❧	bourrelets subéreux sur les branches, compact, 1
E. europaeus	fr. rouge, 4
E. e. 'Atrorubens'	f. foncé, 4
E. e. 'Red Cascade' ❧	fr. rose foncé, 5
E. phellomanus	fr. rose, 2,5
E. sachalinensis ❧	fr. rouge, 4

Euonymus alatus

Exochorda

Ces arbustes portent des fleurs similaires à celles du jasmin. *E. racemosa* donne beaucoup de rejets et est donc facile à multiplier. *E.* x *macrantha* 'The Bride' est compact et très florifère, il convient aux petits jardins. Ces arbustes conviennent à tous les sols, en plein soleil.

E. giraldii	blanc, avril-mai, 4
E. x *macrantha* 'The Bride' ❧	blanc, mai-juin, 1
E. racemosa	blanc, mai-juin, 3

Exochorda x *macrantha*

Ficus

FIGUIER

Le figuier est apparenté à l'hévéa ou caoutchouc particulièrement en faveur *(Ficus elastica)* dans les années 1960. Fait inimaginable, ce genre de plantes fait partie, comme le houblon, du groupe de familles comprenant les orties ! Le figuier ne prospère que dans l'Europe méridionale et en Bretagne, car il gèle à – 12 °C. Certains viennent dans la région parisienne et même plus au nord. Il faut alors le planter en un endroit abrité ou le palisser sur un mur exposé au sud. On n'apportera pas d'engrais aux jeunes exemplaires, sinon ils grandiraient trop vite et leurs branches seraient molles. On coupera quelques racines en cas de croissance trop rapide. Même si le figuier peut résister lors des hivers rigoureux, ses fruits, les figues, parviennent difficilement à maturité au nord de la Loire. Il convient de pailler l'arbre contre les gelées ; le figuier reste décoratif, même sans fruits.

F. carica	f. vert foncé, 4

Forsythia

Cet arbrisseau est l'un des plus fréquemment cultivés. Sa floraison est éclatante, mais sa silhouette est quelconque et désordonnée quand il n'est pas en fleurs, soit 50 semaines par an. On le plantera donc au second rang des massifs, car ses fleurs paraissent lorsque les autres arbustes sont encore dénudés. Les bourgeons à fleurs du forsythia se développent après les gelées. Il peut arriver que la plante ne fleurisse pas après un hiver trop doux. En plaçant des branches dans un sac en plastique durant une semaine au congélateur, on obtiendra en janvier des branches fleuries pour la maison. Les amateurs chercheront d'autres espèces et variétés, bien plus nombreuses que celles que nous citons ici (*voir aussi* Plantes grimpantes).

F. hybr. 'Northern Gold'	jaune d'or, 2
F. x *intermedia* 'Lynwood'	jaune d'or, 2,5
F. i. 'Minigold'	jaune foncé, compact, 1,5
F. i. 'Spectabilis'	jaune d'or, 2,5
F. i. 'Spring Glory'	jaune clair, 2,5
F. ovata 'Tetragold'	jaune, hâtif, 1

Forsythia intermedia 'Spectabilis'

Fothergilla

Le genre Fothergilla est maintenant apparenté aux Hamamelis, dont il partage la floraison hâtive et la belle coloration automnale. Ces arbrisseaux croissent lentement. Les fleurs rappellent les chatons des saules.

F. gardenii	crème-jaune clair, avril-mai, 1
F. major	crème-jaune clair, avril-mai, 2

Fuchsia

À l'abri, les branches de fuchsia ne gèlent pas jusqu'au sol, ce qui en fait des arbrisseaux pour les villes. En cas d'hiver rigoureux, on les rabattra près du sol, et ils reprendront au printemps, sans aucun inconvénient pour la floraison qui varie de juillet à octobre. Les hauteurs indiquées correspondent à l'année suivant la taille.

F. magellanica 'Corallina'	rouge, violet, 0,6
F. m. 'Gracilis'	rouge, violet, 1
F. m. 'Gracilis Nana'	rouge, 2,5
F. m. 'Variegata'	rose, f. panaché, 7,5
Hybrides-cultivars	
F. 'Chillerton Beauty'	rose clair, violet, 7,5
F. 'Mme Cornelissen'	blanc, rouge, 7,5
F. 'Mrs Popple'	rouge, blanc, 6
F. 'Riccartonii'	rouge, violet, 7,5

Fuchsia 'Riccartonii'

Genista

GENÊT (VRAI)

Il s'agit ici de sous-arbrisseaux pour jardins de rocaille. *Genista tinctoria*, le genêt des teinturiers, est indigène chez nous. Les autres genêts ont une floraison plus riche, parfois plus longue. On les plantera sur sol perméable en plein soleil.

G. hispanica	jaune d'or, mai-juin, 3
G. lydia	jaune d'or, juin-juil., 5
G. pilosa 'Goldilocks'	jaune d'or, mai-juin, 5
G. p. 'Vancouver Gold'	jaune foncé, mai-août, 5
G. sagittalis ❧	jaune éclatant, mai, 2
G. tinctoria	jaune foncé, juin-août, 1
G. t. 'Royal Gold'	jaune d'or, juin, 8

Genista lydia

Halesia

Cet arbrisseau à port d'arbre donne des fleurs campanulées, qui se transforment en fruits piriformes. Grand et large, il convient surtout aux

Halesia carolina

plus grands jardins ; il lui faut un sol neutre ou acide, et le plein soleil.

H. carolina	blanc, mai, 4

Hamamelis

Cet arbrisseau à la floraison très précoce convient aux petits jardins. Il atteint une hauteur de 4 m et il est large. On ne peut le tailler, sinon il perd sa forme. Il est donc préférable de lui donner de l'espace, de préférence en un lieu ensoleillé. Il supporte la mi-ombre, mais sa floraison risque d'en être quelque peu affectée. Après une période de gel, celle-ci peut être un peu différée.

H. intermedia 'Diane'	lie-de-vin, fév.
H. i. 'Feuerzauber'	rouge brun, fév.
H. i. 'Jelena'	orangé, déc.-jan.
H. i. 'Moonlight'	jaune clair, fév.-mars
H. i. 'Primavera'	jaune clair, jan.-fév.
H. i. 'Westerstede'	jaune clair, mars
H. mollis	jaune, déc.-jan.
H. m. 'Pallida'	jaune clair, déc.-jan.

Hamamelis mollis 'Pallida'

Hibiscus

MAUVE EN ARBRE

Quand on parle d'hibiscus, on pense aux plantes d'intérieur originaires de Chine. Les hibiscus rustiques proviennent d'Asie Mineure. Ces arbustes, robustes et de forme régulière, atteignent 2,5 m de hauteur. Du fait de leur aspect rigide, ils s'adaptent bien à un tracé symétrique. La floraison s'étend d'août à octobre.

Hibiscus syriacus

Variétés à fleurs simples

H. syriacus 'Blue Bird'	bleu
H. s. 'Hamabo'	rose très clair, marque rouge foncé
H. s. 'Meehanii'	violet, f. panaché jaune
H. s. 'Red Heart'	blanc pur, centre rouge-brun
H. s. 'Rubis'	rose foncé
H. s. 'Totus Albus'	blanc pur
H. s. 'Woodbridge'	rose foncé, grande fl.

Variétés à fleurs doubles

H. s. 'Ardens'	bleu-violet
H. s. 'Boule de Feu'	rouge sombre
H. s. 'Caeruleus Plenus'	bleu-violet
H. s. 'Monstrosus'	blanc, rouge
H. s. 'Punoceus Plenus'	rouge
H. s. 'Violet Clair Double'	lilas

Hippophaë

ARGOUSIER

L'argousier est parfait pour les régions côtières : il supporte le plein vent. Il croît en tout terrain et résiste à une grande sécheresse. Tout son charme réside en ses feuilles étroitement lancéolées d'un beau gris argenté et ses baies d'un orangé éclatant. Il est quelque peu enchevêtré et ne peut donc être conseillé pour tous les jardins.

H. rhamnoïdes	baies orangées, sept.-oct., 3
H. r. 'Leikora'**	baies orangées, gros fr., 3

Hippophaë rhamnoïdes

Hydrangea

HORTENSIA

L'intensité de la couleur des hortensias dépend entièrement de l'acidité et de la teneur en fer du sol. Les hortensias aux fleurs bleues sont obtenus à partir d'exemplaires roses en sol calcaire. Ces arbustes exigent un terrain pas trop sec, sous peine de se ramollir et de pendre, à mi-ombre. Ils fleurissent plus régulièrement et totalement lorsqu'on pince au printemps les gros boutons terminaux. *H. macrophylla*, de forme arrondie et régulière, convient pour les tracés symétriques. *H. paniculata* possède de grandes fleurs mais des branches très fragiles (à éviter dans les jardins où circulent de jeunes enfants). *H. aspera* est bien plus haut et porte de grandes feuilles velues. *H. serrata* résiste aux froids.

Fleurs en ombelles

H. aspera	violet, blanc
H. macrophylla 'Blue Wave'	*voir* 'Mariesii Perfecta'
H. m. 'Mariesii Perfecta'	juil.-sept.
H. m. 'Veitchii'	blanc, juil.-août
H. m. 'White Wave'	blanc, juil.-sept.
H. serrata 'Acuminata'	bleuâtre, juil.
H. s. 'Bluebird'	bleu éclatant, juillet
H. s. 'Preziosa'	rose, août-sept.
H. s. 'Rosalba'	blanc, rose carminé

Fleurs sphériques

H. arborescens 'Annabelle' ❧	crème, grand arbuste
H. macrophylla 'Hamburg'	juil.-août
H. m. 'Maculata'	juil.-sept.
H. m. 'Pia'	mai-juil.
H. m. 'Tovelit'	nain

Fleurs en panicules

H. paniculata 'Floribunda'	blanc, juil.-sept.
H. p. 'Grandiflora'	blanc, août-sept.
H. p. 'Kyushu'	blanc, août-sept.
H. p. 'Praecox'	blanc, mai-sept.
H. p. 'White Moth'	blanc, août-sept.

Hydrangea aspera

Hypericum

MILLEPERTUIS

Les variétés basses portent de grosses fleurs jaune clair sur les rameaux d'un an, et peuvent donc être taillés chaque année près du sol. *N. androsaemum* porte des baies brun noirâtre en automne, qui persistent tout l'hiver. Les millepertuis demandent des sols assez secs et du soleil ou de la mi-ombre (*voir* photo page 42).

H. androsaemum	jaune, juil.-sept., 1,2
H. forrestii	jaune d'or, juin-oct., 1
H. hookerianum 'Hidcote'	jaune d'or, juil.-oct., 1,5
H. inodorum	jaune, juil.-sept., 1
H. x *moserianum*	jaune, juil.-oct., 0,5
H. prolificum	jaune éclatant, juil.-sept., 0,5
H. uralum	jaune d'or, août-sept., 0,75

Hypericum androsaemum

Ilex

HOUX

Le houx porte en automne de grosses baies brillantes rouge clair qui attirent les oiseaux. Pour garder ces fruits afin d'utiliser les branches comme décoration de Noël, il faut couvrir l'arbre d'un filet. Il y a des pieds mâles (ne donnant pas de baies) et des pieds femelles ; les deux sont nécessaires pour la pollinisation (*voir aussi* Arbustes à feuilles persistantes).

*I. verticillata**	baies rouges, nov.-déc., 3

Ilex verticillata

Indigofera

INDIGOTIER

L'espèce citée ici était nommée naguère *I. gerardiana*. On peut la tailler bas au printemps, car elle fleurit sur les rameaux d'un an. Il lui faut un emplacement ensoleillé et chaud.

I. heterantha	rose, juil.-sept., 2

Indigofera heterantha

Kerria

CORÊTE

La corête est l'un des arbrisseaux les plus accommodants, à branches vert clair, au soleil ou à l'ombre. La variété 'Pleniflora' est la moins belle et malheureusement la plus demandée. Les drageons souterrains peuvent être arrachés.

K. japonica	jaune, mai, 2,5
K. j. 'Picta'	f. panaché blanc, mai-juil., 2,5
K. j. 'Pleniflora'	jaune (d), juin-août, 2,5

Kerria japonica 'Peniflora'

Kolkwitzia

Cet arbrisseau ressemble aux weigelia, et il donne de remarquables fleurs, qui éclosent au même moment que celles des autres arbrisseaux de printemps. Il prend une coloration jaune en automne ; il croît en tous sols, au soleil et à mi-ombre.

Kolkwitzia amabilis

K. amabilis	rose pourpré clair, mai-juin, 2
K. a. 'Pink Cloud'	rose, juin, 2

Laburnum

FAUX ÉBÉNIER

L'élagage des branches de cet arbrisseau est nécessaire pour empêcher la plante de devenir un arbre moyen. Les hauteurs données ici tiennent compte de la taille. Planter en un endroit ensoleillé, sur sol peu humide. Les gousses sont toxiques (*voir aussi* Arbres pour petits jardins).

L. alpinum	jaune, mai, 5
L. a. 'Pendulum'	jaune, pleureur, mai, 2
L. anagyroïdes	jaune, grappes courtes, 7
L. x *watereri* 'Vossii'	jaune, longues grappes, mai, 7

Laburnum anagyroïdes

Lespedeza ❧

Ces arbustes aux longues branches étalées fleurissent sur les rameaux d'un an : on peut donc tailler court au début du printemps. La floraison tardive égaie les massifs d'arbustes. Le buttage est souhaitable. *L. thunbergii*, sensible au gel, doit être pailler avant l'hiver. Il porte de longues branches molles pendant jusqu'à terre.

L. bicolor 'Summer Beauty'	rose foncé, août-oct., 1,5
L. thunbergii ❧	rose foncé, août-oct., 1

Leycesteria

La partie aérienne de cet arbuste gèle facilement. Ce n'est pas grave, car la floraison se fait sur les rameaux d'un an. Les fleurs se trouvent entre des bractées brun pourpré. Planter en terrain humide mais perméable, en plein soleil.

L. formosa	rose, juin-août, 1,5

Ligustrum

TROÈNE

Le genre *Ligustrum* comprend des arbustes à feuilles caduques et d'autres à feuilles semi-persistantes. *L. sinense* a une floraison abondante. Les troènes sont peu exigeants, mais ils craignent le vent d'est. Les variétés à feuilles jaunes gardent mieux leur couleur au soleil (*voir aussi* Arbustes à feuilles persistantes).

L. obtusifolium var. *regelianum*	blanc, juil. 0,5
L. quihoui	blanc, août-sept., 2
L. sinense ❧	blanc, juil., 3
L. vicaryi	blanc, f. jaune, juin-juil., 2
L. vulgare	blanc, juin-juil., 1,5
L. v. 'Aureum'	blanc, f. jaune, juin-juil., 1,5

Ligustrum obtusifolium var. *regelianum*

Leycesteria formosa

Lonicera

CHÈVREFEUILLE, CAMERISIER

Ces arbustes, souvent méconnus, sont remarquables au soleil comme à l'ombre. Comme ils sont originaires du Nord et de l'Est, ils supportent les hivers rigoureux. Ceux que nous citons ici n'ont rien à voir avec ceux qui sont décrits comme plantes grimpantes et arbustes à feuilles persistantes. Ils sont plus ou moins sphériques et croissent bien en hauteur. Leurs baies attirent les oiseaux.

*L. fragrantissima**	blanc crème, fév.-mars
L. korolkowii	rose, mai, 3
L. ledebourii	rouge-jaune, juin-juil., 2
L. morrowii	jaunâtre, mai-juin, 2
L. tatarica	rose, avril-mai, 3
L. t. 'Alba'	blanc, juin, 2,5
L. t. 'Arnold's Red'	rouge, juin, 2,5
L. t. 'Rosea'	rose, juin, 2,5
L. xylosteoïdes	blanc-jaune, mai, 3

Magnolia

À la différence des magnolias à feuilles persistantes, les espèces à feuilles caduques supportent très bien les rigueurs de l'hiver. Il arrive que les bourgeons floraux soient perdus lors de gelées tardives. *M. stellata*, qui fleurit plus tôt, ne tient guère de place. Les autres conviennent seulement aux plus grands jardins. Les magnolias ont une prédilection pour les sols humifères et acides. La transplantation au moment de la floraison – elle doit être faite de préférence au début du printemps – ne nuit pas : seule l'évaporation par les feuilles peut provoquer la dessication.

M. liliiflora 'Nigra'	rouge pourpré foncé, avril, 6
M. soulangeana	rose, blanc, avril-mai, 6
M. s. 'Alba Superba'	blanc, avril, 5
M. s. 'Lennei'	lie-de-vin, avril, 5
M. stellata ❧	blanc pur, mars-avril, 2

Magnolia stellata

Lonicera tatarica 'Rosea'

Malus

POMMIER D'ORNEMENT

Les pommiers d'ornement peuvent être achetés à haute tige, à demi-tige et en arbrisseaux. Comme on peut les tailler, ils conviennent aux jardins moyens. On trouvera ci-dessous les variétés les plus fréquentes du genre *Malus*, très répandu et très attractif. Les pommiers d'ornement peuvent servir de rideaux fleuris comme séparations et limites de jardins (*voir aussi* Arbres pour petits jardins).

Malus 'Neville Copeman'

	couleur	**hauteur**	**couleur des fruits**	**aspect**
M. floribunda	rose	4	vert-jaune	branches étalées
M. 'Golden Hornet'	blanc	4	jaune foncé	fr. globuleux
M. 'John Downie'	blanc	6	rouge orangé	fastigié
M. 'Liset'	vieux rose	6	rouge	f. rouge à vert
M. 'Neville Copeman'	lilas rose	4	orangé à rouges	large
M. toringo var. *sargentii*	blanc	4	rouge éclatant	f. vert foncé
M. 'Wintergold'	blanc rosé	4	jaune éclatant	f. brillant

Myrica

GALÉ ODORANT, MYRTE BÂTARD

M. gale, le galé odorant, est un buisson bas qui supporte les terrains marécageux en plein soleil. *M. pensylvanica* préfère les sols plus secs mais acides, dans la mi-ombre. Ces deux espèces portent des feuilles très aromatiques.

M. gale	chatons rouges, fév.-mars, 1
M. pensylvanica	baies blanc-gris., 1,5

Myrica gale

Neillia

Mal connus donc mal aimés, ces arbrisseaux portent de petites feuilles couleur tilleul, parmi lesquelles se font voir de fines fleurs.

N. affinis	rose, mai-juin, 2
N. racemosa	rose, mai-juin, 2
*N. sinensis**	blanc, mai-juin, 1,5

Neillia racemosa

Paeonia

PIVOINE EN ARBRES

Les fleurs et les feuilles lobées sont celles des pivoines habituelles. Le qualificatif « en arbres » est un peu exagéré car, sous nos climats, ces plantes atteignent au plus 3 m de hauteur. Il existe des espèces japonaises, chinoises et européennes. Malheureusement, elles sont souvent vendues avec la mention de leur couleur au lieu de la dénomination de la variété. Les variétés européennes ont des branches fortes qui portent de très grosses fleurs bien étoffées. Elles redoutent les gelées tardives. Elles sont la plupart du temps isolées (*voir aussi* Plantes vivaces).

P. delavayi	rouge, juin-juil., 2
P. lutea	jaune, mai-juin, 2
P. suffruticosa 'Banksii'*	rouge pourpre, blanc (d), mai, 2
P. 'Rock's Variety'*	blanc taché brun (sd), mai, 2

Paeonia 'Rock's Variety'

Parrotia

Ce grand arbrisseau à croissance lente et parent des hamamélis peut être cultivé en tant que petit arbre. Les jeunes exemplaires ne fleurissent pas encore et sont sensibles au gel. La variété 'Vanessa' est également vendue sous forme d'arbre.

P. persica	rougeâtre, jan.-mars, 4
P. p. 'Vanessa'	rouge, fév., 6

Perovskia

Cet arbuste aromatique fleurit sur les rameaux d'un an, comme la plupart des arbustes à floraison tardive. Il convient de le butter en automne, et de le rabattre sévèrement en mars. On peut le multiplier par division.

P. atriplicifolia	bleu clair, sept.-oct., 1
P. a. 'Blue Spire'	bleu clair, sept.-oct., 1

Perovskia atriplicifolia 'Blue Spire'

Parrotia persica

Philadelphus

SERINGA

Qui ne connaît le seringa ? Son odeur règne dans tout jardin ensoleillé. Il en existe de nombreuses espèces et variétés, peu exigeantes et de hauteurs différentes. Le seringa porte des fleurs blanches, qui fleurissent en mai (sauf indication contraire). *P. coronarius* est le type ancien.

P. 'Albatre'	double, 2
P. 'Avalanche'	simple, étalé, 2
P. 'Beauclerck'	simple, blanc laiteux, 3
P. 'Belle Étoile'	blanc, centre brun, 2
P. 'Bouquet Blanc'	blanc, double, 1,5
P. coronarius	blanc pur, simple, 3
P. c. 'Aureus'	f. jaune, 3
P. c. 'Variegatus'	f. panaché, 3
P. 'Dame Blanche'	semi-double, 1,5
P. 'Innocence'	simple, f. parfumé panaché, 2
P. 'Lemoinei'	simple, 2,5
P. 'Manteau d'Hermine' ❧	crème, double, 1
P. microphyllus	simple, odorant, 1
P. 'Mont Blanc'	simple, 2,5
P. 'Schneesturm'	double, 2,5
P. 'Silberregen'	simple, 1,5
P. 'Virginal'	semi-double, mai-juin, 2

Philadelphus 'Lemoinei'

Physocarpus

La beauté de cet arbrisseau assez remarquable réside pour une part dans ses branches qui se desquament. Il vient à l'ombre, surtout dans les bosquets. Il se plaît en tous sols et même en plein vent.

P. opulifolius	blanc, juin-juil., 3
P. o. 'Dart's Gold'	blanc, f. jaune, 2,5
P. o. 'Aureus'	blanc, f. jaune d'or, 2,5

Poncirus

Cet arbuste, qui ressemble à un petit citronnier, prend en automne une coloration jaune d'or. Ses branches, vertes et à gros piquants, ressortent bien en hiver. Il porte des petits citrons immangeables. Malgré son origine tropicale, il supporte bien le gel et peut demeurer en pleine terre. Il convient à la culture en bacs, mais il faut alors le rentrer en cas de gelées. Il lui faut le plein soleil sur un sol perméable.

P. trifoliata	blanc, mai-juin, 1,5

Poncirus trifoliata

Potentilla

POTENTILLE

Les potentilles fleurissent sur les rameaux d'un an : on peut les rabattre sévèrement s'ils n'ont pas été entretenus. Le mieux est de tailler chaque année un tiers des branches près du sol. Leur floraison va de juin à septembre. Les variétés 'Princess' et 'Red Ace' sont très précoces. Les potentilles conviennent à la culture en bacs ; elles prospèrent en tous terrains au plein soleil.

Physocarpus opulifolius

P. 'Abbotswood'	blanc, large, 0,7
P. 'Arbuscula'	jaune, tapissant, 0,3
P. 'Elizabeth'	jaune d'or, croiss. à plat, 0,3
P. 'Farreri'	jaune éclatant, bas, 0,6
P. 'Goldfinger'	jaune beurre, fastigié large, 0,7
P. 'Goldteppich'	jaune d'or, large, 0,3
P. 'Hachmann's Gigant'	jaune d'or, large, touffu
P. 'Jackman'	jaune profond, fastigié, 1
P. 'Klondyke'	jaune d'or, fastigié, 1
P. 'Living Daylight'	jaune profond, plat, 0,4
P. 'Longacre'	jaune bas et large, 0,5
P. 'Maanelys'	jaune citron, large, 0,9
P. 'Moonlight'	jaune citron, 1,2
P. 'Pink Queen'	blanc rosé, fastigié, 0,8
P. 'Primrose Beauty'*	jaune crème, étalé, 1
P. 'Princess'	rose, fastigié, 1
P. 'Red Ace'	rouge orangé, large, fastigié, 0,5
P. 'Snowflake'	blanc, fastigié, 1
P. 'Sommerflor'	jaune profond, large, fastigié, 0,7
P. 'Tangerine'	orangé, jaune clair lâche, 0,75
P. 'Yellow Giant'	jaune profond, bas, 0,6

Potentilla 'Maanelys'

Prunus

CERISIER, PRUNIER, PRUNELLIER

Ce genre comprend des arbres et arbustes persistants, de toutes tailles. Les arbres fruitiers, tels les cerisiers, pruniers, pêchers, brugnoniers, et le cerisier du Japon (à fruits non comestibles) sont maintenant indigènes *P. avium*, *P. padus*, *P. cerasifera* et *P. serrulata*, sont moins connus, mais conviennent bien aux bosquets ; le prunellier fait des haies épineuses. Le cerisier du Japon est greffé bas ; c'est un arbrisseau pour moyens et grands jardins. *P. triloba* est souvent greffé sur des rejets, pour que l'on puisse le tailler annuellement, après la floraison ; il est bien plus haut planté en sujet isolé (*voir aussi* Arbres pour petits jardins *et* Arbustes à feuilles persistantes).

P. avium	blanc, avril-mai, 8
P. x *blireana*	rose (d), avril, 6
P. cerasifera	blanc, mars, 8
P. c. 'Nigra'	rose, f. rouge, mars-avril, 6
P. c. 'Rosea'	saumon, f. bronzé, mars-avril, 6
P. x *cistena*	blanc, f. rouge, avril, 2
P. glandulosa 'Alba-Plena'	blanc (d), mai, 1,5
P. incisa	blanc, mars, 4
P. padus	blanc, mai, 6
P. serrulata 'Amanogawa'	avril-mai, 6
P. s. 'Kiku-shidare-zakura'	rose foncé (d), pleureur, 2
P. s. 'Kanzan'	rose sombre (d), 6
P. s. 'Miyako'	boutons roses, fl. blanche (d), 6
P. s. 'Shirotae'	blanc éclatant (sd), 6
P. spinosa	blanc, mars-avril, 5
*P. subhirtella**	rose clair, mars-avril, 2
P. s. 'Autumnalis'	blanc (sd), nov.-mars, 5
P. s. 'Autumnalis Rosea'	rose (sd), nov.-mars, 5
P. triloba 'Plena'	rose (d), 5

Prunus subhirtella 'Autumnalis'

Rhamnus

NERPRUN ET BOURDAINE

Ces arbrisseaux ne sont pas spectaculaires. *R. catharticus*, le nerprun purgatif, et *R. frangula*, la bourdaine, ont des fleurs peu apparentes, et des baies, les drupes, remarquables. Ils s'adaptent aux sols humides ou secs et supportent l'ombre.

R. catharticus	baies noires, 5
R. frangula	baies rouges, 5
R. f. 'Asplenifolius'*	f. très petites, 4

Rhamnus catharticus

Rhododendron, hybrides de Luteum

AZALÉE À FEUILLES CADUQUES

Les azalées à feuilles caduques sont classées en différents groupes que nous avons rassemblés ici pour plus de commodité. On les nomme dans leur ensemble hybrides de *Luteum*. Pour l'usager, il vaut mieux les distinguer en fonction de leur vitesse de croissance plutôt que selon des critères botaniques. Les groupes faisant partie des hybrides de *Luteum* ont été dénommés hybrides *Knaphill-Exbury*, hybrides de Gand et hybrides *Pontica*. La hauteur et la largeur de ces arbrisseaux varient de 1,5 à 2 m. Ceux à croissance lente sont plus chers. Les couleurs sont souvent très intenses, et certaines variétés ont une seconde floraison. Comme tous les rhododendrons, les azalées veulent une situation abritée, un endroit pas trop sec et un sol humifère et acide.

Azalées à croissance rapide

R. 'Berryrose'	rose taché jaune, large
R. 'Cecile'	saumon, dense
R. 'Feuerwerk'	rouge, dense
R. 'Fireball'	rouge orangé
R. 'Gibraltar'	orangé taché plus foncé
R. 'Glowing Embers'	orangé taché plus clair
R. 'Golden Eagle'	orange intense
R. 'Golden Sunset'	jaune taché plus foncé
R. 'Irene Koster'	rose, taché jaune, odorant
R. 'Persil' ❧	blanc, taché jaune
R. 'Pink Delight'	rose intense
R. 'Royal Command'	rouge cuivre
R. 'Satan'	rouge écarlate
R. 'Seville'	orangé
R. 'Silver Slipper' ❧	crème, f. argenté
R. 'Tunis'	rouge, fl. petites

Azalées à croissance lente

R. 'Coccineum Speciosum'	orangé lumineux
R. 'Corneille'	rose, double
R. 'Daviesii'	crème
R. 'Homebush' ❧	rose foncé
R. 'Jos Baumann'	saumon foncé
R. 'Josephine Klinger'	saumon intense
R. 'Klondyke'	jaune orangé
R. 'Möwe'	blanc, taché jaune
R. 'Nancy Waterer'	jaune d'or
R. 'Narcissiflorum'	jaune clair, double
R. 'Norma'	saumon

Rhododendron 'Persil'

Rhododendron 'Klondyke'

Rhododendron

AZALÉE MIOLLIS

R. japonicum est le nouveau nom savant d'*Azalea mollis*. Ce rhododendron convient en sujets isolés et en bacs. Ses couleurs intenses sont admirables. Ses fleurs écloses cachent presque entièrement sa frondaison. La plupart du temps, il est indiqué la dénomination de la couleur des fleurs et non la variété : rouge intense, rouge orangé ou jaune. Il prend une curieuse coloration automnale. Il mesure de 1,5 m à 2 m.

R. japonicum	rouge, orangé, blanc, 2

Rhododendron japonicum

Rhus

SUMAC

Les sumacs sont des arbrisseaux à planter en sujets isolés. *R. typhina* est très décoratif dans les petits jardins. Les branches d'un an très pubescentes et la remarquable coloration automnale ont une grande valeur ornementale. C'est *R. glabra* qui porte les plus beaux panaches de fleurs. Les sumacs croissent en tous sols et en plein soleil. Ils émettent de nombreux drageons, parfois gênants, car très envahissants.

R. aromatica 'Grow-low'*	jaunâtre, avril, 0,5
R. glabra	rouge violet, juin, 2
R. g. 'Laciniata' ❧	lie-de-vin, f. fin, juil.-août, 2
R. typhina	verdâtre, juil.-sept., 4
R. t. 'Dissecta' ❧	verdâtre, f. fin, 4

Ribes

GROSEILLIER

Le plus beau des groseilliers est *R. sanguineum* 'King Edward VII', à grosses grappes de fleurs. Les autres sont également intéressants, comme *R. stenocarpum*, très épineux et impénétrable. *R. alpinum*, le groseillier des Alpes, à fruits rouges, peut être planté en sous-végétation ; sa variété 'Schmidt' porte de plus longues feuilles et croît plus vite. *R. americanum* possède de fins rameaux étalés et présente une belle coloration automnale. *R. glandulosum* fait partie des arbustes tapissants.

R. alpinum	jaune, mai-juin, 1,5
R. a. 'Schmidt'	vert foncé, compact, 2
R. americanum	vert-jaune, avril-mai, 1,5
*R. glandulosum**	rose, 0,5
*R. odoratum**	jaune d'or, avril, 2
R. sanguineum	rose, avril, 2
R. s. 'Atrorubens'	rouge foncé, 2,5
R. s. 'King Edward VII'	rouge, 2,5

Rhus typhina

R. s. 'Pulborough Scarlet'	rouge, cœur blanc, 2,5
R. s. 'Splendens'	rouge, 2,5
R. s. 'Tydeman's White'	blanc, 2,5
*R. stenocarpum**	1

Ribes sanguineum 'King Edward VII'

Ribes

GROSEILLIER, CASSISSIER

Même lorsque ces arbustes ne donnent pas de baies, ils peuvent être plantés dans les jardins d'agrément. *R. uva-crispa*, le groseillier à maquereau, est bien plus petit que *R. nigrum*, le cassissier, et que *R. rubrum*, le groseillier à grappes, qui portent des fruits respectivement blancs, noirs et rouges ou blancs. Les groseilles à maquereau ne sont guère mangées par les oiseaux et n'ont donc pas besoin d'être protégées par un filet. La couleur des baies est indiquée ci-dessous.

R. nigrum 'Baldwin'	noir, tardif, 1,5
R. n. 'Black Reward'	noir, tardif, 1,5
R. n. 'Silvergieters Zwarte'	noir, précoce, 1,5
R. rubrum 'Jonkheer van Tets'	rouge, précoce, 1,2
R. r. 'Primus'*	blanc, tardif, 1
R. r. 'Rondom'	rouge, tardif, 1,2
R. r. 'Rosetta'	rouge, tardif, 1,2
R. r. 'Rotet'	rouge, tardif, 1,2
R. r. 'Stanza'	rouge, mi-précoce, 1,2
R. r. 'Werdavia'	blanc, précoce, 1
R. r. 'Witte Parel'	blanc, mi-précoce 1
R. uva-crispa 'Achilles'	rouge, tardif, 0,7
R. u. 'Early Sulphur'	0,7
R. u. 'Winham's Industry'	rouge-violet, mi-précoce, 0,7
R. u. 'Whitesmith'	vert pâle, mi-précoce, 0,7

Ribes rubrum

Robinia

ROBINIER, FAUX ACACIA

Les robiniers sont fournis comme arbres ou arbrisseaux. *R.* 'Casque Rouge' et *R. hispida* n'ont pas d'épines. *R. pseudoacacia* 'Frisia', comme *Gleditsia* 'Sunburst', a un remarquable feuillage jaune. *R. p.* 'Tortuosa' possède des branches en

Robinia pseudoacacia 'Frisia'

spirale. Ces arbustes demandent un sol pas trop fertile et du soleil ; les branches cassent facilement au vent.

R. 'Casque Rouge'	rose, juin, 2-5
R. hispida	rose, juin-juil., 3
R. pseudoacacia 'Frisia'	blanc, juin, 5-8
R. p. 'Tortuosa'	branches tordues, 5-10

Rubus

RONCE (D'ORNEMENT)

Certains de ces arbustes robustes et peu élevés sont cultivés pour leurs fleurs : *R. odoratus, R. tridel* et *R. ulmifolius*. D'autres le sont pour leurs fruits : la ronce commune *(R. fruticosus)*, le framboisier *(R. idaeus)* et la ronce du Japon *(R. phoeniculasius)*. Il s'agit de plantes peu exigeantes, qui supportent l'ombre aussi bien que le soleil. *Voir aussi* Arbustes à feuilles persistantes.

R.. 'Betty Ashburner'	0,3
R. caesius	fr. noir, 1,5
R. illecebrosus	blanc, fr. rouge, juil., 0,5
R. odoratus	rose bonbon, juin-sept., 1,5
R. phoeniculasius	blanc, fr. rouge clair, 3
R. spectabilis	rouge pourpré, fr. jaune orangé, avril, 2,5
R. x *tridel* 'Benenden'	blanc brillant, mai, 2
R. ulmifolius 'Bellidiflorus'	rose (d), juil.-août, 2,5

Rubus spectabilis

Rubus

RONCE SANS ÉPINES, FRAMBOISIER

La ronce sans épines *(R. laciniatus)* est préférable à la ronce commune et à ses congénères épineux dans les jardins d'agrément : l'entretien est plus facile. Comme le framboisier *(R. idaeus)*, elle aime tous les sols. La ronce croît même à mi-ombre, tandis que le framboisier a besoin de soleil. Contrairement au groseillier et au cassissier, il faut élaguer les branches qui ont donné des fruits ; les autres fructifieront l'année suivante. Une exception : le framboisier d'automne, qui porte des fruits sur les rameaux d'un an et qui doit donc être élagué en hiver près du sol ; ce type n'est pas produit commercialement, il est donc assez difficile de se le procurer.

Framboisier

R. idaeus 'Baron de Warre'*	automne
R. i. 'Malling Promise'	été
R. i. 'Rode Radbout'	été
R. i. 'Scepter'*	automne
R. i. 'Spica'	été
R. i. 'Schönemann'	été
R. i. 'Zefa Herbsternte'	automne

Ronce sans épines

R. laciniatus 'Hull Thornless'	précoce
R. l. 'Thornfree'	tardif
R. l. 'Thornless Evergreen'	semi-précoce

Salix

SAULE

Ce genre comprend de nombreuses variétés qui aiment les terrains humides. D'autres, comme le *S. elaeagnos* et *S. exigua* préfèrent des sols plus secs. *S. aurita*, le saule à oreillettes, n'est guère ornemental. Le saule pleureur *(S.* 'Pendula'*)* et le saule marsault, ou saule à chatons, sont bien connus. Tous aiment le plein soleil.

S. aurita	chatons jaunes, avril, 2
S. bockii	écorce grise, 1,5

Salix caprea 'Kilmarnock'

S. caprea 'Kilmarnock'	pleureur, 2
S. cinerea	branches à pilosité grise, 3
S. elaeagnos 'Angustifolia'	écorce brun-rouge, 1,5
S. exigua	écorce gris-brun, 4
S. gracilistyla	branches à pilosité grise, 0,5
S. hastata	chatons jaunes, 1
S. helvetica	chatons jaunes, grise, 1
S. irrorata	branches pourpre poudrées blanc, 2-3
S. purpurea 'Nana'	branches jaunes, 1
S. repens	chatons jaunes, avril, 2
S. r. var. *nitida*	chatons jaunes, 1

Sambucus

SUREAU

Le sureau commun *(S. nigra)* égaie habituellement le paysage, mais il convient moins bien aux jardins. Il en existe de belles variétés, hélas rarement commercialisées. Toutes portent de grandes ombelles blanches en juin, suivies en automne de baies noires dont les sansonnets et les merles raffolent. *S. racemosa*, le sureau à grappes, porte des baies rouges. Les sureaux prospèrent en tous sols, au soleil et à l'ombre (*voir aussi* Plantes vivaces).

S. canadensis 'Aurea'	grandes f. jaunes, 4
S. c. 'Maxima'	grandes f. vertes, 6
S. nigra	f. vertes, fr. noirs, 5-7
S. n. 'Aurea'	f. jaune d'or
S. n. 'Laciniata'	fines f. pensées, 5
S. n. 'Pygmy'** ❧	f. vertes, 0,5
S. n. 'Purpurea'	jeunes f. pourpre, 5
S. racemosa	fr. rouges, avril, 5
S. r. 'Plumosa Aurea'	fines f. pennées jaunes, 3
S. r. 'Sutherland Gold'	fines f. pennées jaune-vert, 3

Sambucus nigra

Sorbaria

Les panicules de fleurs de ces arbrisseaux rappellent celles des spirées *(Spiraea)*. Il en existe cinq espèces cultivées, qui se ressemblent toutes. Ces plantes sont très drageonnantes et sont donc faciles à multiplier. On les plantera à l'arrière des bordures d'arbustes : leurs panicules se voient de loin. Plantation sur tous sols, au soleil et à mi-ombre.

S. aitchisonii	blanc, juil.-août, 4
S. sorbifolia	blanc, juil.-août, 4

Spartium

GENÊT D'ESPAGNE

Le genêt d'Espagne est parent des *Cytisus* et leur ressemble. Cet arbuste possède des branches bien vertes, en forme de balais de crin. On le placera en plein soleil, sur terrain plutôt sec. On peut le tailler après la floraison.

C. junceum	jaune d'or, mai-juin, 2

Spartium junceum

Spiraea

SPIRÉE

Ce genre comprend bien des espèces, qui croissent sur tous sols, au soleil ou à mi-ombre. Elles poussent bien aussi à l'ombre, mais leur floraison est moindre. Les variétés à floraison tardive peuvent être rabattues en hiver jusqu'au sol, car elles fleurissent sur les rameaux d'un an.

S. arcuata	crème, avril-mai, 1,75
S. x *arguta*	blanc, mai-juin, 2,5

S. x *cinerea*	blanc, mai, 1,5
S. prunifolia	blanc, mai, 1,75
S. albiflora	blanc, juin, 0,5
S. bullata	rose foncé, juin, 0,4
S. x *bumalda* 'Anthony Waterer'	rouge, juin-août, 0,5
S. b. 'Darts Red'	rouge carmin foncé
S. b. 'Froebelli'	rose, juin-août, 1
S. b. 'Goldflame'	f. jaune d'or, 0,8
S. billiardii	rose, juil., 2
S. douglasii	rose, juil.-août, 1,75
S. japonica 'Albiflora'	blanc, juil.-août, 0,5
S. j. 'Golden Princess'	rose, juin-juil., 1
S. j. 'Little Princess'	rose clair, août, 0,5
S. j. 'Shirobana'	bicolore, juil.-août, 0,7
S. x *margaritae*	rose clair, juil., 1,25
S. nipponica	blanc lumineux, juin, 2
S. thunbergii	blanc, avril-mai, 1
S. trichocarpa	blanc, juin, 2
S. x *vanhouttei*	blanc, mai-juin, 2
*S. wilsonii**	blanc, juin, 1,5

Spiraea thunbergii

Staphylea

STAPHYLIER, PISTACHIER SAUVAGE

Cet arbrisseau, largement fastigié et peu spectaculaire, a besoin d'un sol très humifère et humide. Il porte des fruits vert clair similaires à des noix, pouvant atteindre une taille de 10 cm.

S. bipinnata	blanc, mai, 3
S. colchica	

Stephanandra

Il arrive que les producteurs connaissent encore des échecs en tentant d'adapter ce genre. La variété 'Crispa', à feuilles tordues, en est la preuve. Ces arbustes, souvent cultivés, paraissent presque morts durant tout l'été. *S. tanakae* est le plus grand mais aussi le moins fleuri. Tous sont denses avec des feuilles vertes en abondance et nécessitent le plein soleil.

Stephanandra incisa

Staphylea bipinnata

S. incisa ❧	blanc, juin, 1,5
S. i. 'Crispa'	blanc, juin, 0,5
S. tanakae	blanc, juin, 0,2

Symphoricarpos

SYMPHORINE

Les arbustes de ce genre sont à tort mal appréciés. En effet, ils sont parfaits pour meubler l'espace sous les arbres. On peut les égaliser à 1 m de hauteur, afin d'obtenir un rideau de verdure épais et dense. En plein soleil, on obtient plus de baies, blanches ou roses, qui restent un certain temps sur les branches. Il faut normalement tailler les symphorines tous les deux ou trois ans, pour éviter qu'elles croissent de façon lâche. On peut aussi éclaircir les branches à l'aide d'une cisaille. Elles atteignent généralement 1,5 m. S. *chenaultii* est l'espèce la plus dense. Les fleurs sont moins ornementales que les grosses baies. Les symphorines croissent aussi bien au soleil qu'à l'ombre, dans les jardins abrités comme en plein vent. Elles peuvent devenir envahissantes car elles sont très drageonnantes.

S. albus	baies blanches
S. a. 'White Hedge'	baies blanches
S. chenaultii	baies lilas
S. c. 'Hancock'	baies lilas
S. doorenbosii 'Erect'	baies blanches
S. d. 'Magic Berry'	baies lilas
S. d. 'Mother of Pearl'	baies blanches
S. orbiculatus	baies blanches
S. o. 'Variegatus'	feuilles panachées

Symphoricarpos doorenbosii 'Mother of Pearl'

Syringa

LILAS

Les arbrisseaux de ce genre peuvent atteindre une hauteur de 4 m. Il en existe de nombreuses espèces botaniques (naturelles) de différentes tailles ; il convient de les acheter seulement chez des pépiniéristes spécialisés. Ci-dessous une sélection d'espèces et de variétés de lilas aidera les propriétaires de petits jardins. Suivent également les variétés les plus courantes de *S. vulgaris*, le lilas commun. Le choix est bien plus vaste que les variétés blanches ou couleur lilas généralement demandées. Les lilas croissent en tout sol, au plein soleil. Il n'y a guère à les tailler, à condition de leur laisser de l'espace car il est difficile de les contenir (attention dans les petits jardins !) ; il suffit de couper les grappes de fleurs après la floraison.

Syringa josikae

Espèces botaniques	
*S. afghanica**	lilas, mai, 1
*S. amurensis**	lilas pâle, juin
S. chinensis (hybr. de *S. vulgaris)*	bleu lavande, mai, 2
S. josikae	mauve, mai-juin, 3
S. laciniata	lilas, mai, 1
S. meyeri 'Palibin'	lilas, mai-juin, 1,8
S. microphylla 'Superba'	rose violet, mai-sept., 2
S. persica	lilas, mai-juin, 2
*S. pinnatifolia** ❧	blanc, lavande, mai, 2,5
S. reflexa	rose pourpre, mai-juin, 3
S. x *swegiflexa*	rose, mai, 3
S. sweginzowii	rose, mai-juin, 2
S. tigerstedtii	rose clair, mai, 2
S. tomentella	rose-violet, mai-juin, 4
Variétés de *S. vulgaris* à fleurs simples	
S. v. 'Andenken an Ludwig Späth'	violet
S. v. 'Cavour'	bleu
S. v. 'Decaisne'	bleu foncé
S. v. 'Ester Staley'	bleu clair
S. v. 'Flora'	blanc
S. v. 'G. J. Baardse'	bleu lilas
S. v. 'Léon Gambetta'	lilas
S. v. 'Lucie Baltet'	rose
S. v. 'Mme Florent Stepman'	blanc
S. v. 'Primrose'	crème
Variétés de *S. vulgaris* à fleurs doubles	
S. v. 'Belle de Nancy'	bleu
S. v. 'Charles Joly'	violet
S. v. 'Michel Buchner'	bleu
S. v. 'Mme Lemoine'	blanc
S. v. 'Paul Thirion'	rose franc
S. v. 'Président Loubet'	lie-de-vin

Syringa vulgaris 'Andenken an Ludwig Späth'

Tamarix

TAMARIS

T. pentandra est maintenant nommé *T. ramosissima*. Il est rare de voir des sujets adultes qui soient vraiment beaux, ce qui n'empêche pas les tamaris d'être très appréciés. Leurs branches désordonnées portent une multitude de grappes de petites fleurs violet clair. Pour l'élagage : on taillera une année sur trois, jusqu'au sol, en alternant les branches car elles ne fleuriront pas l'année suivante. Les tamaris aiment le soleil ; ils se contentent d'un sol médiocre et sec et conviennent très bien en bord de mer.

T. parviflora	rose foncé, mai, 3
T. ramosissima 'Pink Cascade'	rose, juin-juil., 3
T. r. 'Rubra'	rougeâtre, juin-juil., 3
T. tetandra	rose clair, mai-juin, 3

Tamarix tetandra

Ulex

AJONC

L'ajonc ressemble au genêt à balais, mais il porte des épines acérées et craint le gel. On le plantera donc en un lieu abrité, en plein soleil. On en paillera la base en hiver ; l'arbuste reprend habituellement après les gelées. En Bretagne et dans le sud de l'Angleterre, où le climat est assez doux, des terres entières sont couvertes d'ajoncs et se transforment en tapis jaune d'or au printemps. La taille n'est pas chose facile.

U. europaeus	jaune, juin-juil., 2

Viburnum

VIORNE

L'inconvénient de ces arbrisseaux classiques est qu'ils peuvent être totalement dégarnis par des chenilles, et que les fils de cocons restants sont bien visibles. *V.* x *bodnantense* 'Dawn' porte des grappes de baies rouge brillant. *V. plicatum* 'Mariesii' convient en bacs ; on le maintiendra à une hauteur de 1,5 m grâce à une taille annuelle. *V. opulus* 'Roseum' (syn. *V. opulus* 'Sterile') est la boule-de-neige commune.

V. x *bodnantense* 'Dawn'	rose, fév.-mars, 3
V. x *carlcephalum*	blanc, avril-mai, 2
V. carlesii	boutons roses, fl. blanche, avril-mai, 2
V. farreri (= fragrans)	boutons roses, fl. blanche, fév.-mars, 3,5
V. lantana	crème, mai-juin, 4
V. opulus	blanc, ombelles plates, juin-juil., 4
V. o. 'Compactum'	blanc, juin-juil. 1,5
V. o. 'Roseum'	blanc, sphériques, juin-juil., 3
V. plicatum	crème, mai-juin, 3
V. p. 'Mariesii'	blanc, mai-juin, 4
V. p. 'Rosace'	rouge foncé, rose, 3
V. p. var *tomentosum*	crème, mai
V. sargentii 'Onondaga'	blanc, mai-juin, 2

Viburnum carlesii

Weigela

WEIGELIA

L'inconvénient de ces jolis arbustes est que leurs fleurs sortent seulement lorsque la feuillaison est complète : on les remarque donc trop mal. La floraison a lieu en mai, parfois au début de juin. *W. florida* est le plus précoce : il fleurit au début de mai. Les weigelias s'adaptent à tous les terrains, au soleil et à mi-ombre.

W. florida 'Nana Purpurea' ❧	0,6
W. f. 'Nana Variegata' ❧	0,6
W. f. 'Purpurea' ❧	rose violacé, 1
Hybrides	
W. 'Baltet'	rose franc, 2
W. 'Bristol Ruby'	rouge carmin, 2
W. 'Candida'	blanc, 2
W. 'Eva Rathke'	carmin clair, 2
W. 'Eva Supreme'	rouge clair, 2
W. 'Newport Red'	rouge clair, 2
W. 'Rosabella' ❧	rose, marge plus claire, 2
W. 'Rosea'	rose, 2

Weigela 'Newport Red'

Les plantes pour haies

Bien que les plantes pour haies ne constituent pas un groupe botanique, leur utilisation particulière justifie qu'un chapitre leur soit consacré. La création d'un jardin commence souvent par le choix d'une haie appropriée. On plante généralement des épines-vinettes et des cyprès, mais le choix est en réalité bien plus vaste. Nombre d'arbrisseaux et d'arbustes sont susceptibles d'être taillés en haies ; seuls les plus remarquables figurent ici. Lorsqu'on plante une haie, il est important de se souvenir des variétés qu'on a achetées : en remplaçant un sujet mort par une variété même très proche, on observe toujours une différence de couleur par rapport au reste de la haie (par exemple, une haie de Berberis thunberii *'Atropurpurea' complétée par* B. vulgaris *'Atropurpurea', pourtant de coloration approchante). Dans les pages qui suivent, nous mentionnons d'abord le nombre de sujets nécessaires par mètre linéaire. La rapidité de la croissance d'une haie et le nombre de tailles à effectuer ont de l'importance : c'est pourquoi nous indiquons, en deuxième place, le nombre annuel d'élagages, suivi de la caractéristique dominante des feuilles. Sauf exception, les fleurs sont décrites dans les autres chapitres. L'éventualité d'un feuillage persistant en hiver et la sensibilité au gel sont mentionnées dans la description de chaque genre. La hauteur des plantes dépend de la grandeur désirée : nous donnons en dernier la hauteur maximale en mètres.*

Acer

ÉRABLE CHAMPÊTRE

Cet érable, à croissance rapide et à feuilles caduques, porte des feuilles qui rappellent celles de l'aubépine : on peut donc, dans une haie, mêler les deux espèces. L'érable champêtre supporte les conditions climatiques extrêmes et le vent de mer.

A. campestre	4, 2 x, petites f., 3

Acer

ÉRABLE PLANE ET ÉRABLE SYCOMORE

Ces érables à feuilles caduques forment en été une haie dense, qui doit être taillée deux fois. Ils conviennent aux endroits venteux.

A. platanoïdes	3, 3x, grandes f. avec pointes, 4
A. pseudoplatanus	3, 3x, grandes f., 4

Acer pseudoplatanus

Alnus

AULNE NOIR OU AULNE COMMUN

Cet arbre à feuilles caduques convient aux milieux humides en pleine campagne ; il sert beaucoup comme coupe-vent autour des cultures fruitières. Il a pour inconvénient d'être parfois dénudé par un coléoptère parasite.

A. glutinosa	4, 3x, f. poisseux, 6

Alnus glutinosa en arbre

Berberis

ÉPINE-VINETTE

La variété la plus souvent plantée en haies est *B. thunbergii* 'Atropurpurea'. Les haies d'épine-vinette sont difficiles à entretenir : les piquants provoquent des blessures promptes à s'enflammer. La taille, qui doit être régulièrement effectuée, est donc une corvée pénible. Les haies d'épine-vinette « dégagées » doivent être éclaircies chaque hiver, et les haies rases doivent l'être deux fois en été, à l'aide d'un taille-haies.

Espèces à feuilles persistantes

B. julianae	3, 2x, vert, 3,5
B. stenophylla	3, 2x, vert, 2,5

Espèces à feuilles caduques

B. thunbergii	4, 2x, vert, 1,5
B. t. 'Atropurpurea'	4, 2x, brun-rouge, 1,5
B. t. 'Nana'	6, 1x, vert, 0,4
B. vulgaris	4, 2x, vert, 2,5
B. v. 'Atropurpurea'	4, 2x, brun-rouge, 2,5

Berberis stenophylla

Buxus

BUIS

Le nombre de variétés de *Buxus sempervirens*, à feuilles persistantes, est immense. Seuls les pépiniéristes très spécialisés fournissent les sujets sous leur dénomination de variété ou d'hybride. Ceux que nous citons ci-dessous sont généralement disponibles. En croissance libre, ils atteignent 4 m de hauteur en été ; ils prospèrent au soleil et à mi-ombre. On taillera les buis en juin et en août, en évitant le plein soleil pour que le feuillage ne soit pas grillé.

S. sempervirens	6, 2x, vert, points jaunes, 0,6

Buxus sempervirens

B. s. 'Rotundifolia'	5, 2x, f. rondes, 2
B. s. 'Suffruticosa'	7, 2x, f. rondes, 0,3

Carpinus

CHARME

Les feuilles du charme meurent à l'automne, mais elles restent partiellement sur la haie. La variété 'Fastigiata' voit son feuillage tomber totalement en automne ; elle représente un cas particulier : on l'écime seulement lorsque la dimension fixée est définitivement atteinte, car l'objectif est que le tronc principal reste intact de bas en haut. Les branches latérales des haies jeunes doivent être bien élaguées. La plupart des jardiniers ne connaissent pas l'entretien des haies de charmes, coûteuses quand elles sont exclusives (les sujets sont greffés). Étant donné le dénuement hivernal, il s'agit de haies pour l'intérieur du jardin plutôt que de haies de séparation. *C. betulus*, le charme commun, doit être un peu plus souvent écimé pour obtenir une haie plus dense. Le charme préfère les sols assez secs et argileux (*voir aussi Fagus,* Plantes grimpantes *et* Arbres pour grands jardins).

C. betulus	4, 2x, très pointues, 10
C. b. 'Fastigiata'	3,5, 2x, très pointues, 5

Carpinus betulus

Chamaecyparis

CYPRÈS DE LAWSON (FAUX CYPRÈS)

Le cyprès de Lawson sert trop souvent pour faire des haies. Il ne supporte pas d'avoir le pied à l'humidité, et il se dégarnit à la base. Sa couleur bleu grisâtre détonne sur le reste. Il est difficile à tailler, contrairement aux thuyas. C'est le conifère le meilleur marché, mais en l'occurrence le bon marché peut coûter cher !

C. lawsoniana 'Allumii'	2,5, 2x, vert bleuté, 4
C. l. 'Columnaris'	2,5, 2x, bleu-gris, 4

Chamaecyparis lawsoniana 'Allumii'

Cornus

CORNOUILLER MÂLE

Ce végétal dense et à feuilles caduques croît très lentement les premières années suivant sa plantation. On peut en faire des haies hautes et même des tonnelles. Il donne en février-avril des haies couvertes de fleurs.

C. mas	2, 3x, petites, fl. jaune, 4
C. m. 'Variegata'	2, 2x, panaché, 4

Cornus mas 'Variegata'

Crataegus

AUBÉPINE

Les aubépines, à feuilles caduques, font les haies les plus anciennement mises en œuvre. À l'exception des régions où sévit le feu bactérien, on peut les utiliser sans inconvénient. Ces arbrisseaux fleurissent moins quand on les taille. L'épine monogyne (*C. monogyna*) et l'aubépine des bois (*C. laevigata*) portent des feuilles plus ou moins semblables. Il leur faut le soleil ou la mi-ombre, et elles supportent d'être en plein vent même sur les côtes. *C. laevigata* peut être attaquée par des chenilles sans pour autant dépérir. *C. monogyna* est la variété indigène la plus répandue. (Ci-dessous, couleur des fleurs.)

C. laevigata	4, 2-3x, blanc, 4
C. l. 'Paul's Scarlet'	4, 2x, rouge (d), 4
C. monogyna	4, 2-3x, blanc, fr. rouge terne, 4

Eleagnus x *ebbingei*

Eleagnus

ÉLÉAGNE

Ces haies persistantes denses, impénétrables et épineuses supportent le vent ; on les greffe sur des sujets porte-greffes. Il convient de vérifier régulièrement si ce dernier ne fait pas de drageons, qu'ensuite on ne pourrait plus supprimer. Les drageons étant à feuilles caduques, on les repère facilement. Les haies d'éléagnes croissent lentement et aiment le soleil ou la mi-ombre, mais gare au dégel brutal.

E. x *ebbingei*	2, 1x, vert, 2
E. pungens	2, 1x, panaché, 1,5

Crataegus laevigata 'Paul's Scarlet'

Escallonia

Ces arbustes denses, impénétrables et persistants, portant de petites feuilles brillantes, sont trop peu utilisés pour faire des haies. Il leur faut le plein soleil.

Escallonia, en libre croissance

E. 'Donard Seedling'	2, 1x, fl. rose, 1

Fagus

HÊTRE

Bien que le hêtre et le charme soient très différents, certains les confondent parfois. Les feuilles du hêtre, une fois mortes, restent elles aussi partiellement sur la haie. *F. sylvatica*, le hêtre commun, à feuillage vert, porte des bourgeons rougeâtres, sa croissance est lente, ses fruits sont comestibles. Son feuillage, très épais, empêche la formation d'un sous-bois. On le rencontre en bordure d'allées. *F. sylvatica* 'Purpurea', le hêtre pourpre, porte des feuilles brun-rouge qui deviennent bronzées durant l'été. Ces arbres peuvent être tenus en haies ; ils sont un peu délicats lors de la transplantation, qui doit se faire en motte ou en conteneur. La plantation se fera en tous terrains, même légèrement calcaires, et de préférence frais.

Fagus sylvatica

F. sylvatica	4, 2x, vert, 6
F. s. 'Purpurea'	4, 2x, brun-rouge, 5

Fuchsia

Les fuchsias conviennent seulement aux endroits abrités, et il faut les protéger lors des hivers rudes. Toutefois, en tant que haies taillées, ils craignent moins le gel qu'en sujets isolés. Il arrive qu'ils gèlent jusqu'au pied. En ce cas, on coupera la haie totalement : la repousse aura lieu au printemps. Pour les variétés, *voir* Arbustes à feuilles caduques. *F. magellanica* est le fuchsia le plus résistant. C'est un arbuste buissonnant originaire d'Amérique latine. Le plus cultivé est *F. m. 'Riccartonii'*, il demande du soleil et un peu d'ombre.

en général :	2, f. caducs
F. magellanica	2,5, 2x, juil.-sept., 2
P. m. 'Riccartonii'	2,5, 2x, fl. rouge, juil.-sept., 2

Fuchsia magellanica 'Riccartonii'

Hedera

LIERRE

Dans un cadre de rues et de béton, le lierre peut faire fonction de séparation dense et jolie. L'espèce sauvage *(H. helix)* a de petites feuilles et croît lentement ; la pousse des autres espèces est plus rapide. Le lierre peut souffrir lors des hivers rigoureux ; on ne l'exposera donc pas au vent d'est.

H. helix	3, 1x, vert, petites f., 4
H. h. 'hybernica'	2, vert, grandes f., 4

Hedera helix 'Hybernica'

Hydrangea

HORTENSIA

Les hortensias, à feuilles caduques, peuvent constituer des haies fleuries à croissance libre. On choisira des arbustes à fleurs en boules ou en ombelles avec des fleurs sur la marge. *H. paniculata*, un hortensia à fleurs en panicules, ne convient pas pour faire des haies, car ses branches sont cassantes. La taille consistera en un léger éclaircissage (*voir aussi* Arbustes à feuilles caduques).

Hydrangea macrophylla

H. macrophylla	2, fl. sphéroïdale
H. serrata	2, fl. plate

Hypericum

MILLEPERTUIS

Après l'hiver, les millepertuis à feuilles caduques, qui peuvent servir à faire des haies fleuries peu denses, doivent être élagués jusqu'au-dessus du sol. On peut occasionnellement les laisser sans protection. Les haies, pour prospérer, doivent être exposées au soleil.

H. androsaemum	3, fl. jaune, baies noires, 1
H. a. 'Autumn Blaze'	baies brunes, 1
H. a. 'Excellent Flair'	baies brun rouge, 1
H. a. 'Orange Flair'	baies brun rouge, 1
H. 'Hidcote'	3, fl. jaune, 0,7
H. moserianum	fl. jaune, 0,5

Hypericum moserianum

Ilex

HOUX

Les houx peuvent être cultivés en arbrisseaux croissant librement ou en haies. Dans ce dernier cas, les variétés aux feuilles moins piquantes sont préférables ; sarcler sous les haies n'est pas agréable, lorsque les feuilles piquent. Les variétés ci-dessous sont peu épineuses (*voir aussi* Arbustes à feuilles persistantes *et* Arbustes à feuilles caduques).

Haies taillées

I. aquifolium 'Pyramidalis'	2,5, 1x, nombreuses baies, 3

Haies libres ou taillées

*I. crenata**	3, 1x, 1
I. c. 'Convexa'	4, 1x, 1
I. c. 'Golden Gem'	5, 1x, 0,5

Ilex aquifolium 'Pyramidalis'

Lavandula

LAVANDE

La lavande est d'un bel effet en combinaison avec des rosiers, ou en bordure d'un parterre d'annuelles. Elle convient moins bien comme haie de séparation car il faut la tailler après la floraison (*voir aussi* Plantes vivaces).

L. angustifolia	3, 1x, 0,6

Lavandula

Ligustrum

TROÈNE

Il existe des espèces de troènes à feuillage persistant dont certaines servent à faire des haies. Avec leur croissance rapide et leur aspect neutre, les troènes sont, comme les *Berberis*, des haies économiques. Ils ont pour inconvénient la nécessité d'être taillés. Ils sont susceptibles, en outre, de geler lors des hivers rigoureux, il faut en ce cas les rabattre au-dessus du sol, et la haie se reforme en une année. Les troènes s'accommodent de tous les sols et de toutes les conditions ambiantes.

L. ovalifolium	4, 3x, vert, 3
L. vulgare 'Lodense'	5, 3x, vert, 0,5
L. v. 'Atrovirens'	4, 3x, vert, 3

Ligustrum ovalifolium

Lonicera

CHÈVREFEUILLE ARBUSTIF

Les chèvrefeuilles persistants conviennent aux haies taillées ; ils peuvent aussi recouvrir des surfaces plates ou de formes diverses au gré de la fantaisie. Ces formes sont fonction du jardin, « à l'anglaise » ou régulier, et servent de transition entre

Lonicera pileata

des styles différents. Ces chèvrefeuilles arbustifs sont les premiers à pousser aux premiers jours du printemps. *L. nitida*, avec ses petites feuilles, est parfait pour les haies. *L. pileata* convient également aux parterres (*voir aussi* Arbustes à feuilles persistantes).

L. nitida	3, 2x, vert, 1
L. pileata	3, 2x, 1,5

Mahonia

M. aquifolium est l'espèce la plus demandée et pourtant la moins belle des mahonias persistants. Les autres espèces ont un feuillage qui reste plus beau après les gelées. Les mahonias peuvent convenir pour faire des haies à croissance libre. Leurs feuilles portent des piquants acérés. Ils sont par ailleurs intéressants pour les amateurs de fleurs.

M. aquifolium	2,5, fl. jaune, 1
M. wagneri 'Pinnacle' ❧	2,5, fl. jaune, épineux, 1
M. w. 'Vicaryi'	3, fl. jaune, plus petite, 0,8

Mahonia aquifolium

Malus

POMMIER ET POIRIER D'ORNEMENT

Les pommiers et poiriers d'ornement peuvent être plantés en alignement pour former des haies à feuilles caduques. On s'en servait déjà ainsi au siècle dernier. Ce genre de haie convient à l'intérieur de la propriété et non comme clôture extérieure : elle pourrait être grappillée ou endommagée par vandalisme. Leurs fleurs font le délice des oiseaux. Ces arbrisseaux sont greffés sur des porte-greffes « lents », ce qui fait qu'on ne peut les placer parmi des herbacées hautes et qu'il faut les planter très peu profondément. Ils ont besoin en permanence de tuteurs, par exemple en canne du Tonkin. Il existe un nombre infinitésimal de variétés aux fruits de formes et de couleurs variés.

Malus de différentes variétés	3-4, 2x, vert, 2,5
Pyrus de différentes variétés	3-4, 1x, vert, 2,5

Malus

Nepeta

NEPÈTE, CATAIRE, HERBE AUX CHATS

Le *Nepeta* est plus une plante de bordure que de haie. *N.* 'Six Hills Giant' est assez élevée et convient en tant que haie basse autour d'un potager ou d'un parterre de roses. Il convient de retailler les plantes au début du printemps. On les placera en plein soleil. Attention : elles attirent les chats.

N. 'Six Hills Giant'	5, bleu clair, 0,5

Photinia

Les haies constituées par cet arbrisseau rouge et à feuillage plus ou moins persistant conviennent aux endroits abrités. Comme *Enkianthus* (au premier plan sur la photo ci-dessous), cette espèce constitue des haies coûteuses et exclusives.

P. x *fraseri*	3, 2x, f. brillant, 2

Photinia

Picea

ÉPICEA OU SAPIN DE SERBIE

Cette espèce persistante permet de constituer en limite de propriété un rideau dense et vert. *P. omorika* est étroit et haut, tandis que d'autres espèces et variétés proches sont trop épaisses. On n'est pas obligé de tailler cet épicéa. Le dénudement de la base des sujets âgés est inéluctable et oblige à remplacer ces derniers par de jeunes exemplaires. L'épicéa de Serbie demande un sol acide et ne doit pas être planté trop densément sur les côtes.

P. omorika	vert-gris, 10

Populus

PEUPLIER D'ITALIE

Le peuplier convient bien mieux en haies que sous forme d'arbre isolé (*voir* Arbres pour grands jardins). On commencera à l'élaguer chaque hiver, jusqu'au tronc. Sous forme d'arbrisseau, le peuplier croît de plus d'un mètre par an, négliger de les couper serait une catastrophe. Plus les troncs sont vieux, et plus les branches sont belles quand on les taille ainsi. Comme dans le cas des mélèzes, on obtient de rapides résultats. Le peuplier convient aux personnes qui n'hésitent pas à changer le plan de leur jardin.

P. nigra 'Italica'	3, 1x, vert, 3-6

Potentilla

POTENTILLE

Les arbustes de ce genre, à feuilles caduques, sont intéressants en haies fleuries. Les sujets à fleurs jaunes peuvent facilement être prédominants ; ceux à fleurs blanches et rouges apportent de l'équilibre à l'ensemble des haies (*voir* Arbustes à feuilles caduques).

P. fruticosa 'Abbotswood'	4, 1x, blanc
P. f. 'Red Ace'	4, 1x, rouge
P. f. 'Tangerine'	4, 1x, couleur abricot

Potentilla fruticosa 'Tangerine'

Populus nigra 'Italica'

Prunus

LAURIER CERISE ET PRUNELLIER

Le genre *Prunus* comprend un grand nombre d'espèces. Certaines d'entre elles, persistantes ou caduques, conviennent pour les haies, aussi bien taillées que libres. Les espèces persistantes sont d'autant mieux taillées à la cisaille que les feuilles les plus extérieures sont toutes dédoublées. Dans le cas des *Prunus* à petites feuilles, il n'en est pas de même. *P. spinosa*, le prunellier, est bon marché, mais il est malheureusement très épineux. La floraison blanche n'est pas diminuée par la taille. *P. laurocerasus* 'Zabeliana' est très large et convient moins bien aux petits jardins.

À feuilles persistantes

P. laurocerasus 'Caucasica'	2,5, 2x, vert foncé, 2,5
P. l. 'Otto Luyken'	3, fl. blanche, 0,5
P. l. 'Rotundifolia'	2, 2x, grosses f., 4

À feuilles caduques

P. spinosa	4, 2x, épineux, 3

Pyrus

POIRIER D'ORNEMENT

Voir *Malus*.

Prunus laurocerasus 'Zabeliana' s'étale beaucoup et convient donc moins aux petits jardins.

Rhododendron

Les rhododendrons ont des feuilles persistantes, résistent à la rigueur de l'hiver et croissent assez rapidement ; ils conviennent pour faire des haies denses, hautes et épaisses. On ne peut guère les tailler de façon satisfaisante. Quand ils deviennent trop grands, on peut éventuellement les rabattre jusqu'au sol, après quoi ils reprennent en devenant très denses et touffus. Il leur faut un sol humifère et acide, et ils ne supportent pas le vent de mer. Les espèces qui suivent sont les plus indiquées pour faire des haies libres.

Rhododendron 'Pink Pearl'

R. 'Catawbiense Album'	2, blanc, 4
R. 'Catawbiense Boursault'	2, lilas, 4
R. 'C. Grandiflorum'	2, lilas, 4
R. 'Cunningham's White'	2, blanc rosé, 4
R. 'Nova Zembla'	2, rouge foncé, 4
R. 'Pink Pearl'	2, rose, 4
R. 'Roseum Elegans'	2, rose pourpre intense, 4

Ribes

GROSEILLIER SANGUIN

Le groseillier sanguin, facile à bouturer, convient bien pour faire des haies assez hautes. Mais sa floraison est alors un peu moindre. *R. sanguineum* regroupe plusieurs variétés assez décoratives.

Ribes sanguineum

R. sanguineum	4, 3x, rose ou rouge, 2

Rosa

ROSIER

L'inconvénient de ces arbustes épineux à feuilles caduques est que, le long des allées, les papiers et autres débris y restent accrochés. On en tiendra compte lors de leur emplacement. On peut les éclaircir tous les hivers, ou bien les rabattre jusqu'au sol tous les deux ans (*voir aussi* Rosiers).

R. nitida ❧	3, haies fleuries, rose, 60-80
R. pimpinellifolia	2, 2x, haies irrégulières, rose, 100-150
R. rubiginosa	2, 2x, haies irrégulières, rose, 100-150
R. rugosa	3, haies fleuries, couleurs variées, 100

Rosa pimpinellifolia

Salix

SAULE

Les saules *(Salix sp.)*, à feuilles caduques, croissent rapidement et sont bon marché, mais ils nécessitent de nombreux élagages. Pour autant qu'elles ne

Salix species

soient pas laides, toutes les espèces conviennent pour les haies. Les saules poussent même sur les terrains humides où rien d'autre ne peut prospérer.

Salix sp.	4, 3-4x, gris-vert., 3

Sambucus

SUREAU

L'avantage des sureaux, à savoir une rapide croissance durant la première année, devient vite un inconvénient : il faut sans cesse tailler ces espèces à feuilles caduques. Ils ne fleurissent pas sous forme de haies. *S. racemosa*, le sureau rouge ou à grappes, a des feuilles plus fines et plus belles.

S. canadensis 'Plumosa Aurea'	3, 3x, f. fines, 4
S. nigra	3, 3x, f. grosses, 4
S. racemosa	3, 3x, f. fines, 4

Spiraea

SPIRÉE

S. bumalda et *S. japonica* conviennent aux haies à croissance libre. *S. arguta* se prête mieux à la taille. On éclaircira les haies libres à feuilles caduques, chaque hiver, à raison d'une plante sur trois : elles seront entièrement rajeunies au bout de trois ans. *S. japonica* ne demande presque pas d'entretien.

S. arguta	2,5, 2x, blanc, 1,75
S. bumalda 'Anthony Waterer'	4, rose franc, 1
S. b. 'Froebelii'	3, rose franc, 1,5
S. japonica	4, rose, 1,5

Sambucus canadensis 'Plumosa Aurea'

Symphoricarpos

SYMPHORINE

Les symphorines, naguère, servaient beaucoup à faire des haies. Ces arbustes persistants figuraient dans les jardins de campagne au siècle dernier. Ils croissent sur tous terrains, aussi bien au soleil qu'à l'ombre, mais ils portent moins de baies quand ils

Spiraea arguta

sont taillés en haie d'un mètre de haut étalés en masse compacte.

S. albus	3, 3x, baies blanches, 1,5
S. a. 'White Edge'	3, 3x, baies blanches, 1,5
S. x *chenaultii*	3, 3x, baies rouge pourpre, 1
S. orbiculatus	3, 3x, baies rose pourpre, 1,8

Symphoricarpos albus 'White Hedge'

Taxus

IF

T. media 'Hicksii' est sans raison le plus demandé de ces arbrisseaux à feuilles persistantes. Ses branches sont assez droites, de sorte qu'elles peuvent se casser et tomber quand elles sont chargées de neige. La comparaison avec *T. baccata*, l'if commun, n'a pas lieu d'être, car *T. media* est bien plus petit et ne convient pas aux haies de séparation. La plante étant bouturée, tous les jeunes plants sont identiques, et les haies ainsi formées ont une coloration et une croissance uniformes. Les haies de *T. baccata*, au contraire, présentent des variations et des panachages car les plants sont produits par semis. On observe de petites différences d'un plant à l'autre : l'un est plus dense, l'autre un peu plus foncé. Ces variations apparaissent sur les plants adultes lorsque la surface plane est taillée convenablement. Les branches de cette plante robuste sont plus horizontales : chargées par une couche de neige elles ne s'inclinent pas. *T. baccata* est idéal pour les haies de séparation, mais sa croissance est lente et il est plus cher à l'achat.
Les ifs, contrairement à d'autres conifères, ont besoin d'un sol humifère et perméable, mais pas forcément acide, et ils doivent être à l'ombre. Pour faire des économies, on peut élargir les intervalles de plantation.

T. baccata	2,5, 2-3x, vert foncé, 5
T. b. 'Washingtonii'	2, 2x, vert jaune, 2
T. media 'Hicksii'	3, 2x, vert foncé, 2

Thuja

THUYA

Les thuyas sont des arbrisseaux à feuilles persistantes. *T. occidentalis*, le thuya du Canada, de couleur bronzée en hiver, a un aspect moins beau que les autres. Pour constituer des haies, les thuyas doivent être cultivés à tige unique, pour éviter les dégâts dus au poids de la neige. *T. occidentalis* venant de semis a généralement plusieurs tiges, et il ne convient donc pas aux haies. Les variétés que nous mentionnons ci-dessous sont bien plus belles. Les branches latérales qui poussent en hauteur peuvent être raccourcies, et il convient d'aligner les cimes lorsque la hauteur de la haie est atteinte. *T. plicata*, le thuya géant, reste en hiver d'un beau vert foncé brillant. Il supporte un peu moins bien les gelées, surtout accompagnées de vent, mais sa croissance est rapide.

T. occidentalis 'Brabant'	2,5, 2x, vert, 4
T. o. 'Frieslandis'	2,5, 2x, vert, 4
T. o. 'Spiralis'	3, 2x, rameaux tordus, 4
T. plicata ❧	2,5, 2x, vert brillant, 5
T. p. 'Atrovirens' ❧	2,5, 2x, vert brillant, 5
T. p. 'Dura' ❧	2,5, 2x, vert brillant, 5
T. p. 'Gelderland' ❧	2,5, 2x, vert brillant, 5
T. p. 'Zebrina'	2,5, 2x, rayé, 4

Tilia

TILLEUL COMMUN

Les haies de ce tilleul, aux feuilles caduques d'un beau vert, ont un charme suranné. Les rejets peuvent aussi être joliment sculptés, en cylindres, en boules ou en cubes. Le tronc des tilleuls semble souvent partagé en deux : on peut aussi façonner ces tiges. Différentes espèces conviennent pour les jardins (*voir* Arbres pour grands et petits jardins).

T. europaea	4, 3x, vert clair, 3

Tilia europaea

Ulmus

ORME

L'orme à feuilles de charme *(U. carpinifolia, syn. U. minor, U. campestre)* a beaucoup servi naguère pour constituer des haies. Mais à cause du véritable fléau qu'est la maladie de l'orme (*voir à ce sujet* Arbres pour grands jardins), il est désormais impossible d'en recommander la plantation. En effet, si l'on peut prendre un risque calculé pour un seul arbre, il n'en va pas de même pour une haie susceptible d'être totalement détruite en un an.

U. carpinifolia

Ulmus carpinifolia

Les conifères

L'espace accordé aux conifères par la plupart des jardineries est plus vaste que celui que nous leur consacrons ici. En effet, les conifères, à la différence des plantes à feuilles caduques et à feuilles persistantes, sont bien visibles en toute saison. Quant aux espèces perdant leurs aiguilles, elles gardent à peu près le même aspect en été et en hiver. C'est d'ailleurs le grand inconvénient des conifères : ils ne marquent pas les changements de saison, pourtant si spectaculaires. Les plantes à bulbes sortent de terre, les feuilles naissent sur les arbres et les arbustes, les plantes fleurissent, puis les colorations automnales apparaissent, les feuilles tombent, les branches se modifient, etc. Les conifères nous privent de tout cela. Un jardin peuplé uniquement de conifères est donc à déconseiller mais on peut en planter ici ou là afin d'apporter quelques touches spécifiques ; d'autant que leur variété est presque illimitée.
Les conifères ont généralement besoin d'un sol acide. Les exceptions sont toujours signalées dans les pages qui suivent. Attention à la hauteur : les conifères « nains » se révèlent souvent bien grands ! Les conifères ont normalement besoin de soleil ; quelques-uns supportent l'ombre. Voir aussi dans le chapitre « Plantes pour haies » les espèces qui se prêtent bien aux rideaux et aux séparations.
Dans les pages suivantes, la hauteur est indiquée, mais non la rapidité de la croissance. En effet, celle-ci diffère considérablement selon les espèces et même d'une variété à l'autre : plus une plante reste petite, et plus sa croissance est lente. C'est la raison pour laquelle les conifères nains sont plus onéreux que leurs congénères plus grands. Dans les sélections ci-après suivent, dans l'ordre, la couleur des aiguilles ou des écailles, la forme de croissance, la hauteur en mètres.

Abies

SAPIN

Ce genre, qui comprend des arbres élevés, n'est guère exigeant en ce qui regarde le sol. Ils redoutent les vents d'est secs et permanents. Dans le langage courant, le genre *Abies* – à juste titre – mais aussi le genre *Picea* – abusivement – sont nommés sapins. *Abies* porte des aiguilles obtuses avec une encoche à l'une des extrémités ; *Picea* possède des aiguilles pointues et acérées. Il y a encore une différence : lorsqu'on arrache une aiguille d'un rameau, il reste chez *Abies* un morceau d'écorce attaché, ce qui n'est pas le cas chez *Picea*, dont les bourgeons

Abies procera 'Glauca'

pointus ne sont pas couverts de résine ; *Abies* porte des bourgeons obtus et souvent enduits de résine. Certaines espèces d'*Abies* ont reçu des noms vulgaires : *A. alba*, sapin pectiné ou argenté ; *A. balsamea*, sapin baumier ; *A. grandis*, sapin géant ou de Vancouver ; *A. pinsapo*, sapin d'Espagne ; *A. procera*, sapin noble.

A. alba	deux bandes argentées, cime large, 20
A. a. 'Pendula'	vert, pleureur étroit, 15
A. a. 'Pyramidalis'	vert, colonnaire dense, 10
A. balsamea	vert foncé, étroit et pyramidal, 15
A. b. 'Nana'	vert foncé, sphérique large, 1
A. concolor	vert-gris, pyramidal, 30
A. grandis	vert foncé, pyramidal, 20
A. homolepis ❧	vert foncé, cylindrique, 25
A. koreana	v. foncé, cônes violacés, 15
A. lasiocarpa 'Compacta'	gris bleu, pyramidal, 1
A. nordmanniana	vert foncé, régulier, 20
A. pinsapo	vert, pyramidal, 20
A. procera	vert-gris, conique, 25
A. p. 'Blaue Hexe'*	vert-gris, sphérique, 0,5
A. p. 'Glauca'	bleu-gris, conique, 20
A. veitchii	vert, étroit, 15

Araucaria araucana

Araucaria

Cet arbre est originaire du sud du Chili. Jeune, il est très sensible au gel. Bien qu'il ne croisse pas trop en largeur, il n'est mis en valeur que dans les grands jardins. Dans les petits jardins, il constitue une dominante vert foncé. Les branches forment de belles courbes.

*A. araucana**	vert foncé, grand arbre, 15

Calocedrus

Le genre *Libocedrus* a été scindé en trois genres, mais cette ancienne dénomination s'applique toujours à *L. bidwillii*, arbre de Nouvelle-Zélande qui craint le gel. Dans sa patrie d'origine, *Calocedrus* atteint une hauteur de 45 m. La forme colonnaire raide de ces conifères donne un certain caractère aux jardins en y introduisant des lignes verticales.

C. decurrens	vert, colonnaire étroit, 20
C. d. 'Aureovariegata'	écailles jaunes, colonnaire, 15
C. d. 'Compacta'*	vert clair, sphérique, 2
C. d. 'Intricata'	vert, sphérique, 1

Calocedrus decurrens

Cedrus

CÈDRE

Les aiguilles peuvent geler lors des hivers rigoureux. Mais, bien que l'arbre paraisse alors mort, au printemps les bourgeons se développent à nouveau. Le cèdre du Liban *(C. libani)* est le plus sensible au gel. Il a une forme pyramidale dans son jeune âge, puis il présente une cime aplatie. Le cèdre de l'Atlas *(C. atlantica)* est souvent planté inconsidérément dans les petits jardins sous sa variété 'Glauca', de sorte qu'il faut l'abattre prématurément.

*C. atlantica**	gris verdâtre, large, 30
C. a. 'Aurea'	vert-jaune, large, 15
C. a. 'Fastigiata'	gris-bleu, colonnaire, 15
C. a. 'Glauca'	gris-bleu, large, 15
C. a. 'Glauca Pendula'**	vert-bleu, haut et large, 5
C. deodara	vert clair, très large, 20
C. d. 'Golden Horizon'	jaune verdâtre, large, 5
C. d. 'Pendula'**	vert, pleureur, large, 3
C. d. 'Pygmy'*	gris, sphérique, 0,5
C. d. 'Verticillata Glauca'	vert-bleu, étroit, 4
*C. libani**	vert clair/foncé, pyramidal, 20
C. l. 'Sargentii'	gris-bleu, nain, 1,5

Cedrus atlantica 'Glauca'

Cephalotaxus

Ces conifères originaires du Japon n'ont pas besoin d'un sol acide, mais ils prospèrent à l'ombre d'autres arbres. Ils sont rares bien qu'ils conviennent aux jardins de superficie moyenne.

C. fortunei	vert foncé, irrégulier, 10
*C. harringtonia**	vert foncé brillant, large, 3
C. h. 'Fastigiata'*	vert foncé, colonnaire, 4

Chamaecyparis

CYPRÈS DE LAWSON ET AUTRES FAUX CYPRÈS

Ce genre est le plus riche en formes et en variétés, naturelles ou cultivées. Toutes les couleurs et toutes les silhouettes sont représentées chez *Chamaecyparis*. Il s'agit de conifères des climats subtropicaux. On ne les plantera pas dans des sols humides, surtout *C. lawsoniana*, le cyprès de Lawson, car la maladie de la pourriture des racines due à un champignon, *Phytophtora cinnamomi*, pourrait se manifester. En ce cas, les écailles faisant fonction de feuilles pâlissent, se dessèchent et brunissent, et l'arbre meurt, même chez les exemplaires âgés.

Cephalotaxus harringtonia

Chamaecyparis lawsoniana 'Ellwoodii'

Chamaecyparis lawsoniana 'Triomf van Boskoop'

*C. lawsoniana**	vert ou vert-bleu, pyramidal, 30
C. l. 'Albovariegata'	panaché blanc, conique, 10
C. l. 'Alumii'	vert-bleu, pyramidal, 15
C. l. 'Alumigold'	jaune soufre, étroit, 10
C. l. 'Chilworth Silver'	gris, large et fastigié, 3
C. l. 'Columnaris'	gris-bleu, colonnaire, 10
C. l. 'Elwoodii'	vert-bleu, conique, 5
C. l. 'Erecta Virides'	vert tendre, pyramidal, 7
C. l. 'Filiformis Compacta'	vert, dense et arrondi, 0,5
C. l. 'Forsteckensis'	vert-bleu, arrondi, 1
C. l. 'Globe'**	gris, sphérique, 1
C. l. 'Golden Spire'	jaune, étroit colonnaire, 8
C. l. 'Golden Wonder'	vert-jaune, pyramidal, 10
C. l. 'Green Globe'*	vert, sphérique, 1
C. l. 'Intertexta'	vert-bleu, pyramidal, 10
C. l. 'Lane'	jaune d'or, élancé, 8
C. l. 'Lutea'	vert-jaune, élancé, lente, 7
C. l. 'Lutea Nana'	jaune, large et conique, 0,5
C. l. 'Minima Glauca'	vert-bleu, sphérique, 1
C. l. 'Pygmaea'***	vert, cime plate, 0,5
C. l. 'Silver Queen'	vert-jaune, à extrémité blanc argenté, 10
C. l. 'Spek'	bleu-gris, conique, 7
C. l. 'Stewartii'	jaune d'or, pyramidal, 7
C. l. 'Triomf van Boskoop'	bleu argenté, conique, 20
C. l. 'Wisselii'	vert-bleu, conique, élancé, 10
C. l. 'Youngii'*	vert, étroit et conique, 10
C. nootkatensis ❧	vert clair franc, élancé pyramidal, 30
C. n. 'Pendula'	vert, pleureur, 10
*C. obtusa**	vert foncé, conique, 15
C. o. 'Caespitosa'*	vert, nain compact
C. o. 'Contorta'	vert, nain, 1
C. o. 'Filicoides'	vert foncé brillant, 1,5
C. o. 'Flabelliformis'**	vert, sphérique lente, 1
C. o. 'Goldspire'	jaune clair, fastigié (nouveau)
C. o. 'Juniperoïdes'*	vert, nain compact, 0,2
C. o. 'Minima'	vert, nain compact, 0,3
C. o. 'Nana'	vert clair, nain, irrégulier, 1
C. o. 'Nana Gracilis'	vert clair, conique, irrégulier, 3
C. o. 'Pygmaea'	vert-brun, sphérique, 1,5
C. o. 'Tetragona Aurea'	jaune éclatant, irrégulier, 2
*C. pisifera**	vert, conique, 15
C. p. 'Boulevard'	bleu-gris, large et pyramidal, 1
C. p. 'Filifera Aurea'	jaune d'or, étalé, sphérique, 2
C. p. 'Filifera Nana'	vert foncé, nain, 1
C. p. 'Filiformis'	vert-gris, étalé, 1
C. p. 'Gold Spangle'	jaune, pyramidal, 5
C. p. 'Nana'**	vert, sphérique, lente, 0,5
C. p. 'Plumosa'	vert, pyramidal, 7
C. p. 'Plumosa Aurea'	jaune d'or, pyramidal, 8
C. p. 'Plumosa Aurea Compacta'	jaune d'or, petit, 1
C. p. 'Squarrosa'	bleu-gris, dense et large, 7
C. p. 'Sungold'	jaune, large, 7

Cryptomeria japonica

Cryptomeria

Les *Cryptomeria*, originaires du Japon, ont besoin d'un endroit abrité du vent d'est, sur un sol frais. À chaque jardin peut convenir une variété. Les variétés 'Bandai' et 'Jindai' (dénomination dont on a coupé le suffixe d'origine *-sugi*) sont spécialement cultivées pour leur feuillage fascié de plusieurs nuances.

C. japonica	vert clair, pyramidal, 25
C. j 'Bandai'	« grumeaux » mousseux, 1
C. j. 'Compacta'	vert l'été, bleuté l'hiver, 10
C. j. 'Cristata'	avec bandes, 5
C. j. 'Globosa'	vert-bleu, sphérique, 1,5
C. j. 'Globosa Nana'	vert-bleu, sphérique serré, 1
C. j. 'Jindai'	vert clair, dense sphérique, 2
C. j. 'Spiralis'	vert clair, branches tordues, 10
C. j. 'Vilmoriniana'	vert clair, bombé, 0,7

Cupressus sempervirens

x *Cupressocyparis*

CYPRÈS DE LEYLAND

Ce conifère a une croissance aussi rapide que les *Metasequoia*, mais la comparaison s'arrête là, car ces derniers sont dépouillés en hiver. Il s'agit ici d'un hybride *Cupressus macrocarpa* (un cyprès) x *Chamaecyparis nootkatensis* (un faux-cyprès parent du cyprès de Lawson), très sensible au gel dans son jeune âge, ce qui en fait des haies à risque.

C. leylandii	vert clair, sphérique, 20
C. l. 'Castlewellan Gold'	jaune, sphérique, 10
C. l. 'Hyde Hall'*	vert-jaune clair, sphérique, 10
C. l. 'Leighton Green'	vert clair, sphérique, 10
C. l. 'Silver Dust'**	taches panachées blanc, sphérique, 10

Cupressocyparis leylandii

Cupressus

CYPRÈS COMMUN

Caractéristique des pays méditerranéens, le cyprès peut supporter des hivers doux s'il est bien abrité. On peut le cultiver en grands bacs (terre acide), qu'on rentrera pour l'hiver.

C. sempervirens	gris-bleu, colonnaire, 4

Juniperus

GENÉVRIER

Les baies de genevièvre sont les fruits du genévrier commun *(J. communis)*. Bien des genévriers proviennent d'Asie et d'Amérique du Nord. *J. squamata* 'Meyeri' est, sans raison valable, le plus vendu des conifères nains. Dans son jeune âge, il est d'un beau bleu, mais ce nain ressemble à un petit géant et bien vite les aiguilles deviennent brunes : c'est un marché de dupes.

*J. chinensis***	vert-gris, pyramidal ou large, fastigié, 15
J. c. 'Keteleeri'	vert-gris, sphérique 10
J. c. 'Monarch'	vert-gris, étroit, conique, 10
J. c. 'Stricta'*	gris-bleu, pyramidal, 5
J. communis	vert-gris, diverses formes, 4
J. c. 'Compressa'* ❧	vert, colonnaire dense, 2
J. c. 'Depressa Aurea'*	jaune, large, 0,5
J. c. 'Echiniformis'*	vert, sphériques, 0,3
J. c. 'Effusa'*	vert, large, 0,5
J. c. 'Hibernica'	vert-bleu, colonnaire, 3
J. c. 'Hornibrookii' ❧	vert, très large, 0,5
J. c. 'Nana'	jaune d'or, rampant, 0,5
J. c. 'Repanda' ❧	vert, large, 0,3
J. c. 'Suecica' ❧	vert, colonnaire étroit, 4
J. horizontalis 'Andorra Compact'	gris, large, 0,5
J. h. 'Glauca'	voir 'Wiltonii'
J. h. 'Hughes'	vert-bleu, large, 0,5
J. h. 'Plumosa'	vert-gris, dense, 0,6
J. h. 'Prostrata'	gris-bleu, rampant, 0,4
J. h. 'Wiltonii'	bleu, large rampant, 0,3
J. x *media* 'Blaauw'	bleu-gris, buissonnant, 1
J. m. 'Hetzii'	gris, large, 5
J. m. 'Old Gold'	jaune-vert, dense, 1
J. m. 'Pfitzeriana'	vert, lâche, 2
J. m. 'Pfitzeriana Aurea'	jaune-vert, 1,5
J. m. 'Pfitzeriana Glauca'	vert-bleu, lâche, 2
J. m. 'Plumosa Aurea'	vert-jaune, dense, 2
J. m. 'Sargentii'	vert-bleu, très large, 0,8
J. procumbens 'Nana'**	vert, très plat, 0,3
J. sabina	vert, irrégulier, 2
J. s. 'Tamariscifolia'	vert-bleu, grossier, 1
J. squamata 'Blue Star'	bleu-gris, sphérique, 0,5
J. s. 'Blue Carpet'	gris-bleu, large, 0,5
J. s. 'Meyeri'	mauvais
J. s. 'Pygmaea'**	vert, dense, 0,5
*J. virginiana** ❧	vert-bleu, pyramidal, 20
J. v. 'Canaertii'	vert, colonnaire large, 4
J. v. 'Glauca'	gris-bleu, colonnaire, 5
J. v. 'Globosa'**	vert, sphérique, 1
J. v. 'Grey Owl'	bleu-gris, arbustif, 2,5
J. v. 'Skyrocket'	bleu-gris, très étroit, 4-7

Juniperus horizontalis 'Hughes'

Juniperus x *media* 'Pfitzeriana Aurea'

Larix

MÉLÈZE

Les mélèzes sont vert franc au printemps et prennent en automne de belles colorations. *L. kaempferi* est toujours vendu sous la dénomination de *L. leptolepis*. Cet arbre a presque supplanté *L. decidua*, le mélèze d'Europe. Le mélèze est sorti de l'oubli, notamment avec *L. kaempferi* 'Georgengarten', de forme serrée et à branches poussant irrégulièrement.

L. decidua	vert clair, étroit, 25
L. d. 'Corley'*	vert, nain, 1
L. d. 'Pendula'**	vert, pleureur élancé, 15
L. kaempferi	vert clair, large, 30
L. k. 'Blue Ball'**	gris-bleu, nain, 0,3
L. k. 'Blue Rabbit'*	gris-bleu, nain, 0,5
L. k. 'Georgengarten'	vert clair, nain, 0,5
L. k. 'Pendula'**	vert, large, 4
L. k. 'Prostrata'	vert, large, 0,5

Libocedrus

Voir *Calocedrus*.

Metasequoia

Avec *Cupressocyparis*, c'est peut-être le conifère à la croissance la plus rapide. C'est un arbre régulier et beau, à feuilles caduques, très élégant près d'une grande pièce d'eau. Le *Metasequoia* a été redécouvert en Chine, en 1945. Bien qu'introduit en

Europe depuis près de cinquante ans, on n'en trouve des exemplaires géants que dans les jardins botaniques. Il croît sur tous sols.

M. glyptostroboïdes	vert clair, sphérique, 25

Metasequoia glyptostroboïdes

Microbiota

Depuis quelques années seulement, on s'est rendu compte que ce conifère avait un large champ d'utilisation. Son développement bas et dense étouffe les mauvaises herbes. Sa coloration estivale vert clair plus ou moins intense passe au brun grisâtre en hiver.

M. decussata	vert large, 1

Picea

ÉPICÉA OU SAPIN

P. abies, l'épicéa commun, est l'« arbre de Noël » le plus fréquent. On a recours également, dans ce but, à *P. omorika*, l'épicéa de Serbie, dont les branches sont toutefois plus molles. *P. pungens*, l'épicéa piquant ou « sapin » bleu, est plus onéreux ; vert ou bleu (plus il est bleu et plus il coûte cher), avec ses robustes branches, il convient bien comme grand sujet isolé. Il supporte le grand vent, même en bord de mer. Les épicéas nains sont moins appréciés ; pourtant l'apparition de leurs bourgeons vert clair est toujours une merveille au printemps. Certaines variétés de *P. abies* sont de remarquables conifères nains. *P. breweriana* diffère beaucoup des autres : ses branches horizontales ont des rameaux terminaux qui retombent gracieusement ; ses grands

Larix decidua

cônes sont d'abord verts, puis pourprés, et enfin bruns. *P. mariana* est l'épicéa noir, *P. orientalis*, l'épicéa du Caucase ou sapinette d'Orient, et enfin *P. sitchensis*, l'épicéa de Sitka (*voir aussi Abies*).

P. abies	épicéa commun, 15
P. a. 'Aurea'	jaune, pyramidal, 10
P. a. 'Caerulea'	bleu acier
P. a. 'Capressina'	dense et colonnaire, 10
P. a. 'Clanbrassiliana'	sphérique et très dense, 1
P. a. 'Columnaris'	colonnaire
P. a. 'Compacta'	vert clair, sphérique, 0,5
P. a. 'Cupressina'**	vert, colonnaire élancé, 10
P. a. 'Diffusa'**	vert, dense et sphérique, 10
P. a. 'Gregoryana'	vert, en coussin, croissance lente, 0,6
P. a. 'Hystrix'**	vert, nain compact
P. a. 'Inversa' ❧	vert, pleureur étroit et dense, 10
P. a. 'Nidiformis' ❧	nain et uniforme, 1
P. a. 'Ohlendorffii'	vert, conique, 2,5
P. a. 'Procumbens' ❧	vert, large et dense, 1
P. a. 'Pygmaea'	vert, uniforme, 1
P. a. 'Pyramidata'	colonnaire
P. a. 'Remontii'*	vert, cône dense, 2
P. a. 'Repens'	vert, très large, 0,5
P. breweriana	vert, haut et large, 30
P. engelmanii 'Glauca'	bleu-gris, pyramidal, 20
*P. glauca**	vert, conique, 20
P. g. 'Conica'	vert clair, cône dense, 1,5
P. g. 'Echiniformis'	vert sphérique, nain, 0,5
P. mariana	vert-bleu, conique, 15
P. m. 'Argenteovariegata'*	presque blanc, pyramidal, 3
P. m. 'Nana'	vert-bleu, plat et arrondi, 0,3
*P. obovata***	vert-gris, étroit et pyramidal, 10
P. omorika	vert-gris, étroit, pyramidal, 15
P. o. 'Nana'	vert-gris, irrégulier, 1
P. orientalis	vert foncé, conique, 20
P. o. 'Aurea'	points jaune d'or, sphérique, 15
P. pungens	vert-gris, large, pyramidal, 20
P. p. 'Erich Frahm'	gris-bleu, 4
P. p. 'Glauca Globosa'	bleu, serré, 1
P. p. 'Hoopsii'	gris-bleu, 5
P. p. 'Koster'	bleu, pyramidal, 15
P. p. 'Oldenburg'*	bleu-gris, large, pyramidal, 15
P. sitchensis	vert, à 3 bandes bleues dessous, large, pyramidal, 5

Picea abies 'Nidiformis'

Picea breweriana

Pinus

PIN

P. sylvestris, le pin sylvestre des forêts, est moins beau dans les jardins, de même que *P. radiata*, beaucoup planté en Écosse, qu'on ne doit pas confondre avec *P. strobus* 'Radiata'. On dispose d'un choix presque illimité de pins. Les espèces et variétés sont parfois bien difficiles à distinguer : outre la couleur, la différence vient du nombre d'aiguilles rassemblées en une touffe, soit 2, 3 ou 5. Les plus courants sont *P. cembra*, pin cembro ou arolle ; *P. griffithii*, pin pleureur de l'Himalaya ; *P. murgo*, pin des montagnes ; *P. nigra* var. *austriaca*, pin noir d'Autriche ; *P. peuce*, pin des Balkans ; *P. strobus*, pin de Weymouth ou du Lord ; *P. sylvestris* est dit aussi pin du Nord ; *P. pinaster*, pin maritime.

*P. cembra**	vert-bleu, élancé, 20
P. c. 'Stricta'	gris-bleu, conique, 1
P. densiflora 'Globosa'	vert, sphérique, 1
*P. griffithii**	vert-bleu, large, pyramidal, 20
P. mugo	vert foncé, buissonnant, 5
P. m. 'Gnom'	vert, large, pyramidal, 2
P. m. var. *mughus*	vert foncé, serré, 2
P. m. var. *pumilio*	nain et large, 1,5

Pinus cembra

P. nigra var. *austriaca* ❧	vert foncé, large, ovoïdal, 10
P. parviflora ❧	vert-bleu, irrégulier, 15
P. p. 'Glauca'	gris-bleu, bizarre, 8
P. peuce	vert-gris, étroit, pyramidal, 15
P. p. 'Aurea'	jaune, pyramidal, 12
P. pinaster	vert brillant, conique, 20
P. pumila 'Nana'	vert, sphérique, 3
P. strobus	vert-gris, pyramidal, 15
P. s. 'Alba'	vert-gris, étroit, pyramidal, 8
P. s. 'Minima'*	vert clair, sphérique, 5

Pinus parviflora

P. s. 'Radiata'	gris-bleu, nain, 1,5
P. sylvestris	vert, irrégulier, 15
P. s. 'Aurea'	jaune (hiver), irrégulier, 8
P. s. 'Globosa'*	vert, arrondi, 1
P. s. 'Pumila'*	gris-bleu, arrondi, 2
P. wallichiana	voir *P. griffithii*

Podocarpus

Par exception, ces conifères supportent les terrains calcaires. On leur confère une forme dense et basse. Il existe de nombreuses espèces provenant presque toutes des régions chaudes de l'hémisphère austral. Les deux espèces mentionnées ci-dessous supportent l'ombre et résistent assez bien aux rigueurs de l'hiver.

*P. alpinus**	vert, irrégulier, 2
*P. nivalis**	vert clair, large, 1

Pseudolarix

Cet arbre à feuilles caduques, particulier, prend une belle coloration automnale. Il convient seulement aux très grands jardins. Son ancienne dénomination était *P. kaempferi*.

*P. amabilis**	vert, large, pyramidal, 15

Pseudolarix amabilis

Pseudotsuga

SAPIN DE DOUGLAS

Au Canada, où cet arbre croît spontanément, les exemplaires atteignant 60 m de hauteur ne sont pas rares. Cette espèce à croissance rapide est très répandue chez nous en sylviculture ; elle doit être en un endroit protégé dans son jeune âge.

P. glauca 'Pendula'*	vert-bleu, pleureur, 15
P. menziesii	vert, large, pyramidal, 30
P. m. 'Fletcheri'	gris argenté, irrégulier, 1

Sciadopitys

Cet arbre est facilement reconnaissable à ses longues aiguilles semblables à celles des pins, mais charnues, ce qui évite la confusion. Il lui faut un sol nettement acide et qui ne soit pas trop sec, et il supporte l'ombre.

*S. verticillata**	vert brillant, étroit, pyramidal, 20
S. v. 'Aurea'*	jaune, pyramidal, 5

Scyadopitys verticillata

Pseudotsuga menziesii

Sequoia

SÉQUOIA TOUJOURS VERT

Cet arbre, fréquent dans les parcs, vit à l'état naturel dans la région côtière de la Californie. Il y atteint 120 m de hauteur. On en connaît un exemplaire au tronc percé à la base pour laisser passer une automobile. Bien qu'il arrive à être très grand sous nos climats, il résiste mal aux rigueurs de l'hiver.

*S. sempervirens**	vert, étroit, 20
S. s. 'Prostrata'**	vert-gris, plat, 0,5

Sequioa sempervirens

Sequoiadendron

Dans son habitat naturel, cet arbre atteint une hauteur de 100 m, mais il reste moins élevé que les séquoias *(Sequoia sp.)*. Les jeunes exemplaires sont sensibles au gel. Les vieux sujets sont souvent endommagés par la foudre. L'écorce, molle, est remarquable.

S. giganteum	vert-gris, foncé, pyramidal, 30
S. g. 'Compactum'**	vert, large, pyramidal, 1,5
S. g. 'Glaucum'*	gris argenté, colonnaire étroit, 8

Taxodium

CYPRÈS CHAUVE, CYPRÈS DE LA LOUISIANE

Cet arbre élancé et haut, qui perd son feuillage en hiver, croît bien sur un terrain très humide. Il se forme sur ses racines superficielles de grosses excroissances tout autour de l'arbre. On trouve souvent le cyprès chauve près des grandes pièces d'eau, dans les parcs paysagers. Il prend une belle coloration automnale.

*T. distichum**	vert, large, pyramidal, 30

Taxodium distichum

Taxus

IF

Les ifs sont les rares conifères communs à toute l'Europe. Ils font partie des quelques conifères qui viennent bien également dans les sols calcaires. Il leur faut un terrain humifère et ils supportent l'ombre, mais pas l'humidité excessive. Leurs baies rouges charnues sont toxiques. Ils croissent lentement et peuvent devenir très vieux. La pourriture des racines (voir *Chamaecyparis*) atteint aussi les jeunes ifs. Cette maladie passe lentement d'un sujet à l'autre, et se traduit par la décoloration des aiguilles. Ces arbres peuvent aussi être ravagés par un coléoptère (*voir aussi* Plantes pour haies).

T. baccata	vert, large et haut, 20
T. b. 'Adpressa'	vert foncé, large et buissonnant, 2,5
T. b. 'Aurea'	jaune, large et buissonnant, 10
T. b. 'Corley's Coppertip'*	vert-jaune, 1,5
T. b. 'Dovastoniana'	vert foncé, pleureur, 10
T. b. 'Dovastonii Aurea'	jaune éclatant, 2
T. b. 'Dovastonii Variegata'	marge jaune d'or, étalé, 2,5
T. b. 'Fastigiata'	vert foncé, colonnaire, 4
T. b. 'Fastigiata Aurea'	jaune, colonnaire, 4
T. b. 'Fastigiata Aureomarginata'	marge jaune, colonnaire, 4
T. b. 'Lutea'	baies jaunes, aiguilles vertes, large, 4
T. b. 'Overeynderi'	vert foncé, large et pyramidal, 4
T. b. 'Procumbens'	vert, rampant, 0,5
T. b. 'Repandens'	vert bleu, croissance horizontale, 0,5
T. b. 'Semperaurea'	jaune, large, 2
T. b. 'Standishii'	jaune, colonnaire puis large, 2
T. b. 'Summergold'	jaune, large, 1
T. b. 'Washingtonii'	jaunâtre, large, 2
T. cuspidata 'Nana'	vert, très large, 1
T. c. 'Rustique'	couleur bronze (hiver), large
T. media 'Hicksii'	vert foncé, large et colonnaire, 2
T. m. 'Nidiformis'	vert, buisson large, 1

Taxus baccata 'Fastigiata Aurea'

Thuja

THUYA

Les thuyas supportent le vent, mais ils préfèrent un sol pas trop sec et non acide. Il faut faire la différence entre le thuya du Canada *(T. occidentalis)* et le thuya de Chine ou biota *(T. orientalis)*, moins fréquent. Il y a encore le thuya géant ou de Lobb *(T. plicata)*. *T. occidentalis* est vert en été, mais il se colore en vert bronze pendant l'hiver, et croît de façon désordonnée. *T. plicata* reste vert franc en hiver et est plus vigoureux (*voir aussi* Plantes pour haies).

T. occidentalis 'Alba'	pointes blanches, pyramidal, 2,5
T. o. 'Brabant'	vert olive, pyramidal, 4
T. o. 'Frieslandia'	vert clair, pyramidal, 10
T. o. 'Globosa' ❧	jaune verdâtre, sphérique, 1,5
T. o. 'Little Champion' ❧	vert, sphérique, 1
T. o. 'Lutea'	jaune d'or, pyramidal, 10
T. o. 'Malonyana'**	vert, étroit et colonnaire, 15
T. o. 'Pyramidalis Compacta'	vert tendre, étroit, 10
T. o. 'Recurva Nana'	vert, pyramidal serré, 2
T. o. 'Rheingold'	jaune d'or, très buissonnant, 1,5
T. o. 'Rosenthalii'	vert foncé, colonnaire, 5
T. o. 'Smaragd'	vert tendre, pyramidal, 4
T. o. 'Spiralis' ❧	vert clair, sphérique élancé, 15
T. o. 'Sunkist'	jaune, fastigié, 10
T. o. 'Umbraculifera'*	vert, sphérique, plat, 1

Thuja occidentalis 'Rheingold'

*T. orientalis**	vert, large et colonnaire, 10
T. o. 'Meldensis'**	vert-gris, ovoïdal, 1
T. o. 'Pyramidalis Aurea'*	jaune, colonnaire, 10
*T. plicata**	vert brillant, conique, 25
T. p. 'Atrovirens'	vert foncé, étroit et pyramidal, 20
T. p. 'Dura'	vert, pyramidal, 20
T. p. 'Pumila'*	vert, irrégulier, 4
T. p. 'Zebrina'	jaune verdâtre, conique, 15

Thujopsis

Ce conifère imposant s'accommode de la pénombre. Il est trop grand même pour les jardins de superficie moyenne : lorsqu'il prend de l'âge, ses branches inférieures touchent terre, puis s'élancent verticalement en formant un entrelacs haut et large. Ses écailles brillantes sont coriaces et ont une face inférieure blanche.

T. dolabrata	vert vif, buissonnant, 30
T. d. 'Nana'*	vert, sphérique, plat, 0,5

Torreya*

Les graines de cet arbre sont grosses et elliptiques. Ce conifère veut un endroit abrité et convient aux grands jardins. Il supporte les sols calcaires et l'ombre.

*T. nucifera***	vert foncé brillant, buissonnant, 10

Thujopsis dolabrata

Tsuga

Les tsugas, qui croissent rapidement et supportent l'ombre, ne doivent pas être situés en plein vent, sinon leurs aiguilles seraient brunes au printemps. *T. canadensis* et *T. heterophylla* sont originaires d'Amérique du Nord.

T. canadensis	vert foncé, pyramidal, étalé, 25
T. c. 'Gracilis'	vert-jaune, sphérique plat, 1
T. c. 'Jeddeloh'	vert clair, sphérique, 1
T. c. 'Minima'	vert, nain, 0,5
T. c. 'Pendula'*	vert foncé, nain, pleureur, 2
T. heterophylla	vert tendre, étroit et pyramidal, 20

Tsuga canadensis

Les rosiers

Les rosiers sont classés soit du point de vue botanico-historique, soit en fonction de leur utilisation. Les anciennes variétés concernent des roses estivales dont s'exhale une merveilleuse odeur. Elles sont de nouveau vendues par certains rosiéristes car vraiment dignes d'intérêt. Les hybrides de thé *et les* polyantha *sont toujours greffés, ainsi que d'anciennes variétés de* rosiers botaniques. *Les rosiers estivaux sont vendus sur leurs propres racines. L'avantage de cette méthode est que, hormis quelques « rejets sauvages », cette variété ne forme pas de longs drageons souterrains. On plante les rosiers en des lieux ensoleillés et bien aérés. On prévient ainsi une partie des maladies et l'invasion d'insectes et autres arthropodes. Le manque de soleil dans les villes explique pourquoi les jardins clos ne peuvent accueillir de rosiers. Seules certaines variétés, souvent anciennes et non remontantes, s'accommodent de l'ombre.*
Nous renvoyons les vrais amateurs de roses à la littérature spécialisée ; on pourra se faire quelque idée grâce aux listes données ci-après, mais nous ne nous étendrons pas sur les détails. Un nombre croissant de jardineries disposent d'un vaste choix, mais les variétés et les espèces exclusives sont fournies par des rosiéristes spécialisés. Nous mentionnons, ici, les millésimes des rosiers anciens, ce qui peut permettre d'organiser un jardin dans un ordre chronologique. Les rosiers supportant l'ombre sont traités à part. Les rosiers anciens portent habituellement des fleurs doubles, et les rosiers botaniques ont tous des fleurs simples.
Nous avons donné la hauteur des rosiers en mètres, sauf indication contraire. Les fleurs doubles sont indiquées par l'abréviation (d) et les semi-doubles par l'abréviation (sd).

À gauche : *Rosa* 'Golden Wings'

Rosiers alba

Les rosiers alba ont une floraison estivale. Si, en 1840, un manuel de jardinage en répertorie 42 espèces, en 1860, on en compte plus de 60. Aujourd'hui il n'en reste plus qu'une douzaine. On connaît bien la variété *alba* 'Maxima', qui a été cultivée durant des siècles dans les monastères et les anciennes fermes des Flandres. Leurs boutons rose clair, très pâles, donnent des fleurs doubles, presque blanches et odorantes. Leurs feuilles sont vert-gris comme chez la plupart des autres alba. Leur senteur est exquise.

R. 'Belle Amour'	très anciennes, rose intense, 2
R. 'Celestial'	XVIIIe siècle, rose clair, 1,50
R. 'Félicité Parmentier'	1828, rose clair, 1,50
R. 'Great Maiden's Blush'	XVe siècle, rose tendre, 2
R. 'Königin von Dänemark'	1826, rose, 1,50
R. alba 'Maxima'	XVe siècle, blanc, boutons rose tendre, 2,50

Rosa 'Félicité Parmentier'

R. 'Mme Legras de Saint-Germain'	XIXe siècle, blanc crème, 2
R. 'Mme Plantier'	1835, blanc, boutons vieux rose, 2

R. 'The Yeoman'	rose (d), 1
R. 'Warwick Castle'	rose tendre, 0,70
R. 'Wife of Bath'	rose clair (d), 0,90
R. 'William Shakespeare'	rouge foncé (d), 0,90

Rosiers anglais

Voir Rosiers Austin.

Rosiers Austin

Les rosiers Austin sont remontants, à l'exception de *R.* 'Scintellation' et *R.* 'Warwick Castle". Au cours des années 1970, le pépiniériste anglais David Austin a effectué de nombreux croisements entre rosiers anciens et rosiers modernes, afin de sauvegarder la forme et la senteur primitives des fleurs, tout en leur donnant une meilleure résistance face aux maladies et une plus longue période de floraison. La forme lâche d'aspect naturel a été préservée dans la mesure du possible. Il est dommage qu'il y ait tant de couleurs « entre-deux », comme jaune panaché de rose. Voici quelques-unes des variétés existantes.

R. 'Charles Austin'	abricot (d), 1
R. 'Chaucer'	rose argenté (sd), 1
R. 'Constance Spry'	rose profond (d), 3
R. 'Gertrud Jekyll'	rose profond, cœur vert, 1,80
R. 'Graham Thomas'	jaune (d), 1
R. 'Heritage'	rose clair (d), 1,20
R. 'Leander'	abricot (d), petite, 4
R. 'Mary Webb'	jaune citron (d), grosse, 1,20
R. 'Othello'	rouge foncé (d), 1
R. 'Scintillation'	rose-blanc (sd), 1,30
R. 'The Prioress'	blanc (sd), 1
R. 'The Squire'	rouge foncé velouté (d), 0,70

Rosa 'Chaucer'

Rosiers bengale

Voir Rosiers de Chine.

Rosiers couvre-sol

Depuis quelque temps ce groupe de rosiers connaît une évolution assez nette, et ce pour deux raisons essentielles : l'obligation, pour les jardins publics, de faire des économies et l'installation de plus en plus courante de bacs sur les terrasses.
Ces rosiers conviennent aux parterres, aux accotements et aux talus ; leur entretien ne demande aucune compétence particulière : on peut aussi bien les laisser croître naturellement que les tailler rigoureusement. En les taillant, on ne peut guère faire d'erreurs et les mauvaises herbes sont étouffées par la végétation dense de ces rosiers. Tous sont également vendus « sur leurs propres racines ». On enregistre chaque année la création d'une dizaine de variétés tandis que d'autres disparaissent. On trouve chez les rosiéristes les toutes nouvelles variétés que les jardineries suivent l'année d'après. Les rosiers « Pavement », de toutes les couleurs, sont des nouveautés ; leur croissance est plus dressée (voir aussi *Rosiers rugosa*). Les chiffres donnés ci-après concernent la longueur des branches.

Variétés rampantes

R. 'Alba Meidiland'	blanc (d), 0,70
R. 'Candy Rose'	rose foncé (sd), 0,70
R. 'Fil d'Ariane'	blanc (sd), 0,60
R. 'Friendship'	

Rosa 'Alba Meidiland'

R. 'Green Snake'	blanc (fr.), 1,50
R. 'Immensee'	blanc légèrement rosé, 0,60
R. 'Lavender Dream'	rose lavande, 0,60
R. 'Lavender Friendship'	
R. 'Max Graf'	rose lumineux, 1,50
R. 'Partridge'	*voir* 'Weisse Immensee'
R. x *R. paulii*	blanc, grosses fl., 0,90
R. 'Pink Friendship'	
R. 'Pink Wave'	rose tendre (sd), 0,60
R. 'Red Friendship'	
R. 'Repens Meidiland'	blanc, 0,30
R. 'Silver River'	blanc ombré rose, 0,70
R. 'Swany'	blanc (d), 0,60
R. 'Tapis Volant'	blanc rosé, 1,25
R. 'Weisse Immensee'	blanc, 0,80
R. wichuraiana	blanc, 5
R. w. 'Variegata'	fl. panachée, 1

Variétés à port plus ou moins dressé

R. 'Bingo Meidiland'	
R. 'Bonica'	rose (d), 0,60
R. 'Candy Rose'	rose, 0,80
R. 'Ferdy'	rose saumon (d), 0,80
R. 'Fiona'	rouge foncé (sd), 0,90
R. 'Heidekönigin'	rose, fl. pleine, 0,80
R. 'Heidetraum'	vieux rose (sd), 0,70
R. 'La Sevillana'	rouge lumineux, 0,70
R. 'Mozart'	carminé à cœur blanc, 1,20
R. 'Nozomi'	rose clair, 0,90
R. 'Pink Bells'	rose (d), 0,70
R. 'Smarty'	rose clair, 0,90
R. 'The Fairy'	rose tendre, 0,45
R. 'White Spray'	blanc, traçant, 1,50

Rosiers botaniques

Selon la classification des botanistes, il existe 100 à 200 espèces de rosiers dits botaniques : dans la nature, ceux-ci croissent uniquement dans l'hémisphère boréal. Ils conviennent bien aux bordures de buissons et d'arbustes. Leur floraison estivale est brève, mais elle est compensée par la senteur des fleurs et par les fruits rouges, orangés ou noirs en automne. Souvent, les branches, ainsi que la forme, la couleur ou la quantité des épines sont d'une grande beauté. Ces rosiers veulent le soleil ou la mi-ombre.

R. banksiae	*voir* Plantes en pots
R. canina	rose-blanc, fr. rouge, 3
R. californica 'Plena'	rose (d), 3
R. carolina	rose, fr. orangé, 1
R. gallica 'Complicata'	rose, fr. rouge, 1,50
R. glauca ❧	vieux rose, fr. rouge, 2,50

Rosa californica 'Plena'

Rosa 'Bonica'

R. hugonis	jaune soufre, précoce, 2,50
R. moyesii	rouge sang, gros fr., 3
R. m. 'Geranium'	écarlate, fr. orangé, 1,50
R. multiflora	*voir* Rosiers en espalier
R. nitida	rose lumineux, épines marron-rouge, 0,50
R. pendulina	rose-mauve, 2
R. pimpinellifolia	blanc, parfois rose, fr. brun-noir, 1
*R. roxburghii*** ❧	rose, buisson non « rosacé », 2
R. rubiginosa	rose, fr. rouge vif, 2
R. rubrifolia	*R. glauca*
R. rugosa	*voir Rosiers rugosa*
R. spinosissima	*R. pimpinellifolia*
R. virginiana	rose, fr. sphérique, 1,50
R. woodsi var *fendleri* ❧	rose laqué, 1,50

Rosiers botaniques indigènes

Ces rosiers sauvages, communément considérés comme des églantiers, se trouvent encore dans la nature. Ils ont une floraison estivale. Malheureusement, ils ne sont pas tous en vente, même chez les pépiniéristes, à cause du feu bactérien. Ces rosiers peuvent être plus petits que les hauteurs indiquées ici.

*R. agrestis***	rosier champêtre, 3
R. arvensis ❧	rosier des champs, rampant, 6
R. canina	rosier des chiens, 3
*R. dumalis***	synonyme de *R. vosagiaca*, 1,8
*R. micrantha**	rosier à petites feuilles, 1,80
R. pimpinellifolia	rosier à f. de pimprenelle, 3
R. rubiginosa	églantier odorant, 3
*R. tomentosa**	rosier à f. duveteux, 3
*R. villosa**	rosier velu, 1,80

Rosa arvensis

Rosiers Bourbon

Les rosiers Bourbon sont à floraison estivale et parfois remontante. C'est en 1817 que fut créé, à l'île Bourbon (La Réunion), par un croisement accidentel entre un rosier de Chine et un rosier de Damas, un rosier particulier, point de départ de tout un groupe. Sur les 400 variétés ayant existé, une vingtaine seulement sont encore cultivées. Il convient de les butter. Ce groupe est assez résistant aux maladies. *R.* 'Souvenir de la Malmaison' est sensible au gel.

R. 'Boule de Neige'	1867, blanc marge rouge, 1
R. 'Reine Victoria'	1872, rose lilas, 1,20
R. 'Louise Odier'	1851, rose, 1,50
R. 'Mme Pierre Oger'	1878, rose nacré, 1,20
R. 'Souvenir de la Malmaison' ❧	1843, blanc, ombré rose, 0,80
R. 'Variegata di Bologna'	*voir* Roses bicolores
R. 'Zéphirine Drouhin'	1868, rose carminé, 2,50

Rosa 'Mme Pierre Oger'

Rosiers Centfeuilles

Il existait au XVIIe siècle quelques centaines de variétés de ces rosiers à floraison estivale, ainsi nommés parce que leurs roses possèdent de nombreux pétales. Il en reste seulement quelques dizaines. *R.* 'De Meaux', avec ses fleurs en pompons, est un rosier tige particulièrement résistant. Les roses Centfeuilles sont aussi appelées « roses choux », car elles sont grandes et leurs pétales ridés comme un chou ou « roses de Provence ».

R. 'Blanchefleur'	1835, blanc, incarnat clair (d), 1,20
R. x *centifolia* 'Bullata'	XIVe siècle, rose, 1,50
R. 'Chapeau de Napoléon'	1820, rose foncé (sd), 1,50
R. 'De Meaux' ❧	av. 1789, rose éclatant, petites fl., 0,70

Rosa 'Fantin Latour'

R. 'Fantin Latour'	vers 1900, rose tendre, 1,50
R. 'Petite de Hollande'	1800, rose éclatant, petites fl., 1,20
R. 'Reine des Centfeuilles'	1824, rose éclatant, 1,50
R. 'Tour de Malakoff'	1856, rouge magenta, violet, 2,50

Rosiers de Chine ou bengale

Ces rosiers sont les plus anciens des remontants et sont la souche des hybrides de thé. Certains d'entre eux sont sensibles au gel et il faut donc les butter chaque année. 'Old Blush', 'Mutabilis' et 'Viridiflora' supportent l'ombre. Cette dernière est une rareté botanique, peu répandue.

R. chinensis 'Hermosa'	1840, rose éclatant, 0,90
R. c. 'Mutabilis'	1932, jaune orangé, carmin (sd), 0,90
R. c. 'Old Blush'	1789, rose argenté (sd), 1,50
R. c. 'Pompon de Paris'	1839, rose, 0,30
R. c. 'Slaters Crimson China'	1792, rouge carminé (sd), 0,90
R. c. 'Sophie's Perpetual'	rose pâle, 2,50
R. c. 'Viridiflora'	1833, vert, 0,90

Rosa 'Old Blush'

Rosiers de Damas

Ces rosiers à floraison estivale, qui présentent quelques particularités, portent des roses doubles. R. 'Trigintipetala', la rose de Kazanlik, est dite « rose à essence » bulgare. Ces pétales odorants conviennent à la réalisation de pots-pourris.

R. 'Belle Amour'	1950, rose saumon, 1,50
R. 'Celsiana'	rose éclatant, 1,50
R. 'Comte de Chambord'	rose vif, 2 floraisons, 1,20
R. 'Ispahan'	1832, rose foncé, fl. gris-vert, 1,50
R. 'Kazanlik'	ancien, rose éclatant, 1,50
R. 'La Ville de Bruxelles'	1849, rose saumon, remontant, 1,50
R. 'Léda'	av. 1827, blanc rosé, bord carmin, 1,40
R. 'Marie-Louise'	1813, rose lumineux (d), 1,20
R. 'Madame Hardy'	1832, crème, étalée, 1,80
R. 'Petite Lisette'	1817, rose argenté-crème, 1,20
R. 'Trigintipetala'	ancien, vieux rose (d), 2

Rosiers buissons à fleurs simples

Bien que ces rosiers remontants présentent des caractéristiques remarquables, ils ne sont jamais considérés comme un groupe particulier. R. *sancta*** était déjà connu des Romains ; les autres variétés datent du début du siècle.

Rosa 'Kazanlik'

R. 'Dainty Bess'	rose, 1
R. 'Ellen Willmott'*	blanc, boutons roses, 1,20
R. 'Goethe'**	rose fuchsia, 1,80
R. 'Golden Wings'*	jaune pâle, 1
R. 'Mrs. Oakley Fisher'	cuivré, jaune, 0,70
R. 'Sally Holmes'	rose très clair, 1,30
*R. sancta***	blanc, 0,80
R. 'White Wings'	blanc, 1

Rosa 'Dainty Bess'

Rosiers floribunda

Voir Rosiers polyantha.

Rosiers gallica

L'impératrice Joséphine avait rassemblé dans les jardins de la Malmaison environ 150 rosiers différents, dont certains sont encore cultivés. Avec les rosiers alba, ils font partie des plus anciens rosiers. Leur floraison est estivale. Ils supportent bien une ombre légère. Les espèces et variétés mentionnées ci-dessous peuvent aussi servir de haies : on les taille soit après la floraison, soit au début de juillet. *R. gallica* 'Versicolor' *(Rosa mundi)* ne peut être confondu avec *R. damascena* 'Versicolor' (rosier 'York and Lancaster').

R. 'Belle de Crécy'	1850, rose, 1,20
R. 'Charles de Mills'	av. 1811, cramoisi, 1,20
R. 'Complicata'	très ancien, rose éclatant, 3
R. 'Duchesse de Montebello'	1829, rose tendre (d), 1,20
R. 'Maître d'École'	1840, rose avec violet, 0,90
R. gallica var. *officinalis*	rose des apothicaires ou rose de Provins, rose, 0,90
R. g. 'Versicolor'	très ancien, rose à bandes rougeâtres, 0,90

Rosiers bicolores

Les rosiers bicolores, à floraison estivale, sont anciens ; ils font partie des groupes Bourbon (B), gallica (G), de Damas (D) et Centfeuilles (C). Du point de vue botanique, il ne s'agit donc pas d'un groupe, mais les amateurs de roses bicolores trouveront leur compte dans l'énumération qui suit. Il s'agit de buissons qui doivent être taillés comme des arbustes habituels (donc être éclaircis) et qui ont de 1,50 à 2 m de hauteur. *R. gallica* 'Versicolor' redevient parfois un rosier à grosses roses simples, *R.* 'Officinalis', qui par ailleurs est aussi très beau.

R. 'Château de Namur' (G)	rose tendre rayé blanc
R. 'Ferdinand Pichard'	rouge carminé veiné blanc
R. 'Frankfurt'* (C)	rouge veiné carmin
R. 'Gros Provins Panaché' (G)	rose veiné blanc
R. 'Honorine de Brabant' (B)	rose clair taché lilas
R. 'Mécène'	blanc veiné rose lilas
R. 'Œillet Parfait' (G)	blanc veiné rouge
R. 'Pompon Panaché' (G)	crème veiné rose
R. 'Sophie de Marsilly' (C)	blanc rosé veiné
R. 'Tricolore de Flandre' (G)	rouge clair veiné lilas

Rosa gallica 'Versicolor' et *Rosa gallica* var. *Officinalis*

Rosa 'Charles de Mills'

R. 'Variegata di Bologna'❧ (B)	blanc veiné pourpre
R. gallica 'Versicolor' (G)	rose franc veiné rose tendre
R. 'Village Maid' (C)	blanc crème veiné lilas rose
R. 'York and Lancaster' (D)	rose veiné clair ou blanc veiné rose

Rosiers grimpants ou en espalier

Les rosiers en espalier sont remontants, à l'exception des anciennes variétés. On ne plantera pas ces rosiers contre un mur au sud, car ils seraient plus sensibles à la maladie de l'oïdium ou blanc. Le sud-est et le sud-ouest sont les meilleures orientations. On fixera par avance sur les murs des fils de fer ou de laiton : les rosiers à croissance rapide, plantés soigneusement, pourront s'accrocher. Les rosiers Noisette, à petites fleurs, ont été des rosiers en espalier très répandus au XIXe siècle ; il existe bien plus de variantes de couleurs que le choix présenté ici. Sensibles au gel, ils ne sont pas faciles à cultiver. Ils ne sont pas remontants, car ils fleurissent durant la dernière semaine de juin et la première semaine de juillet. Les variétés mentionnées ici supportent l'ombre.

À petites fleurs, rosiers Noisette

R. 'Aimée Vibert'	blanc (d), presque sans épines, 3,50
R. 'Blush Noisette'	rose-violet (sd), 2
R. 'Deschamps'	rouge cerise, peu épineux, 4,50
R. 'Mme Alfred Carrière'	blanc, rose tendre, remontant, 6

Rosiers botaniques (*voir aussi* Rosiers sarmenteux *et* Rosiers grimpants)

R. moschata	blanc, 2
R. multibracteata	rose-violet, 2
R. multiflora	blanc, fr. brun-rouge, croissance rapide, 5

Rosa 'Blush Noisette'

À grosses fleurs, rosiers polyantha et floribunda

R. 'Bantry Bay'	rose foncé, fl. lâches, 3,50
R. 'Climbing Allgold'	jaune éclatant (sd), 4,50
R. 'Climbing Iceberg' ❧	blanc (d), 5,50
R. 'Climbing Queen Elizabeth'	rose argent éclatant, 6
R. 'Climbing Schneewitchen'	*voir* R. 'Climbing Iceberg'
R. 'Crimson Shower'	rouge foncé, 3
R. 'Heidelberg'	rouge feu, 2
R. 'Mermaid'	jaune soufre, 3,50
R. 'Phyllis Bide'	abricot clair, 2

Hybrides de thé

R. 'Aloha'	rose, fl. pleine, 3
R. 'Climbing Superstar'	corail, 3,50
R. 'Climbing Suttersgold'	jaune foncé, orangé et rose velouté, 3,50
R. 'Meg'	rose, jaune velouté, fl. presque simple, 2,50
R. 'Mme Grégoire Staechelin'	roussâtre, précoce, 4,50

Rosa 'Golden Showers'

Autres rosiers en espalier remontants répandus

R. 'Apollo'	jaune (d), 3
R. 'Compassion'	saumon/abricot, 3
R. 'Golden Showers'	jaune d'or (sd), 2,50
R. 'New Dawn'	rose tendre, 4
R. 'Paul's Scarlet Climber'	rouge carminé, 6
R. 'Pink Cloud'	saumon, grosses fl., 6
R. 'Pink Ocean'	rose, grosses fl., 4
R. 'Sympathie'	rouge velouté, 4
R. 'Zéphirine Drouhin'	rose carminé, 4

Anciennes variétés, floraison estivale

R. 'Blush Noisette'	1817, rose foncé, 2
R. 'Climbing Pompon de Paris'	rouge, petites fl. (d), 4
R. 'Dorothy Perkins'	rose, petites fl. (d), 4
R. 'Excelsa'	rouge carminé (d), 3,50
R. 'Félicité et Perpétue'	blanc, petites fl., 5
R. 'Gloire de Dijon'	1853, jaune, roses, 3,50
R. 'Mermaid'	1918, jaune d'or, 8
R. 'Madame Alfred Carrière'	1878, blanc crème, 6
R. 'Zéphirine Drouhin'	1868, rose bonbon, 4

Rosiers hybrides perpétuels

Voir Rosiers remontants.

Rosiers Lambertiana

Voir Rosiers musqués.

Rosiers lianes

Voir Rosiers sarmenteux *et* Rosiers grimpants.

Rosiers miniatures ou nains

Il s'agit des plus petits rosiers remontants et ils sont touffus. On les taille comme des hybrides de thé et des floribunda. Leur installation avec les rosiers de patio rend plus facile leur entretien.

R. 'Baby Goldstar'	jaune, abricot, 0,30
R. 'Baby Carnaval' (syn. 'Baby Masquerade')	citron, rouge et rose, 0,30-0,40
R. 'Colibri'	abricot, orangé, 0,20-0,30
R. 'Cinderella'	blanc, rose, 0,30
R. 'Erna Doris'	saumon (d), 0,45
R. 'Frosty'	rose puis blanc, 0,20-0,30
R. 'Little Buckaroo'	rouge éclatant, 0,40

Rosa 'Dorothy Perkins' (à droite) et *Rosa* 'Paul's Scarlet Climber' (à gauche)

R. 'Oranje Morsdag'	rouge orangé, 0,30
R. 'Pascaline'	blanc (d), 0,30
R. 'Peon' (syn. 'Tom Thumb')	cramoisi, blanc, 0,10
R. 'Phoenix'	carmin, orangé, 0,30
R. 'Pink Delight'	rose clair (d), 0,30
R. 'Pink Heather'	rose lilas, 0,20-0,30
R. 'Rouletii'	rose foncé, 0,25
R. 'Royal Salute'	vieux rose, 0,30
R. 'Scarlet Gem'	rouge orangé, 0,20-0,30
R. 'Yellow Doll'	jaune crème, 0,30

Rosiers mousseux

Les rosiers mousseux, qui fleurissent en été, font partie des rosiers gallica, Centfeuilles et de Damas. Les sépales sont couverts d'excroissances mousseuses.

R. 'Blanche Moreau'	1880, blanc, 1,20
R. 'Cristata'	1826, rose foncé, 1,50
R. 'Eugénie Guinoisseau'	1864, rose-violet foncé, 1,80
R. 'Général Kléber'	1856, rose tendre (d), 1,50
R. 'Mousseline'	1855, rose crémeux, 2 floraisons, 1,20
R. 'Nuits de Young'	1845, violet foncé velouté (d), 1,20
R. 'René d'Anjou'	1853, rouge chaud, 2 floraisons, 1,50
R. centifolia 'Muscosa'	blanc, velouté rose, 1,20
R. 'William Lobb'	1855, rouge-violet, lilas (sd), 3

Rosa 'William Lobb'

Rosiers musqués

Les rosiers musqués fleurissent en été et sont généralement remontants en automne. Nombre de ces croisements furent réalisés de 1904 à 1928 par le révérend Pemberton. Certains de ces rosiers ont été « publiés » par son jardinier J.A. Bentall, qui a lui-même introduit les célèbres rosiers 'The Fairy' (1932) et 'Ballerina' (1937).

R. 'Ballerina'	rose clair, 0,80
R. 'Bishop Darlington'	rose pâle (sd)
R. 'Buff Beauty'	abricot (sd), 2,50
R. 'Cornelia'	rose clair (d)
R. 'Danaë'	jaune crème, petites fl., 1
R. 'Felicia'	rose, saumon (d), 1,20
R. 'Francesca'	abricot, crème (d), 1,20
R. 'Kathleen'	rose clair, presque simple
R. 'Moonlight'	crème, 1,50
R. 'Mozart'	rouge éclatant, blanc, 1
R. 'Penelope'	saumon, blanc (sd), 1,50
R. 'Properity'	crème (d), 2
R. 'Robin Hood'	rose (sd), 1

Rosa 'Felicia'

Rosiers pour parcs et espaces verts

Ces rosiers à floraison estivale et parfois remontants sont des arbrisseaux élevés et arrondis, pouvant aussi servir en plantation de premier rang. On les taille, mais on ne les rabat jamais.

R. 'Bourgogne'	rose clair, étalé, 2
R. foetida 'Persian Yellow'	jaune éclatant (d), 2
R. 'Frühlingsduft'	jaune, grosses fl. (d), 1,50
R. 'Frühlingsgold'	jaune clair (sd), 1,50
R. 'Frühlingsmorgen'	rose carminé, 2
R. 'Frühlingschnee'	blanc neige (d), 1,50
R. macrantha 'Raubritter'	rose éclatant (sd), 0,90
R. 'Maigold'	jaune d'or éclatant, grosses fl. (d), 2
R. moyesii 'Geranium'	écarlate, fr. orangé, 1,50
R. 'Nevada' ❧	blanc, grosse fl., fr. jaune, 2
R. 'New Face'	rose brun, en grappes, 1,50
R. omeiensis f. pteracantha	crème, épine rouge, 2
R. 'Scharlachtglut'	écarlate, 1,50
R. virginiana 'Harvest-Song'	rouge, 1,25
R. 'Zigeunerknabe'	rouge-violet (sd), 1,60

Rosa 'Nevada'

Rosiers de patio

Rosa 'Sweet Dream'

En général les rosiers sont regroupés en fonction de leur morphologie, mais le groupe de rosiers de patio est l'exception qui confirme cette règle car ils portent ce nom simplement parce qu'on les trouve plantés à cet endroit. Ce groupe de rosiers remontants possède un feuillage dense similaire à celui des rosiers miniatures, leur hauteur est identique à celle des polyantha, mais leurs fleurs sont plus petites. Ils s'étalent moins que les rosiers rampants. Il s'agit uniquement de rosiers modernes, les variétés suivantes ayant été créées après 1980.

R. 'Anna Ford'	rouge orangé, 0,45
R. 'Apricot Sunblaze'	rouge orangé, 0,40
R. 'Arctic Sunrise'	blanc rosé, 0,45
R. 'Cider Cup'	abricot, 0,45
R. 'Clarissa'	jaune orangé, 0,60
R. 'Dainty Dinah'	rose saumon, 0,45
R. 'Hotline'	rouge éclatant, 0,30
R. 'Little Prince'	rouge orangé jaune, 0,45
R. 'Meillandina'	rouge, 0,40
R. 'Perestroika'	jaune éclatant, 0,30
R. 'Striped Meillandina'	rouge rayé, blanc, 0,30
R. 'Sweet Dream'	abricot, 0,40
R. 'Yellow Sunblaze'	jaune, marge rose, 0,40

Rosiers polyantha

Certains de ces beaux rosiers remontants, mais peu odorants, sont cultivés sur leurs racines. Il convient de les butter en automne. *R.* 'Nancy Steen' tire son nom d'un célèbre amateur, qui a recherché des rosiers anciens dans les propriétés coloniales de Nouvelle-Zélande. En publiant ses résultats il a remis ces rosiers à la mode.

Rouges et orange

R. 'Allotria'	rouge, orangé (d), 0,60
R. 'Amsterdam'	rouge éclatant, 0,60
R. 'City of Belfast'	rouge éclatant, 0,60
R. 'Europeana' ❧	rouge foncé, fl. assez foncée, 0,60
R. 'Fanal'	rouge clair (sd), 0,50
R. 'Highlight'	écarlate, vermillon, 0,60
R. 'Käthe Duvigneau'	rouge foncé brillant (sd), 0,70
R. 'Korona'	rouge orangé intense (d), 0,70
R. 'La Grande Parade'	rouge éclatant, 0,90
R. 'La Sevillana'	rouge (sd), 0,70
R. 'Magneet'	rouge orangé (sd), 1
R. 'Montana'	rouge brillant (d), 0,60
R. 'Nina Weibul'	sang foncé (sd), 0,75
R. 'Orangeade'	vermillon, orangé éclatant, 0,90
R. 'Paprika' ❧	rouge brique (sd), 0,60
R. 'Skagerrak'	rouge foncé (d), 0,70
R. 'Tornado'	écarlate (sd), 0,60

Rosa 'City of Belfast'

Roses

R. 'Anneke Doorenbos'	rose foncé (d), 0,90
R. 'Betty Prior'	rose carminé, 0,90
R. 'Bonica'	rose clair, 0,80
R. 'Compassion'	rose saumon (d), 0,30
R. 'Fashion'	saumon, corail, rose, 0,60
R. 'Märchenland'	rose saumon (sd), 0,90
R. 'Nancy Steen'**	rose tendre, f. bronzé, 0,75
R. 'Pernille Poulsen'	rose (d), 0,60
R. 'Pink Maiden'	rose saumon (sd), 0,70
R. 'Queen Elizabeth'	rose pur (d), 1,20

Jaunes

R. 'All Gold'	jaune d'or (sd), 0,60
R. 'Apricot Queen'	abricot
R. 'Apricot Nectar'	abricot, 0,60
R. 'Chinatown'	jaune voilé rose (d), 1,20
R. 'Friesia'	jaune pur (d), 0,60
R. 'Lichtkönigin Lucia'	citron (d), 1,40
R. 'Sunsilk'	jaune crème, 0,70

Rosa 'Friesia'

Blanches

R. 'Gruss an Aechen'	crème, voilé pêche, 0,45
R. 'Iceberg' ❧	*voir R.* 'Schneewittchen'
R. 'Schneewittchen' ❧	blanc pur (d), 1
R. 'White Queen' ('Elizabeth')	blanc (d), 1,20

Rosa 'Schneewittchen' ('Iceberg')

Rosiers de Portland

Ce groupe de rosiers fut beaucoup cultivé au siècle dernier ; les premiers eurent pour origine les hybrides créés par le duc de Portland entre des rosiers de Chine et des rosiers de Damas, avec pour résultat une floraison plus longue et estivale ; il n'y a pas de variétés remontantes.

R. 'Arthur de Sansal'	1855, carmin foncé, 0,90
R. 'Comte de Chambord'	1863, rose profond, 0,90
R. 'Jacques Cartier'	1868, rose foncé, 0,90
R. 'Pergolèse'	1860, violet carminé, 0,90
R. 'Rose de Rescht' ❧	réintroduit, rouge fuchsia, 0,90
R. 'Rose du Roi'	1815, rose-violet (d), 0,90
R. 'Rose du Roi à fleurs pourpres'	1819, rouge-violet foncé, 0,90

Rosa 'Rose du Roi'

Rosiers sarmenteux

Du fait de leur robustesse, ces avantageux rosiers à floraison estivale conviennent au palissage contre des appentis ou des arbres. On adapte leur hauteur à celle de leur support (*voir aussi* Rosiers grimpants).

R. 'Albéric Barbier'	crème (sd), 4,50
R. 'Blue Magenta'	violet foncé (d), 4
R. 'Dr. W. Van Fleet'	rose tendre (sd), 4,50
R. 'Excelsa'	vieux rose (d), 4,50
R. 'Félicité et Perpétue'	rose clair (d), 4,50
R. 'François Juranville'	rose saumon (d), 6,50
R. 'Ghislaine de Féligonde'	jaune orangé clair (d), 2,50
R. 'Kew Rambler'	rose lilas, 6
R. multiflora	blanc, 5
R. 'New Dawn'	rose pâle (sd), 4
R. 'Phyllis Bide'	rose clair, jaune et blanc (sd), 3
R. 'The Garland'	blanc (sd), fr., 4,50
R. 'Veilchenblau'	lavande, pourpre sur fond blanc (sd), 4,50

Rosa 'Albéric Barbier'

Rosiers remontants

Ces rosiers fleurissent abondamment en juin et peuvent avoir une seconde floraison en septembre d'où leur nom. Bien que coûteux, donc réservés aux personnes aisées, les rosiers remontants étaient populaires au XIXe siècle et furent considérés comme un groupe spécial. Cet engouement dura jusqu'à la Première Guerre mondiale, vraisemblablement jusqu'à l'apparition des hybrides de thé remontants.

R. 'Baron Girod de l'Ain'	rouge, marge blanche, 1,20
R. 'Baronne Prévost'	rose foncé, épineux, 1,50
R. 'Éclair'	rouge chaud, 1,20
R. 'Ferdinand Pichard'	rouge carminé panaché rose, 1,50
R. 'Frau Karl Druschki'	blanc, bouton rouge, 1,80

R. 'John Hopper'	violet-rose éclatant, 1,20
R. 'La Reine'	rose argenté (gélif), 0,90
R. 'Mrs. John Laing'	rose argenté, 1,20
R. 'Paul Neyron'	rose profond, vigoureux, 0,90
R. 'Reine des Violettes'	violet velouté (d), presque sans épines, 1,50
R. 'Roger Lambelin'	rouge carminé, marge blanche, 1,20
R. 'Ulrich Brunner Fils'	rose carminé, peu d'épines, 1,20

Rosa 'Paul Neyron'

Rosiers rugosa

Les rosiers rugosa sont robustes, fleurissent en été, et sont souvent remontants ; on les reconnaît aisément à leurs feuilles fortement plissées, ce qui les différencie de tous les autres rosiers. Les rosiers 'Pavement', résistant aux maladies et nécessitant peu d'entretien, sont nouveaux. Les rosiers 'Dwarf-, Jozi-, Pierrette-, Pink, Purple, Scarlet, Snow et White Pavement' sont fournis sur leurs propres racines, et ils supportent le sel répandu (contre la neige) et la négligence. Ils conviennent pour faire des haies et leurs fruits sont utilisés pour les confitures. Pour les haies, on fournit toujours ou presque des *R. rugosa* mixtes. On indiquera le nom de la variété désirée en faisant une commande.

R. rugosa	rouge, rose ou blanc, fr. rouge
R. r. 'Alba'	blanc, fr. rouge orangé, 1
R. r. 'Blanc Double de Coubert'	blanc (sd), 1,50
R. r. 'Frau Dagmar Hastrup'	rose pur, 1,20
R. r. 'Dutch Hedge'	rose, fr. rouge, 1
R. r. 'F.J. Grootendorst'	vieux rose, odorant, 1
R. r. 'Gelbe Dagmar Hastrup'	jaune (d), 0,70
R. r. 'Hansa'	rouge-violet, remontant, 1
R. r. 'Max Graf'	rose, rampant, 0,40
R. r. 'Moje Hammerberg'	rose-violet, grosses fl., 0,50
R. r. 'Mrs. Anthony Waterer'	rouge carminé (sd), 1,50
R. r. 'Nyeveldt's White'	blanc pur, grosses fl.
R. r. 'Pink Grootendorst'	rose, petites fl., 1,50
R. r. 'Pink Hedge'	rose, f. bronze, 1
R. r. 'Red Hedge'	rouge, fr. rouge
R. r. 'Schneezwerg'	blanc pur (sd), fl. compactes

Rosa rugosa 'Blanc Double de Coubert'

Rosiers hybrides rugosa

Les hybrides rugosa ne se différencient des rugosa traditionnels que par leur sensibilité à la maladie ; ce n'est donc pas un groupe à part entière. Il convient de les butter. Ils sont remontants et bien plus élevés que les rugosa déjà cités.

R. 'Agnès'	jaune d'ambre (d), 2,50
R. 'Conrad Ferdinand Meyer'	rose (d), sensible, 3
R. 'Roseraie de l'Haÿ'	pourpre (d), 2,50
R. 'Sarah Van Fleet'	rose porcelaine, cœur jaune (sd), 3

Rosa 'Roseraie de l'Haÿ'

Rosiers supportant l'ombre

La plupart des rosiers portant les noms de Chine, thé, hybrides de thé, Austin, hybrides remontants, miniatures et de patios ont absolument besoin de soleil. Les rosiers couvrants modernes – grimpants, sarmenteux, botaniques, alba, rugosa et hybrides rugosa – supportent l'ombre. Chez les autres groupes, seules quelques variétés supportent l'ombre. Les rosiers rouge pourpré foncé ne doivent pas être exposés au plein soleil afin d'éviter la décoloration de leurs fleurs.

Rosiers grimpants

Il s'agit ici de rosiers en espalier à développement vigoureux ; ils portent généralement de petites fleurs simples, parfois suivies par des fruits. On peut en habiller des arbres peu esthétiques et en couvrir des abris de jardin. Ils sont plus hauts et croissent plus rapidement que les rosiers sarmenteux. Ils ont une floraison estivale et prospèrent à l'ombre.

R. arvensis	blanc, 6
R. banksiae	*voir* Plantes en pots
R. 'Bobbie James'	blanc, fl. presque simple, 9
R. brunonii	blanc, 10
R. filipes 'Kiftsgate'	jasmin, blanc, 9

Rosa 'Seagull'

R. gentiliana	crème, fl. simple ou sd, 6
R. helenae	crème, 8
R. 'Himalayan Musk Rambler'	rose pâle, 10
R. longicuspis	blanc, 10
R. 'Rambling Rector'	crème (sd), 6
R. 'Seagull'	blanc (sd), 8
R. 'Weddling Day'	blanc, 9

Rosiers tige, Rosiers pleureurs

Il n'est pas possible de mentionner tous les rosiers tige : chaque rosiériste possède un certain nombre de variétés greffées sur un porte-greffon.

Rosa helenae

En principe, tous les hybrides de thé et polyantha se prêtent à être des rosiers tige. On peut les obtenir sur demande, greffés sur des porte-greffons. La diversité des rosiers tige pleureurs couvre presque toutes les exigences. Leur résistance au gel est supérieure à celle des autres rosiers et ils n'ont guère besoin d'être paillés en hiver.

R. 'Ballerina'	rose clair, 1,50
R. 'Dorothy Perkins'	rose éclatant, petite fl. (d), 1,50
R. 'Excelsa'	vieux rose (d), 1,50
R. 'New Dawn'	rose tendre, grosse fl. (d), 1,50
R. 'Swany'	blanc, petite fl. (d), 1,50
R. 'White Dorothy'	blanc éclatant, petite fl. (d), 1,50

Rosiers sans épines

On réalise actuellement, en Amérique, des croisements pour obtenir des rosiers sans épines. Le plus ancien connu est *R.* 'Zéphirine Drouhin' (1868), un rosier en espalier de basse tige, qui peut aussi être cultivé sous forme buissonnante. Les autres variétés citées ici sont des hybrides de thé de la roseraie Unwins.

R. 'Smooth Angel'*	crème, 0,90
R. 'Smooth Lady'*	rose, 0,90
R. 'Smooth Prince'*	rouge cerise, 0,90
R. 'Smooth Velvet'* ❧	rouge foncé, 0,90
R. 'Sophie's Perpetual'	bordeaux, 0,70
R. 'Zéphirine Drouhin'	rose bonbon, 3

Rosa 'Ballerina'

Rosiers thé

On ne confondra pas ce groupe avec les rosiers hybrides de thé, apparus plus tard. Les rosiers thé ont été populaires après 1850. La plupart de ces

Rosa 'Adam'

rosiers remontants sont très sensibles au gel ; nous mentionnons ici les plus résistants.

R. 'Adam'	rose abricot, 2
R. 'Gloire de Dijon'	rose orangé-abricot, 4,50
R. 'Triomphe de Luxembourg'	rose saumon, 0,90

Rosiers hybrides de thé et Rosiers buissons à grosses fleurs

Ces rosiers remontants doivent être buttés chaque année (sinon, il vaut mieux choisir des variétés hors de ce groupe n'ayant pas besoin de buttage). Ces rosiers, dont l'odeur répond aux espérances, peuvent être trouvés presque partout.

Rouges et orange

R. 'Centurio'	rouge velouté, 0,80
R. 'Dame de Cœur'	rouge éclatant, 1
R. 'Duftwolke'	rouge corail, odorant, f. foncé, 0,75
R. 'Eagle'	rouge chaud, 0,90
R. 'Ena Harkness'	rouge foncé, pédoncules floraux mous, 0,60
R. 'Papa Meilland'	rouge foncé, odorant, 1
R. 'Scarlet Queen Elizabeth'	rouge, dressé, 1,10
R. 'Super Star'	mandarine, épineux, 1,10

Roses

R. 'Dainty Bess'	*voir* Rosiers buissons à fleurs simples
R. 'Indépendance du Luxembourg'	blanc, 0,70
R. 'La France'	rose argenté, fragile, 1,20
R. 'Michèle Meilland	rose clair ou crème, 0,90
R. 'Peace'	rose jaunâtre (d), 0,90
R. 'Poker'	rose foncé, odorant, 0,90
R. 'Salmon'	saumon, f. foncé, 0,75
R. 'Savoy Hotel'* ❧	rose, f. foncé, 0,90

Jaunes

R. 'Dr. A.J. Verhage'	jaune ombré, fl. à couper, 0,75
R. 'Golden Jubilee'	jaune voilé rose, 0,75
R. 'Golden Wave'	*voir R.* 'Dr. A.J. Verhage'
R. 'Peace'	rose jaune (d), 0,90
R. 'Peer Gynt'	canari extérieur rose, 0,80
R. 'Sutters Gold'	jaune foncé, rosé, 0,90

Blanches

R. 'Creamy Queen'	blanc verdâtre-jaunâtre, 1,10
R. 'Ellen Willmott'	*voir* Rosiers buissons
R. 'Karen Blixen'	blanc, 0,70
R. 'Royal Queen'	blanc, 1,20
R. 'Virgo'	blanc pur (d), 0,70
R. 'White Wings'	*voir* Rosiers buissons

Rosa 'Duftwolke'

Les plantes grimpantes

Les livres de jardinage anglais consacrent toujours de nombreuses pages aux plantes grimpantes. Les Anglais, en effet, les apprécient particulièrement. Il faut dire que leur climat est assez favorable à ce genre de culture. Le choix en est donc vaste, mais, ici, nous ne traitons que des espèces et variétés qui résistent au gel. Avant de les choisir il faut savoir qu'après un hiver particulièrement rigoureux, il est nécessaire d'attendre plusieurs années pour que le stock des jardineries se reconstitue. De plus ces plantes demandent quelques préparations comme poser des fils de fer ou de laiton, qui serviront à les palisser, avant de les tailler. Les hauteurs indiquées ci-après sont les hauteurs maximales en mètres, mais il peut aussi s'agir de la longueur quand une plante est palissée horizontalement le long d'une gouttière.

Actinidia

KIWI

Les petits fruits d'*A. arguta* et les gros fruits d'*A. chinensis*, dont nombre de variétés sont cultivées, sont comestibles. Les kiwis sont originaires de Chine et la Nouvelle-Zélande en est un des principaux producteurs. Pour obtenir des fruits, il faut toujours, pour *A. chinensis*, la présence d'un exemplaire mâle au moins. *A. kolomikta* est cultivé surtout pour son feuillage tricolore. Il leur faut un emplacement bien ensoleillé pour que les fruits parviennent à maturité. Les kiwis portent de grosses fleurs blanches en mai-juin ; les fruits mûrissent en octobre.

A. arguta	blanc, juin, 6
A. chinensis	crème, juin, 9
A. c. 'Atlas'	mâles
A. c. 'Bruno'	femelles
A. c. 'Exbury'	femelles
A. c. 'Hayward'	femelles
A. c. 'Monty'	femelles
A. kolomikta	jaunâtre, juin, 5

Actinidia chinensis

Akebia

AKÉBIE

Cette plante à feuillage semi-persistant demande une bonne préparation du sol. Il faut des fils de fer pour que la plante s'y enroule en longueur.

A. quinata	lilas ou bleu, mai-juin, 12
A. trifoliata	lilas, juin-juil., 9

Akebia quinata

Ampelopsis

VIGNE VIERGE

De nombreuses vignes vierges font désormais partie du genre *Parthenocissus*. L'*Ampelopsis* est une petite plante grimpante réservée aux patios et serres froides là où le climat est trop rigoureux, qui peut convenir aux façades si le climat est plus clément. Elle craint le gel. Ses feuilles profondément découpées, piquetées et tachetées de blanc sont remarquables.

A. brevipedunculata 'Elegans' f. panaché, 1

Ampelopsis brevipedunculata var. *maximowiczii*

Aristolochia

ARISTOLOCHE

Cette plante grimpante peut être palissée contre un mur exposé au nord ou s'enrouler le long d'une descente de gouttière. Les fleurs brunâtres en forme de pipe apparaissent après les feuilles, qu'il faut soulever pour les voir.

A. macrophylla	brunâtre, 10

Bilderdykia

Voir Polygonum.

Campsis

BIGNONE

Ce genre est autofécondable ; les rameaux sont munis de crampons, mais il vaut mieux les fixer. Ces plantes sont les meilleures grimpantes pour les murs exposés au midi. Leur feuillaison ne se manifeste que tard ; on ne pensera donc pas trop vite qu'elles sont mortes.

C. grandiflora	rouge orangé, juil.-sept., 10
C. radicans	orangé, juil.-sept., 10
C. r. 'Flamenco'	rouge, août-sept., 8
C. r. 'Flava'	jaune, août-sept., 8
C. r. 'Florida'*	rouge, août-sept., 8
C. tagliabuana 'Mme Galen'	rouge orangé, août-oct., 10

Campsis tagliabuana 'Mme Galen'

Aristolochia manschurica

Carpinus

CHARME

Que fait donc le charme parmi les plantes grimpantes et de façades ? Il servait autrefois à tamiser le soleil, mais cet usage a disparu à cause de l'entretien, coûteux. On pourra cependant planter *C. betulus* 'Fastigiata' de part et d'autre d'une porte ou d'une fenêtre. Lorsque le sujet est en arbre (hauteur 3 m), le résultat est rapidement atteint : on taille les branches jusqu'à 10 cm du tronc, ce qui leur permet de repousser plus densément ; ensuite, on maintient la forme souhaitée en élaguant à l'aide d'une cisaille.

C. betulus 'Fastigiata'	vert clair, 3

Celastrus

Ces plantes grimpantes peuvent être buissonnantes et elles conviennent pour les pergolas ou tout autre support vertical. *C. scandens* est souvent fourni sans appellation, ce qui fait qu'on ne sait pas s'il s'agit d'un sujet mâle ou femelle. Ainsi, la variété 'Hermaphrodite' doit être cultivée sous les deux sexes si l'on désire obtenir des baies rouges dans un capuchon jaune orangé qui persistent bien une fois sèches.

C. orbiculatus 'Diana'	(femelle), baies orange, 8
C. o. 'Hercules'	(mâle), 8
C. o. 'Hermaphrodite'	baies orange, 8
C. scandens	baies orange, 10

Celastrus scandens

Clematis

CLÉMATITE

Les espèces et hybrides botaniques de ce genre, à l'exception de *C. viticella,* sont un peu moins sensibles à la maladie du flétrissement, redoutable chez les clématites. La plupart d'entre elles étant encore difficiles à trouver, il convient de s'adresser, à des pépiniéristes spécialisés. On ne plantera jamais de clématites contre un mur exposé au midi ; les expositions au sud-est et au sud-ouest sont possibles, mais il faut protéger le pied des sujets contre l'ensoleillement direct.
La liste donnée ci-dessous est limitée aux hybrides à grosses fleurs les plus courants, car il en existe un nombre considérable.

Espèces botaniques et leurs hybrides

*C. alpina***	3
C. a. 'Columbine'	bleu pâle
C. a. 'Frances Rivis'	bleu
C. a. 'Frankie'	bleu
C. a. 'Helsingborg'	bleu profond avec pourpre
C. a. 'Magnus Johnson'	bleu intense
C. a. 'Pamela Jackman'	bleu foncé
C. a. 'Rosy Pagoda'	rose intense
C. a. 'Ruby'	rose pourpré foncé
C. a. 'Willy'	rose pâle
C. a. 'White Columbine'	blanc
*C. macropetala***	3
C. m. 'Blue Bird'	lilas ou bleu (d)
C. m. 'Floralia'*	bleu pâle
C. m. 'Jan Lindmark'	bleu-violet (d)
C. m. 'Lagoon'	bleu profond (d)
C. m. 'Maidwell Hall'	bleu lavande (d)
C. m. 'Rosy O'Grady'	rose profond (d)
C. m. 'Violacea Delphinii'*	violet (d)
C. m. 'White Lady'	blanc
C. m. 'White Swan'	blanc
C. montana	mai-juin, 6-12
C. m. 'Alexander'	crème

Clematis montana

C. m. 'Elizabeth'	rose intense
C. m. 'Freda'	rose profond
C. m. 'Grandiflora'	blanc éclatant
C. m. 'Majorie"*	crème rosé
C. m. 'Mayleen'	rose profond
C. m. 'Picton's Variety'	rose profond satiné
C. m. var. *rubens*	rose pâle
C. m. 'Superba"	blanc
C. m. 'Tetrarose'	lilas ou rose
C. m. 'Vera'*	rose profond
*C. orientalis**	jaune, juil.-sept., 6
C. o. 'Bill Mackenzie'	jaune, juil.-sept.
C. o. 'Bravo'*	jaune, juil.-août

Clematis viticella 'Abundance'

Clematis 'Ernest Markham'

C. o. 'Corry'	jaune, juil.-sept.
C. o. 'Golden Harvest'*	jaune, juil.-sept.
C. o. 'Orange Peel'	jaune, juil.-sept.
C. tangutica	jaune, juil.-sept., 4
C. t. 'Aureolin'	jaune, juil.-août
C. vitalba	blanc, août-oct., 15
*C. viticella***	juin-août, 3
C. v. 'Abundance'	violet intense
C. v. 'Alba Luxurians'	blanc, juil.-sept.
C. v. 'Blue Bell'*	bleu-violet
C. v. 'Étoile Violette'	violet
C. v. 'Kermesina'	lie-de-vin profond, avr.-mai
C. v. 'Little Nell'	blanc marge pourprée
C. v. 'Minuet'	crème marge rose pourpre
C. v. 'Royal Velours'	rouge pourpre profond, juin-sept.
C. v. 'Rubra'	lie-de-vin, mai-juin
C. v. 'Venosa Violacea'	violet veiné blanc, mai-août

Hybrides à grosses fleurs simples (3 m)

C. 'Barbara Jackman'	violet foncé, juil.-sept.
C. 'Bees Jubilee'	rose clair, juil.-sept.
C. 'Ernest Markham' ❧	lilas ou rouge, juin-août
C. 'Gipsy Queen'	violet, juin-août
C. 'Hagley Hybrid'	rose, juin-sept.
C. 'Huldine'	blanc, juil.-août
C. 'Jackmanii'	violet, mai-août
C. 'Jackmanii Alba'	blanc, juin-août
C. 'Jackmanii Superba'	violet, juin-sept.
C. 'Lady Betty Balfour'	bleu-violet, août-sept.
C. 'Lasurstern'	lilas ou bleu, juil.-août
C. 'Mme le Coultre'	blanc, juin-août
C. 'Mrs. Cholmondeley'	bleu clair, juin-août
C. 'Miss Bateman'	blanc, juin-août
C. 'Nelly Moser'	rose, rayé, mai-août
C. 'Perle d'Azur'	bleu clair, juil.-sept.
C. 'Pink Fantasy'	rose clair, juil.-sept.
C. 'Rouge Cardinal' ❧	lie-de-vin, juil.-août
C. 'The President'	bleu-violet, mai-août
C. 'Ville de Lyon'	rouge pourpre foncé, mai-août
C. 'Vyvyan Pennell'	lilas violet, juil.-sept.

Cotoneaster horizontalis

Cotoneaster

L'espèce à feuillage non persistant mentionnée ci-dessous est une plante tapissante, mais elle peut être palissée contre un mur. Ses branches, particulières, sont en arêtes de poisson. Ses petites fleurs blanches donnent en automne des baies rouges, sur lesquelles s'acharnent les merles. On taillera régulièrement, sur toute la plante, les branches pointant en avant. Comme le buisson-ardent, cette espèce est très sensible à la maladie du feu bactérien : c'est pourquoi son transport ou son importation sont interdits en certaines régions ou pays.

C. horizontalis	blanc, 2

Euonymus

FUSAIN

Seuls les fusains à feuillage persistant font partie des plantes grimpantes. *E. japonica* est sensible au gel : dans la région parisienne notamment, il vaut mieux le planter à l'abri. *E. fortunei* est plus rustique. Lorsque les espèces citées ci-dessous sont palissées contre un mur, elles forment des racines adventives qui leur permettent de s'accrocher. Il existe des variétés de *E. fortunei* à petites feuilles, qui sont toujours flétries après l'hiver. Les espèces mentionnées ici sont des grimpantes, mais *E. japonica* peut aussi servir de couvre-sol.

E. fortunei var. *radicans*	vert mat, 4
E. f. 'Variegatus' ❧	f. panaché, 4
E. f. 'Vegetus' ❧	vert brillant, 6
E. japonicus	vert brillant, 3
E. j. 'Variegata'	f. panaché, 3

Euonymus fortunei 'Variegatus'

Fallopia

Voir Polygonum.

Forsythia

Les longues et molles branches de *F. suspensa* dont il est question ici peuvent très bien être palissées. Ses fleurs sont parfois moins riches que celles des forsythias buissonnants. La plante convient pour les murs orientés à l'est et à l'ouest.

F. suspensa	jaune clair, mars-avril, 3
F. s. var. *fortunei*	mars-avril, 3
F. s. 'Nymans'	mars-avril, 3

Forsythia suspensa

Hedera

LIERRE

Qui ne connaît le lierre ? On le considère comme une plaie : on dit qu'il attaque les murs et même les traverse, et qu'il attire les nuisibles, souris, rats même, et insectes. Sans compter les oiseaux qui y font leurs nids et dispensent leurs fientes. Ramenons les choses à leur juste mesure : le lierre attaque réellement les murs de calcaire tendre ; il s'agit habituellement de maçonneries datant d'avant la dernière guerre. Seul un mauvais entretien est responsable de l'infiltration de la plante sous les tuiles. Pour éviter que le lierre ne devienne trop dense, il convient de le dégager avec une cisaille, ce qui élimine du même coup les nuisibles : il subsiste alors un beau pan de végétation à feuillage persistant, et parfaitement isolant.
On sait moins qu'il existe différentes espèces de lierre, et que l'espèce commune, *H. helix*, comprend de nombreuses variétés, dont certaines sont sensibles aux gelées. *H. helix* 'Woerner' et *H. hibernica* ont la croissance la plus rapide. La présente liste mentionne des espèces et des

variétés plus ou moins résistantes au froid, avec les caractéristiques de leurs feuilles uniquement (*voir aussi* Arbustes à feuilles persistantes).

H. colchica	
'Dentata Variegata'	marge crème
H. helix	petites feuilles, vert foncé
H. h. 'Baltica'	petites feuilles
H. h. 'Brokamp'	en forme de cœur
H. h. 'Caenwoodiana'	pointues
H. h. 'Deltoidea'	rondes
H. h. 'Eva'	blanc crème à marge jaune
H. h. 'Glacier'	vert grisâtre
H. h. 'Goldheart'	à centre jaune
H. h. 'Green Ripple'	vert foncé, couvrant le sol
H. h. 'Green Survival'	couvrant le sol
H. h. 'Gruno'* ❧	couvrant le sol
H. h. 'Irish Lace'	vert foncé
H. h. 'Ivalace'	couvrant le sol
H. h. 'Königers Auslese' ('Sagittifolia')	rondes
H. h. 'Minetta'	couvrant le sol, touffu
H. h. 'Miniature Needlepoint'	nain
H. h. 'Parsley Crested'	crépues
H. h. 'Pin Oak'	profondément lobées
H. h. 'Spetchley'	vert, nain
H. h. 'Sulphurea'	panachées jaunes
H. h. 'Très Coupé'	profondément lobées
H. h. 'Woerner'	vert marbré
H. hibernica	grandes et vert foncé

Hedera helix

Humulus

HOUBLON

Le présent houblon est une plante vivace : il meurt totalement jusqu'au sol en automne pour repartir au printemps. Les jeunes pousses sont comestibles. Les pieds femelles sont les plus beaux : c'est sur eux qu'apparaissent en août les beaux cônes de houblon. Il est dommage qu'on ne puisse voir lors de l'achat si l'on a affaire à un pied mâle ou femelle : on achètera trois pieds, on attendra, et on supprimera les mâles. La pollinisation n'est pas nécessaire au jardin d'agrément. On laissera de préférence le houblon croître sur un poteau isolé, pour l'empêcher d'envahir les plantes voisines. Ses rejets souterrains, qui peuvent s'étendre sur plusieurs mètres, doivent être régulièrement éliminés.

H. lupulus	verdâtre, août-sept., 10
H. l. 'Aureus'	f. jaune, 10

Hydrangea

HORTENSIA GRIMPANT

Bien que ces plantes se fixent d'elles-mêmes, il convient de les assujettir en quelques points, car elles peuvent se détacher du mur où elles sont installées.

Humulus lupulus (pied femelle)

Les branches fleuries peuvent s'étendre jusqu'à 50 cm du mur : on les taillera en automne ou au début du printemps. Les jeunes feuilles vert clair et les grandes ombelles blanches sont décoratives. *H. integrifolia* possède un feuillage persistant, comme *H. serratifolia* (ne figurant pas sur la liste). On plantera ces hortensias en un lieu abrité. Ils conviennent pour les murs exposés au nord.

*H. integrifolia*** ❧	blanc, juin-sept., 3
H. petiolaris ❧	blanc, juin-août, 5

Hydrangea petiolaris

Jasminum

JASMIN

J. nudiflorum, le jasmin d'hiver, résiste mieux aux gelées que *J. beesianum*, le jasmin d'été. Ils ont tous deux besoin d'être palissés. Ces plantes, aux inflorescences petites mais intenses, nécessitent une certaine protection contre le vent (*voir aussi* Plantes en pots).

*J. beesianum** ❧	rose, petites fl., mai, 8
J. nudiflorum	jaune, déc.-fév., 3

Kadsura

Cette plante, curieuse et volubile, possède des feuilles persistantes et de petites inflorescences. On la placera de préférence en un lieu abrité, contre un mur orienté au midi : elle est sensible au gel. Prisée des amateurs, elle veut un sol acide.

*K. japonica***	crème, juin-juil., 4

Kadsura japonica

Lathyrus

Voir Plantes vivaces *et* Plantes annuelles et bisannuelles.

Lonicera

CHÈVREFEUILLE

Les chèvrefeuilles sont de belles plantes grimpantes, appréciées surtout pour leur floraison prolongée et odorante. On tâchera d'associer une variété à floraison précoce à une autre fleurissant tardivement. *L. acuminata* peut très bien servir de couvre-sol. Les fleurs ne diffèrent guère d'une espèce ou d'une variété à l'autre, sauf les variétés de *L.* x *brownii*, qui portent des fleurs en trom-

Jasminum nudiflorum

pette. Les chèvrefeuilles croissent en tous terrains, au soleil ou mieux dans la mi-ombre. Les hauteurs ne varient guère : de 3 à 4 m, et 6 m pour *L. japonica*, le chèvrefeuille du Japon.

À feuilles caduques

L. x *brownii* 'Dropmore Scarlet'	orangé, juin-août
L. b. 'Fuchsioides'	rouge orangé, juin-août
L. caprifolium	jaune clair, mai-juin
L. x *heckrottii*	rose orangé, juin-août
l. h. 'Gold Flame'	rose orangé, mai-juin
L. periclymenum	jaune-rose, mai-août
L. p. 'Belgica Select'	jaune-rose, mai-juil.
L. p. 'Cream Cloud'** ❧	blanchâtre, mai-sept.
L. p. 'Serotina'	rouge-violet, mai-juil.
L. tellmanniana	jaune orangé, juin-août

À feuilles persistantes ou semi-persistantes

L. acuminata	croissance rapide
L. henryi	rouge-brun, juin-août
L. japonica 'Aureoreticulata'	jaune panaché, juin-août
L. j. 'Halliana' ❧	crème, mai-août
L. j. 'Hall's Prolific'	crème clair, juin-août
L. j. var. *repens**	crème clair, mai
L. sempervirens	rouge orangé, juin-juil.
L. s. 'Superba'	rouge, juin-juil.

Magnolia

Ces arbrisseaux peuvent être utilisés sous nos climats comme plantes palissées, malgré le choix limité de persistants. On les plantera contre un mur exposé à l'ouest (pour éviter le vent d'est, froid). Leurs feuilles, coriaces, et leurs fleurs sont grandes.

M. grandiflora	blanc, mai-juil., 3

Morus

MÛRIER

Il convient de fixer les rameaux de ces buissons sur des murs orientés au midi ou au sud-est, à l'aide de forts fils de laiton, ou le long d'armatures rigides. Leur floraison n'est pas remarquable, par contre leurs fruits le sont. Les mûriers ont de grandes feuilles vert clair découpées irrégulièrement. *M. a.* 'Pendula', bien palissé dans son jeune âge, finit par « pendre » du mur ou du support.

M. alba 'Pendula'	fr. blanc ou rouge, 4
M. nigra	fr. rouge foncé à noir, 4

Lonicera x *heckrottii*

Magnolia grandiflora

Parthenocissus

VIGNE VIERGE

Ces vignes vierges, encore appelées *Ampelopsis*, sont les meilleures plantes grimpantes se fixant elles-mêmes. Les jeunes feuilles, la coloration automnale et les baies ont une grande valeur décorative. Ces plantes couvrent les murs exposés au midi, à l'ouest et à l'est. La vigne vierge commune, *P. quinquefolia*, originaire de Virginie, peut servir de couvre-sol.

P. henryana	baies bleues, 10
P. quinquefolia	baies bleues, 15
P. tricuspidata 'Green Spring'	grandes f., 10
P. t. 'Lowii'	petites f., 8
P. t. 'Minutifolia'	petites f., 8
P. t. 'Veitchii'	jeune f. pourpré, 10

Parthenocissus tricuspidata 'Veitchii'

Passiflora

PASSIFLORE, FLEUR DE LA PASSION

La fleur de la passion a besoin de chaleur et de soleil. *P. caerulea* est la plus rustique. La plante supporte de mieux en mieux les frimas en vieillissant ;

on s'en apercevra lors des hivers rigoureux. On plantera cette espèce en un lieu abrité, au midi de préférence (*voir aussi* Plantes en pots).

P. caerulea	lilas blanc, juil.-oct., 10
P. c. 'Constance Elliott'	ivoire, juil.-oct., 10

Passiflora caerulea

Polygonum

RENOUÉE

Le polygonum croît très rapidement, mais moins que la clématite indigène *Clematis vitalba*. Il préfère les sols humides. Les gelées lui causent des dommages. *P. baldschuanicum*, la renouée du Turkestan, et sa proche parente, *P. aubertii*, sont souvent confondues par les botanistes : elles diffèrent seulement par la couleur de leurs fleurs. De plus, les dénominations fantaisistes *Bilderdykia* et *Fallopia* entretiennent encore la confusion.

P. aubertii	blanc-vert, juil.-oct., 12
P. baldschuanicum	rosé, juil.-oct., 12

Polygonum aubertii

Prunus

GRIOTTIER (SAUVAGE)

Voici des variétés qui conviennent aux murs exposés au nord, tout comme *Aristolochia* et *Hydrangea* ; ainsi il existe toujours une solution pour tout type d'exposition. On tend des fils de fer le long desquels le griottier peut être palissé. Les hauteurs données ci-dessous concernent seulement la plante palissée et taillée. Les oiseaux ne sont guère friands des cerises acides, les griottes.

P. 'Morel'	blanc, mai, 3
P. 'Rheinische Schattenmorelle'	blanc, mai, 3

Prunus 'Morel'

Prunus

PÊCHER

Comme le griottier ci-dessus, les présentes variétés de pêcher peuvent être conduites en espalier, sur un mur exposé au midi ou à l'est. On est toujours surpris devant la profusion de fleurs roses et de feuilles oblongues brillantes qui apparaissent au début du mois de mai, suivies plus

Prunus persica 'Amsden'

tard par les fruits. En dehors du climat méditerranéen ou d'une exposition au midi, les fruits ont plus de chances de mûrir si le pêcher est planté en sujet libre. Comme pour toutes les plantes grimpantes, surtout contre un mur exposé à l'est, il faut arroser régulièrement les jeunes plants, même s'il pleut.

P. persica 'Amsden'	précoce
P. p. 'Champion'	semi-précoce
P. p. 'Peregrine'	semi-précoce
P. p. 'Tardive de Brunel'	tardif

Pyracantha

BUISSON-ARDENT

Le charme de cette plante à feuilles persistantes réside en ses ombelles blanches, puis en ses baies dont raffolent les oiseaux. La plupart du temps, le buisson-ardent se trouve dans un endroit négligé. On peut le palisser joliment, à condition de le faire quand les branches sont encore souples, bien sûr en posant des fils de fer. Les sujets atteignent une hauteur de 5 m. Les ombelles blanches éclosent en mai. Ci-dessous : couleur des baies.

P. coccinea 'Red Column'	rouge
P. c. 'Red Cushion'	rouge

Hybrides

P. 'Golden Charmer'	jaune
P. 'Mohave'	rouge
P. 'Orange Charmer'	orange
P. 'Orange Glow'	rouge orangé
P. 'Soleil d'Or'	jaune
P. 'Teton'	nain

Rubus

RONCE DU JAPON

La ronce du Japon veut un endroit ensoleillé. Il convient de rabattre ses branches de deux ans jusqu'au sol, au début du printemps. En été, les jeunes rameaux doivent être attachés au fur et à mesure de leur croissance : ils pourront porter dans l'année des fruits rouge éclatant, comestibles. Les feuilles, les fleurs et les rameaux épineux et rouges sont très décoratifs. *R. henryi*, à fruits noirs, est persistant. On effectuera la plantation en plein soleil, contre un mur ou une clôture (*voir aussi* Arbustes à feuilles persistantes).

*R. henryi**	fr. rose clair, mai, 6
R. phoenicolasius	blanc, mai-juin, 3

Pyracantha 'Orange Glow'

Rubus phoenicolasius

Solanum

MORELLE

Sous les climats froids, les morelles ne viennent bien qu'à l'abri ou en serre froide. Elles aiment la chaleur et la protection d'un mur. Si elles gèlent jusqu'au sol, il leur faut alors au moins jusqu'au printemps pour repousser. On ne les plantera donc pas en sol humide, sauf *S. dulcamara*.

S. crispum	bleu, juin-sept., 4
S. c. 'Glasnevin'*	bleu, juil.-sept. 4
S. dulcamara	violet, juil.-août, 3
S. d. 'Variegatum'	f. panaché, juil.-août, 3
S. jasminoïdes	mauve, juil.-sept., 4
S. j. 'Album'	blanc, juil.-sept., 4

Solanum crispum 'Glasnevin'

Vitis

VIGNE

Certaines vignes sont adoptées pour la couleur de leurs feuilles ou leur coloration automnale, et les autres pour leurs grappes de raisins. La hauteur de la vigne vinifère *(V. vinifera)* dépend de celle de son palissage. Celui-ci doit être réalisé quand la plante est jeune ; on n'oubliera pas d'effectuer la taille des parties ligneuses avant le mois de février, sinon l'écoulement de sève qui sortirait des blessures de taille serait difficile à arrêter.

*V. amurensis**	coloration automnale, 8
V. coignetiae ❧	coloration automnale, 8
V. hybr. 'Brant'*	fr. noir pourpré, 9
V. vinifera 'Black Alicante'	fr. bleu
V. v. 'Boskoop Glory'	fr. bleu
V. v. 'Frankenthaler'	fr. bleu
V. v. 'Purpurea'*	f. rouge éclatant, pourpre, 8
V. v. 'Rembrant'	fr. bleu
V. v. 'Vroege van der Laan'	fr. blanc

Wisteria

GLYCINE

Un malentendu doit ici aussi être dissipé : on parle souvent d'espèces « fleuries » et « non fleuries ». *W. floribunda*, la glycine du Japon, ne fleurit abondamment qu'au bout d'une dizaine d'années environ, et *W. sinensis*, la glycine de Chine, au bout de trois ans. *W. floribunda*, dont l'odeur est faible, porte de longues grappes de fleurs, qui apparaissent en même temps que les feuilles. *W. sinensis*, dont s'exhale un parfum délicat, porte des grappes de fleurs plus courtes qui s'épanouissent avant les feuilles. La glycine du Japon convient à une pergola, d'où ses plus longues grappes florales pendent librement ; la glycine de Chine va mieux, palissée contre un mur. Mais leur plus grande différence se révèle dans leur jeune âge : *W. floribunda* se vrille de droite à gauche, et *W. sinensis* de gauche à droite.

W. floribunda	bleu, mai-juin, 10
W. f. 'Longissima Alba'* ❧	blanc, mai, 10
W. f. 'Macrobotrys' ❧	bleu, mai, 10
W. f. 'Rosea'	mauve, mai, 10
W. f. 'Violacea Plena'*	lilas, mai, 10
W. sinensis	bleu, mai, 12
W. s. 'Alba'	blanc, mai-juin, 12
W. s. 'Prolific'*	lilas, avril-mai, 12

Wisteria sinensis

Vitis coignetiae

Les plantes vivaces

Ce chapitre traite des plantes vivaces qui sont normalement disponibles. Elles sont toutes en vente, même si en France certaines d'entre elles demandent une recherche un peu plus approfondie.
Le monde des plantes vivaces évolue sans cesse : des variétés qui étaient naguère encore des exclusivités deviennent communes, tandis que d'autres disparaissent. Le choix standard s'est élargi en peu de temps.
Dans les notices qui suivent, l'utilisation des plantes vivaces tient une place primordiale, ainsi que les indications nécessaires à leur culture, et les associations particulières. Ces dernières sont en nombre presque infini.
Les listes d'espèces et de variétés sélectionnées indiquent la couleur des fleurs, la période de la floraison et la hauteur, exprimée en centimètres. La hauteur varie en fonction du type de sol et de la fumure apportée. La couleur des feuilles est indiquée pour les plantes à feuillage ornemental, comme dans le cas des Acaena, *par exemple.*

Acaena

Ces plantes couvrantes peuvent très bien être foulées aux pieds. Leur valeur décorative tient à leurs feuilles. Leurs inflorescences blanc crème, qui sortent en juin-août, sont peu visibles, mais les appendices plumeux qui leur font suite constituent un beau tapis brunâtre. Il leur faut une exposition ensoleillée pour que la couleur puisse bien apparaître, et un sol assez sec. Les couleurs indiquées ci-dessous sont celles du feuillage.

A. anserinifolia	vert, grand, juin-août, 15
A. buchananii	vert-bleu clair, juin-août, 10
A. magellanica	vert-bleu foncé, juin-août, 20
A. microphylla	vert bronze, juin-août, 10
A. m. 'Blue Haze'	bleu grisâtre, juin-août, 15
A. m. 'Kupferteppich'	vert-rouge, juin-août, 10
A. novae-zelandiae	vert, grand, juin-août, 20

Acaena anserinifolia

Acanthus

ACANTHE

Chez les Grecs et les Romains, l'art monumental faisait appel à des représentations de feuilles d'acanthe. Les acanthes veulent des endroits secs. Leurs grandes grappes de fleurs se dressent au-dessus de leurs feuilles épineuses, ornementales. Les plantes sont sensibles au gel.

A. hungaricus	lilas rose, juin-juil., 100
A. mollis	rose/blanc, juil.-sept., 100
*A. spinosus**	mauve, juil.-sept., 100

Acanthus mollis

Achillea

ACHILLÉE

Ces plantes à corymbes de fleurs composées – bonnes à couper – veulent le plein soleil et un sol assez sec. Elles constituent de belles plates-bandes. *A. millefolium*, l'achillée millefeuille, est indigène chez nous, comme *A. umbellata*, qui croît naturellement au bord des chemins. Les hybrides-cultivars, à corymbes dressés réguliers, font de belles fleurs séchées. Les pieds doivent être dédoublés régulièrement.

A. filipendulina 'Cloth of Gold'	jaune, juil.-sept., 100
A. f. 'Parker'	jaune, juil.-août, 100
A. millefolium	blanc, juil.-août, 50
A. m. 'Cerise Queen'	rose foncé, 50
A. m. 'Heidi'	pourpre, 70
A. m. 'Hoffnung'	jaune clair, 60
A. m. 'Lachsschönheit'	rose saumon, 60
A. m. 'Lilac Beauty'	lilas, 70
A. m. 'Schwefelblüte'	jaune soufre
A. m. 'Summer Wine'	lie-de-vin foncé, 70
A. m. 'Wesersandstein'	rouge cuivré, 60
A. m. 'White Queen'	blanc, 50
A. ptarmica 'Perry's White'	blanc, juin-août, 70
A. p. 'The Pearl'	blanc (d), juin-août, 70
A. taygetea	jaune clair, juin-août, 40
A. umbellata	blanc, f. grisâtre, juin-août, 20
Hybrides-cultivars	
A. 'Coronation Gold'	jaune soufre, juin-sept., 80
A. 'Credo'	jaune soufre, juin-sept., 100
A. 'Martina'	jaune soufre, juin-sept., 70
A. 'Moonshine'	jaune, juin-août, 60
A. 'Schwellenburg'	jaune citron, juil.-août, 30

Achillea filipendulina 'Parker'

Achillea millefolium 'Cerise Queen'

Aconitum

ACONIT

Les fleurs bleu violacé d'*A. napellus*, et de couleurs variées pour les autres espèces d'aconits, ont la forme d'un casque, de telle sorte que seuls les bourdons peuvent y puiser le nectar : c'est un bon exemple d'adaptation entre le végétal et l'animal. Ces plantes ressemblent au pied-d'alouette, mais elles ont besoin d'ombre et leurs feuilles sont d'un beau vert foncé. On utilise l'aconit en plates-bandes et en carrés de fleurs à couper ; il leur faut un sol humide. L'aconit est une plante vénéneuse.

A. x *cammarum* 'Bicolor'	bleu, blanc, juil.-août, 140
A. c. 'Bressingham Spire'	bleu-violet, juil.-août, 90
A. c. 'Nachthimmel'	violet foncé, juil.-août, 120
A. carmichaelii	bleu-violet, sept.-oct., 100
A. henryi 'Spark'	bleu-violet, juil.-août, 120
*A. lamarckii**	jaune soufre, juin-août, 120
A. lycoctonum	*voir A. lamarckii*
A. napellus	bleu foncé, juin-juil., 120
A. n. 'Album'	blanc, juin-août, 100
A. n. 'Carneum'*	rose, juin-juil., 140
A. n. 'Rubellum'	rose clair, juin-août, 100
A. septentrionale 'Ivorine'*	ivoire, mai-juin, 70

Aconitum x *cammarum* 'Bicolor'

Adonis

ADONIDE

Le grand intérêt de ces plantes surannées réside dans leur floraison précoce et leur fin feuillage. Les adonides prospèrent en tous terrains, au soleil ou dans la mi-ombre. *A. vernalis* est l'adonide de printemps, indigène, et *A. amurensis*, l'adonide de l'Amour, a besoin d'être mieux protégé (*voir aussi* Plantes annuelles et bisannuelles).

A. amurensis	jaune, mars-mai, 30
A. a. 'Pleniflora'	jaune (d), mars-mai, 25
A. vernalis	jaune d'or, mars-mai, 20

Ajuga

BUGLE RAMPANTE

La bugle rampante appartient aux meilleures plantes tapissantes, sur sols fertiles et perméables. Il faut bien l'engraisser, car, au bout de deux ans, elle a tendance à devenir plus petite et à ne plus fleurir aussi abondamment. Ses fleurs éclosent en avril-mai. Elle croît au soleil et dans la mi-ombre. Dans les lieux humides et sans vent (dans les jardins des villes, par exemple), ses feuilles risquent fort de se couvrir de moisissure. On en plantera seulement quelques exemplaires, pour commencer, afin de voir si elle se plaît à l'endroit choisi.

A. reptans 'Alba'	blanc, f. vert, mai-juin, 15
A. r. 'Atropurpurea'	bleu, f. foncé, 15
A. r. 'Burgundy Glow'	bleu, f. tricolore, 15
A. r. 'Delightfull'	bleu, f. blanc rosé, 15
A. r. 'Jungle Beauty'	bleu, 30
A. r. 'Multicolor'	bleu, f. panaché, 20
A. r. 'Purple Torch'	rose pourpré, f. vert, 15
A. r. 'Rosea'	vieux rose, f. rouge, 20
A. r. 'Rubra'	bleu-violet, f. foncé, 15
A. r. 'Schneekerze'	blanc, 15

Ajuga reptans 'Burgundy Glow'

Alchemilla

ALCHÉMILLE

Ces plantes couvre-sol, faciles à cultiver, conviennent aussi comme bouche-trous, entre les rosiers notamment. *A. vulgaris*, l'alchémille commune, porte de toutes petites fleurs. *A. mollis* est l'alchémille molle, et *A. alpina* l'alchémille des Alpes. Ces plantes peuvent également croître sur les gazons humides, à condition que ceux-ci soient tondus deux fois seulement par an. Il leur faut le soleil ou la mi-ombre.

A. alpina	jaune verdâtre, mai-sept., 20
A. erythropoda	jaune clair, mai-sept., 30

Alchemilla erythropoda

A. mollis	vert jaunâtre, juin-août, 40
A. m. 'Robustia'	jaune, juin-août, 50
A. vulgaris	vert jaunâtre, juin-sept., 30

Alstroemeria

ALSTROÉMÈRE OU LIS DES INCAS

Les alstroémères sont semi-rustiques ; il convient donc de les protéger par des feuilles avant l'hiver. Ces fleurs à couper, qui tiennent longtemps, aiment le plein soleil et un sol perméable, ce qui leur donne moins de risques de geler. Originaire d'Amérique latine, elles poussent au bord des chemins du Chili central. On peut les multiplier par division.

A. aurantiaca	orangé, juil.-août, 80
A. a. 'Lutea'	jaune d'or, 90
A. a. 'Orange King'	orangé, 90
*A. ligtu**	div. tons pastel, juil.-août, 70

Althaea

GUIMAUVE

La guimauve ressemble à la rose trémière, mais toutes ses parties sont plus petites et elle est moins spectaculaire. Les espèces *ficifolia* et *rosea* font désormais partie des *Alcea*, les roses trémières (*voir* Plantes annuelles et bisannuelles).

A. officinalis	rose clair, mai-sept., 170

Alyssum saxatile

Alstroemeria aurantiaca

Alyssum

CORBEILLE-D'OR, ET AUTRES ALYSSES

Ces plantes tapissantes demandent le plein soleil et un sol sec. Elles conviennent en bordures, sur les dessus des murs, ou encore entre les dalles des terrasses. Malheureusement, elles sont moins belles après la floraison.

A. montanum	jaune éclatant, mai-juin, 20
A. m. 'Berggold'	jaune, avril-juin, 15
A. murale	jaune foncé, juin-août, 30
A. saxatile	jaune d'or, mai-juin, 30
A. s. 'Golddust'	jaune d'or, avril-juin, 30
A. s. 'Plenum'	jaune (d), mai-juil., 30
A. s. 'Sulphureum'	clair, avril-juin, 40

Anaphalis

IMMORTELLE BLANCHE

Les inflorescences en corymbes, blanches, parsèment les feuilles argentées. Il lui faut le plein soleil et un sol qui ne soit pas trop humide. Elle fait de belles plates-bandes gris et blanc.

A. margaritacea	blanc, juin-sept., 40
A. m. 'Neuschnee"	blanc neige, juil.-sept., 50
A. triplinervis	blanc, juil.-sept., 40

Anaphalis margaritacea

Anchusa

BUGLOSSE D'ITALIE

Cette plante porte des feuilles rugueuses et très velues ainsi que des cimes florales qui rappellent celles de la bourrache. Elle résiste mieux au froid sur un sol assez sec. Il lui faut le plein soleil. On peut la multiplier par division des touffes. Elle fait fuir les lapins.

Anchusa azurea 'Loddon Royalist'

A. *azurea* 'Dropmore'	bleu ciel, juin-sept., 125
A. *a.* 'Little John'	bleu, juin-sept., 40
A. *a.* 'Loddon Royalist'	bleu gentiane, juin-sept., 100

Androsace

Ces plantes de rocaille ont besoin de soleil et d'un sol bien drainé.

Androsace sarmentosa

A. *carnea* ssp. *brigantiaca*	blanc, mai-juil., 10
A. *sarmentosa*	rose lumineux, mai-juin, 10
A. *sempervivoïdes*	rose lilas, juin-juil., 5

Anemone

Les anémones dont il est ici question fleurissent seulement en automne. Bien qu'elles soient originaires du Sud et de l'Est asiatiques, on les nomme anémones du Japon. Des croisements ont donné des hybrides parfaits pour des plates-bandes.

A. *hupehensis*	rose, août-oct., 60
A. *h.* 'Prinz Heinrich'	rouge pourpré, août-oct., 80
A. *h.* 'Praecox'	rose foncé, août-sept., 70
A. *h.* 'September Charm'	rose foncé, août-oct., 90
A. *h.* 'Splendens'	rouge foncé, sept.-oct., 80
A. x hybrida 'Elegans'	rose, août-oct., 80
A. 'Alba Dura'	blanc, rose, juil.-août, 80
A. 'Hadspun Abundance'	rose, août-oct., 70
A. 'Honorine Jobert'	blanc, longue flo., 120
A. 'Königin Charlotte'	rose, sept.-oct., 100
A. 'Margarette'	rose (d), août-oct., 80
A. 'Pamina'	rouge foncé (d), sept.-oct., 80
A. 'Robustissima'	rose vif, juil.-sept., 100
A. 'Whirlwind'	blanc, sept.-oct., 90
A. x *lesseri*	rouge carmin, mai-juin, 25
A. *multifida*	blanc crème, juin-juil., 25
A. *rivularis**	blanc et bleu, juin-juil., 80
A. *sylvestris*	blanc, mai-juil., 25
A. *s.* 'Macrantha'*	blanc, mai-juil., 30
A. *tomentosa* 'Robustissima'	rose éclatant, août-oct., 80

Anethum

ANETH ODORANT

Ses feuilles plumeuses et ses petites fleurs en ombelles font de l'aneth une plante d'une grande légèreté. Les graines et les feuilles sont très appréciées comme condiment. Annuelle, elle se ressème si facilement qu'elle finit par se naturaliser.

A. *graveolens*	vert-jaune, juin-juil., 60

Anethum graveolens

Anemone 'Honorine Jobert'

Antennaria

PIED-DE-CHAT

Cette espèce à tiges couchées est tapissante. Il lui faut le plein soleil et un sol extrêmement sec. Elle peut être transplantée sauf au moment de la floraison. Le pied-de-chat est d'un bel effet dans les jardins de rocaille et sur le dessus des murets.

A. dioica	blanc rosé, mai-juin, 10
A. d. var. *borealis*	blanc, mai-juin, 10
A. d. 'Nyewood'	rose foncé, mai-juin, 10
A. d. 'Rubra'	rose bonbon, mai-juin, 10

Antennaria dioica 'Rubra'

Anthemis

ANTHÉMIS

Les anthémis portent de petites fleurs qui ressemblent à celles de la marguerite. Elles fleurissent longtemps et aiment le soleil et les sols secs.

A. carpatica 'Karpatenschnee'	blanc, mai-juin, 15
A. cretica var. *cupaniana*	blanc, 50
A. x hybr. 'E.C. Buxton'	jaune citron, juin-sept., 50
A. hybr. 'Kelwayi'	jaune, juil.-sept., 80
A. h. 'Wargrave'	jaune clair, juin-sept., 80

Anthemis cretica var. *cupaniana*

Aquilegia

ANCOLIE

Cette vivace, comme les pivoines et les asters, existe depuis longtemps. On trouve des sachets de graines, mais en mélange. On recueillera alors les semences des plus beaux pieds, qu'on ressèmera, afin de garder la couleur qu'on désirait. Les ancolies veulent le soleil et la mi-ombre. Leur hauteur est assez variable. Il est bien de les associer à d'autres espèces. Elles fleurissent de mai à juillet.

A. alpina	bleu foncé, mai-juin, 70
A. caerulea	bleu avec jaune, 50
A. chrysantha 'Yellow Queen'	jaune d'or, 60
A. clematiflora	lilas avec blanc, sans éperon, avril-mai, 45
A. flabellata 'Alba'	blanc, mai-juin, 20
A. viridiflora	jaune verdâtre, mai-juin, 25
A. vulgaris	bleu-violet, 50
A. v. 'Nivea'	blanc, 50
A. v. 'Plena'	mélanges (d), 75

Hybrides-cultivars

A. 'Biedermeier'	mélanges, juin-juil., 40
A. 'Crimson Star'	rouge carminé avec blanc, 60
A. 'Ministar'	bleu avec blanc, 15
A. 'Mrs. M. Michols'	bleu, 80
A. 'Nora Barlow'	rouge avec blanc (d), 80
A. 'Rosea'	rose, 60
A. 'Silver Queen'	blanc, 50

Aquilegia 'Nora Barlow'

Arabis

CORBEILLE-D'ARGENT, ARABETTE

La corbeille-d'argent et les arabettes, à feuilles persistantes, conviennent aux bordures et aux murets, en plein soleil. Elles sont peu exigeantes. *A. procurrens* porte des fleurs blanches (il en existe une variété panachée).

A. x *arendsii* 'La Fraîcheur'	rose, avril-mai, 15
A. a. 'Rosabella'	rose pourpré, grosses fl., avril-mai, 15
*A. blepharophylla**	rose, mars-avril, 10
A. caucasica 'Bakkely'	blanc, avril-mai, 20
A. c. 'Hedi'	rose carminé
A. c. 'Pinkie'	rose foncé, avril-mai, 10
A. c. 'Plena'	blanc, avril-mai, 15
A. c. 'Rosea'	rose, avril-mai, 20
A. c. 'Schneehaube'	blanc, avril-mai, 20
A. c. 'Snowcap'	blanc, avril-mai, 20
A. c. 'Variegata'	blanc, f. à marge blanche, avril-mai, 20
A. ferdinandi-coburgii	blanc, avril-juin, 15

Arabis arendsii 'Rosabella'

Armeria

Les armérias supportent les embruns salés et même les sols salés (*A. maritima* est l'œillet marin). Elles conviennent pour les jardins de rocaille et les bordures. Leurs feuilles sont similaires à celles des graminacées. Il convient de les diviser quand le cœur des touffes se dégarnit.

A. girardii	rose clair, mai-juil., 10
A. maritima	rose, mai-juil., 15
A. m. 'Alba'	blanc, mai-juil., 20
A. m. 'Düsseldorfer Stolz'	rouge carmin, mai-juil., 15
A. m. 'Rosea'	rose, 15
A. m. 'Splendens'	vieux rose, 15
A. pseudarmeria	rose lilas, mai-juil., 25
A. p. 'Bee's Ruby'	rouge pourpre éclatant, mai-juil., 40

Artemisia

ARMOISE

Parmi les armoises, on trouve non seulement des herbes culinaires et médicinales, mais aussi des plantes à feuillage décoratif ou aromatique, qui égaient les jardins en demi-teintes. Leurs fleurs ne sont guère remarquables. Comme la plupart des plantes hirsutes grises ou à feuilles grisâtres, il leur faut le plein soleil. Les espèces aromatiques et médicinales comprennent *A. abrotanum*, l'aurone citronnelle, *A. absinthium*, l'absinthe, *A. dracunculus*, l'estragon, et *A. vulgaris*, l'armoise commune. La sécheresse n'est pas un problème pour ces plantes, qui se contentent de tout sol. À l'exception de *A. lactiflora*, les plantes mentionnées ici ont des feuilles grisâtres.

Artemisia schmidtiana 'Nana'

Armeria maritima

A. abrotanum	f. gris, 90
A. arborescens 'Powis'	juil.-sept., 60
A. canescens	dense, 50
A. lactiflora	blanc crème, août-sept., 175
A. ludoviciana 'Silver Queen'	argenté, 60
A. l. 'Valerie Finnis'	f. grossier, 40
A. schmidtiana 'Nana'	blanc argenté, 20
A. stelleriana	blanc feutré, fl. jaune, 40

Aruncus

BARBE DE BOUC

Cette plante d'ombre, spectaculaire en sujet isolé, convient également aux plates-bandes et aux coins boisés. Ces robustes plantes portent des inflorescences en panaches lâches assez semblables à ceux des astilbes. On les plantera en un lieu humide afin d'éviter que les feuilles ne tombent prématurément.

A. aetusifolius	blanc crème, mai-juin, 30
A. dioicus	blanc crème, juin-juil., 150
A. d. 'Kneiffii'	f. fin, juin-août, 50
A. sinensis 'Zweiweltenkind'	blanc, f. rouge, juil.-août, 150

Aruncus aetusifolius

Asarum

ASARET

Les asarets conviennent à l'ombre profonde et aux sols humides : qui pourrait prétendre qu'un jardin ombragé offre peu de possibilités ? Les fleurs sont cachées sous le feuillage et sont donc invisibles. *A. caudatum* a un feuillage terne, et *A. europaeum* a des feuilles plus petites, vert foncé brillant ; ces deux espèces ont un feuillage persistant.

A. caudatum	pourpré, mars-avril, 15
A. europaeum ❧	pourpré, mars-avril, 10

Asarum europaeum

Asclepias

ASCLÉPIADE

A. tuberosa veut du soleil et de la chaleur, et craint le gel. Les autres asclépiades aiment l'humidité. Il est indispensable de couvrir les plantes pour l'hiver. Elles s'étendent progressivement dans le sous-sol grâce à leurs rhizomes.

A. syriaca	rose violacé, juil.-sept., 200
A. tuberosa	orangé, juil.-sept., 50

Asclepias tuberosa

Asphodeline

Ces plantes herbacées, méditerranéennes, ont besoin de soleil et de chaleur. Avec leurs fruits verts, elles sont le rappel d'un engouement suranné pour l'exotisme. On peut les multiplier par division des touffes ; par semis, on obtient des plantes très fleuries au bout de trois ans.

*A. liburnica**	jaune, mai-juin, 90
A. lutea ❧	jaune, mai-juin, 80

Aster

Les asters comprennent aussi bien des plantes hautes et tombantes que des buissons bas et robustes. Il faut donc faire attention en les achetant. On en vend même mêlés de simples fleurs des champs. Il leur faut toujours du soleil. Les espèces estivales basses ont souvent leurs feuilles couvertes de moisissure en automne. Les espèces *cordifolius, ericoïdes* et *lateriflorus* portent de petites fleurs semblables à celles des gypsophiles (*voir ce nom*). *A. linosyrus* est exceptionnellement jaune d'or et les pétales de ses fleurs ne sont pas remarquables. Ces variétés ne sont pas toutes disponibles ; il faut parfois les commander.

A. x *alpellus* 'Triumph'	bleu, cœur orangé, juin-juil., 20
A. alpinus	bleu-violet, mai-juin, 20
A. a. 'Albus'	blanc, mai-juin, 20
A. a. 'Dunkle Schöne'	violet, mai-juin, 30
A. a. 'Goliath'	bleu clair, avril-juin, 30
A. a. 'Happy End'	rose, mai-juin, 15
A. amellus 'Blue King'	bleu-violet, août-sept., 60
A. a. 'Breslau'	violet-rouge, sept.-oct., 40
A. a. 'Joseph Lakin'	bleu-violet, août-oct., 50
A. a. 'King George'	bleu-violet, août-oct., 60
A. a. 'Lac de Genève'	bleu tendre, août-oct., 60
A. a. 'Peach Blossom'	rose violacé, août-oct., 60
A. a. 'Rudolph Goethe'	bleu lavande, août-sept., 60
A. a. 'Veilchenkönigin'	violet foncé, août-sept., 50
A. cordifolius 'Ideal'	bleu-violet, juin-août, 90
A. c. 'Little Carlow'	bleu, sept.-oct., 80
A. c. 'Lovely' ❧	rose, août-sept., 70
A. divaricatus	blanc, sept.-oct., 60

Hybrides de *A. dumosus*

A. d. 'Alice Haslam'	vieux rose, sept.-oct., 30
A. d. 'Audrey'	rose foncé, août-oct., 50
A. d. 'Blue Baby'	bleu pur (sd), août-oct., 25
A. d. 'Dietgard'	vieux rose, sept.-nov., 25
A. d. 'Herbstgrüss von Bresserhof'	lilas, sept.-oct., 35
A. d. 'Jenny'	rouge (d), août-oct.
A. d. 'Lady in Blue'	bleu foncé (sd), sept.-oct., 25
A. d. 'Oktoberschneekuppel'	blanc, sept.-oct., 40
A. d. 'Peter Harrison'	rose, août-oct., 30
A. d. 'Peter Pan'	rose éclatant, août-oct., 25
A. d. 'Prof. A. Kippenberg'	bleu lavande, sept-oct., 40
A. d. 'Rosenwichtel'	rose éclatant, août-oct., 20
A. d. 'Schneekissen'	blanc, sept.-oct., 25
A. d. 'Snowsprite'	blanc (sd), sept.-oct., 50
A. ericoïdes 'Blues Star'	bleu lavande, sept.-oct., 80
A. e. 'Brimstone'	blanc avec jaune, sept.-oct., 60
A. e. 'Cinderella'	lilas clair, sept.-oct., 80
A. e. 'Esther'	rose, sept.-oct., 60
A. e. 'Herbstmyrte'	violet, août-oct., 90
A. e. 'Schneetanne'	blanc pur, août-oct., 180
A. laevis	lilas, sept.-oct., 150
A. lateriflorus 'Coombe Fishacre' ❧	lilas rose, sept.-oct., 80
A. l. 'Horizontalis' ❧	rose lilas, août-oct., 80
A. novae-angliae 'Barr's Blue'	bleu pourpré, août-oct., 150
A. n. 'Barr's Pink'	rose vif, août-oct., 150
A. n. 'Harrigton's Pink'	rose saumon, août-oct., 125
A. n. 'Herbstschnee'	blanc, août-oct., 125
A. n. 'Roter Stern'	rouge cramoisi, août-oct., 150
A. novi-belgii 'White Ladies'	blanc, août-oct., 100
A. n. 'Winston Churchill'	rouge carminé, août-oct., 90
A. n. 'Burgundy Glow'	lie-de-vin, août-sept., 70
A. sedifolius 'Nanus'	bleu lilas, août-sept., 50
A. tongolensis 'Berggarten'	mai-juin, 60

Aster x *alpellus* 'Triumph'

A. t. 'Napsbury'	lilas foncé cœur jaune, mai-juil., 40
A. t. 'Wartburgstern'	lilas cœur jaune, mai-juin, 60

Aster sedifolius 'Namus'

Astilbe

Les astilbes sont réparties en différents groupes, ayant en commun leurs beaux panaches de fleurs dressés. Elles craignent le soleil et la sécheresse, et résistent mieux dans un terrain humide. Il faut les laisser atteindre leur hauteur naturelle.

Astilbe 'Sprite'

A. chinensis 'Finale'	rose éclatant, août-sept., 50
A. c. 'Intermezzo'	saumon, juil.-sept., 50
A. c. 'Pumila'	lilas rose, juil.-sept., 30
A. c. 'Serenade'	vieux rose, juil.-sept., 45
A. c. 'Superba'	rose pourpré, juil.-sept., 120
A. c. 'Veronica Klose'	rose pourpré foncé, août-sept., 40

Hybrides d'*arendsii*

A. 'Amethyst'	lilas violet, juil.-août, 70
A. 'Brautschleier'	blanc pur, juin-juil., 80
A. 'Bressingham Beauty'	rose, juil.-août, 90
A. 'Bumalda'	blanc et rose, juin-juil., 40
A. 'Cattleya'	rose foncé, juil.-août, 100
A. 'Erica'	rose, juil.-août, 30
A. 'Etna'	rouge foncé, juil.-août, 60
A. 'Fanal'	rouge grenat, juil.-août, 60
A. 'Feuer'	rouge corail, août-sept., 60
A. 'Gloria'	rose foncé, juil.-août, 80
A. 'Glut'	rouge fluorescent, août-sept., 80
A. 'Irrlicht'	blanc rosé, juil.-août, 60
A. 'Snowdrift'	blanc pur, juil.-août, 70
A. 'Weisse Gloria'	blanc, juil.-août, 70

Hybrides de *crispa*

A. 'Liliput'	saumon, juil.-août, 20
A. 'Perkeo' ❧	rose foncé, juil.-août, 20

Hybrides de *japonica*

A. 'Deutschland'	blanc éclatant, juin-juil., 50
A. 'Europa'	rose éclatant, juin-juil., 50
A. 'Koblenz'	rouge carmin, juil.-août, 50
A. 'Peach Blossom'	saumon clair, juil.-août, 50
A. 'Red Sentinel'	rouge foncé, juil.-août, 50
A. 'Rheinland'	rose carmin, juin-juil., 60
A. 'Vesuvius'	rouge carmin, juil.-août, 60

Hybrides de *simplicifolia*

A. 'Aphrodite'	rose, juil.-août, 50
A. 'Bronze Elegans'	rose, juil.-août, 30
A. 'Buchanan'	blanc crème, juil.-août, 30
A. 'Dunkellachs'	saumon, juil.-août, 30
A. 'Praecox Alba'	blanc, juil.-août, 30
A. 'Sprite'	rose tendre, août-sept., 40

Hybrides de *thunbergii*

A. 'Moerheimii'	crème, juil.-août, 80
A. 'Prof. Van der Wielen'	blanc, juil.-août, 125
A. 'Straussenfeder'	saumon, juil.-août, 90

Astilboïdes

Ce genre est aussi nommé *Rodgersia*. Ses feuilles immenses ne tomberont pas prématurément si la plante est à mi-ombre, sur sol humide. Les

Astilboïdes souffrent moins des gelées nocturnes tardives quand on les plante sous des arbres ou contre la maison. Leurs panaches de fleurs, étalés, sont un attrait de plus, et produisent des fruits verts d'une grande valeur ornementale.

A. tabularis ❧	crème, juin-juil., 100

Astilboïdes tabularis

Astrantia ❧

ASTRANCE

Les astrances sont des fleurs à couper et de plates-bandes ; leur floraison est vigoureuse et prolongée. Elles conviennent aussi bien pour le soleil que pour l'ombre, ce qui laisse le choix de l'emplacement. Il leur faut de préférence un sol un peu humide.

A. carniolica 'Rubra'*	lie-de-vin, juil.-août, 50
A. major	blanc verdâtre, rose, juil.-août, 70
A. m. 'Alba'	blanc, juin-août, 60
A. m. 'Lars'*	rouge foncé, juin-oct., 80
A. m. 'Margary Fish'*	blanc avec vert
A. m. 'Rosea'	rose avec vert, 50
A. m. 'Rosensinfonie'*	rougeâtre, 75
A. m. 'Rubra'	rouge pourpré, 70
A. m. 'Ruby Wedding'*	rouge foncé, juin-oct., 80
A. m. 'Shaggy'*	blanc, vert, juin-sept., 80
A. maxima	rose argenté, juin-juil., 50

Aubrieta

AUBRIÈTE

Cette plante couvre-sol, qui ressemble aux arabettes (voir *Arabis*), convient pour les bordures,

Aubrieta 'Red Carpet'

Astrantia major 'Rubra'

entre les pierres, et surtout pour les dessus de murets. Il lui faut des lieux ensoleillés, qui ne soient pas trop secs. Sa multiplication se fait de préférence par dédoublement en automne, mais aussi par semis en avril ; la floraison a lieu l'année suivante, peu après les dernières gelées.

Hybrides-cultivars

A. 'Argenteovariegata'	violet clair, f. panaché
A. 'Audrey Prichard'	bleu
A. 'Blue Emperor'	bleu violacé
A. 'Blue King'	violet tendre
A. 'Cascade Blue'	bleu
A. 'Cascade Purple'	bleu pourpré
A. 'Cascade Red'	rouge carminé
A. 'Clio'	violet
A. 'Double Stockflowered Pink'	rose clair (d), grosses fl.
A. 'Gloriosa'	rose
A. 'Golden Emperor'	violet, f. panaché d'or
A. 'Hendersonii'	bleu clair
A. 'Leightlinii'	rose carminé
A. 'Red Carpet'	rouge foncé
A. 'Valder'	bleu violacé
A. 'Vera Prichard'	rose
A. 'Whitewell Gem'	violet pourpré, grosses fl.

Aurimia

Voir Alyssum.

Azorella

Cette plante couvrante porte de petites feuilles vert brillant. Il lui faut le soleil ou la mi-ombre, et un sol perméable.

A. trifurcata	vert jaunâtre, juin-juil., 10

Azorella trifurcata

Bergenia

SAXIFRAGE À GRANDES FEUILLES

Ces plantes persistantes portent de très grandes feuilles. Elles conviennent pour les plates-bandes, les bordures et la plantation en bacs. Certaines variétés ont un feuillage qui rougit un peu en hiver. On les plantera au soleil ou dans la mi-ombre et on les divisera.

B. cordifolia	lilas rose, mars-mai, 40
B. c. 'Purpurea'	rouge pourpré, mars-mai, 40
B. purpurascens	rose lilas foncé, avril-mai, 40

Hybrides-cultivars

B. 'Abendglut'	rouge foncé, mars-mai, 25
B. 'Admiral'	rose, avril-mai, 50

Bergenia 'Silberlicht'

B. 'Baby Doll'	rose intense à clair, avril-mai, 25
B. 'Bressingham Salmon'	saumon, avril-mai, 30
B. 'Bressingham White'	blanc/rose clair, avril-mai, 40
B. 'Glockenturm'	vieux rose, mars-mai, 60
B. 'Morgenröte'	rouge-violet foncé, mars-mai, 40
B. 'Öschberg'	vieux rose, 50
B. 'Perfect'	lilas rouge éclatant, avril-mai, 60
B. 'Purpurglocken'	rouge pourpre, avril-mai, 40
B. 'Silberlicht'	blanc puis rose, avril-mai, 40
B. 'Sunningdale'	lilas carmin, avr.-mai, 45
B. 'Wintermärchen'	rouge pourpré, mars-mai, 40

Bletilla

ORCHIDÉE DU JAPON

Ces belles orchidées semi-rustiques méritent d'être mises en valeur, en plein soleil, et en pleine terre perméable.

Bletilla striata 'Alba'

B. striata	lilas rose, juin-juil., 40
B. s. 'Alba'	blanc, mai-juin, 30

Borago

BOURRACHE

Cette belle plante s'adaptant à toutes les conditions est vivace, non rustique, mais elle se ressème. Ses fleurs sont parfois consommées en salade (*voir aussi* Plantes annuelles et bisannuelles).

B. laxiflora (pygmaea) ❧	bleu pâle, juin-sept., 40

Brunnera

Cette plante, aux feuilles rondes et vert foncé, et aux inflorescences bleues, est très décorative. Espèce d'ombre sur sol humide, elle convient aux plates-bandes et aux coins boisés.

Brunnera macrophylla

B. macrophylla	bleu ciel, avril-mai, 60
B. m. 'Variegata'	bleu, f. panaché, 50

Buphthalmum

BUPHTHALME À FEUILLES DE SAULE

Cette espèce aux fleurs jaune est une bonne fleur à couper. Elle n'est pas exigeante mais a besoin de soleil. *B. speciosum* est désormais appelé *Telekia* (*voir* ce nom).

B. salicifolium	jaune, juin-sept., 50

Caltha

POPULAGE

Voir Plantes aquatiques.

Campanula

CAMPANULE

Il existe des campanules élevées pour les plates-bandes (à bien serrer), et des basses pour les jardins de rocaille. Elles croissent sur tous terrains, mais demandent le plein soleil. *C. carpatica*, la campanule des Carpates, porte les plus grandes fleurs. *C. rotundifolia*, la campanule à feuilles rondes, et *C. rapunculoïdes*, la campanule fausse raiponce, sont de fines plantes pour les massifs. Les campanules présentent toutes un grand intérêt au jardin.

C. carpatica	bleu, juin-août, 30
C. c. 'Alba'	blanc, juin-août, 30
C. c. 'Blaue Clips'	bleu très pâle, juin-août, 20
C. c. 'Isabel'	violet tendre, juin-août, 20
C. c. 'Karl Foerster'	bleu, juin-août, 20
C. c. 'Kobaltglocke'	bleu foncé, juin-août, 20
C. c. 'White Star'	juin-août, 25
C. garganica	lilas, avril-mai, 10
C. glomerata 'Alba'	blanc, mai-juin, 70
C. g. 'Joan Elliott'	bleu foncé, mai-juil., 60
C. g. 'Schneekrone'	blanc éclatant, mai-juin, 50
C. g. 'Speciosa'	violet éclatant, mai-juin, 60
C. g. 'Superba' ❧	violet foncé, juin-juil., 40
C. lactiflora	bleu violacé clair, juin-juil., 90
C. l. 'Loddon Anna'	lilas rose, juin-août, 90
C. l. 'Prichard's Variety'	bleu-violet, juin-août, 60
C. latifolia var. *macrantha*	bleu violacé, juin-août, 100
C. l. 'Alba'	blanc, juin-août, 100
C. persicifolia	bleu éclatant, juin-juil., 80
C. p. 'Alba'	blanc, juin-juil., 80

Campanula garganica

Buphtalmum salicifolium

C. p. 'Caerulea'	bleu pur, juin-juil., 80
C. portenschlagiana ❧	bleu violacé, juin-sept., 20
C. p. 'Restholt'	bleu foncé, juin-sept., 10
C. poscharskyana ❧	violet-bleu, juin-juil., 25
C. p. 'E.H. Frost'	blanc porcelaine cœur bleu, juin-juil., 15
C. p. 'Stella'	bleu foncé, juin-juil., 25
C. x *pulloïdes* 'G.F. Wilson'	bleu violacé, juil.-août, 15
C. pyramidalis	bleu cœur foncé, juil.-sept., 120
C. p. 'Alba'	blanc, juil.-sept., 120
C. rapunculoïdes	violet vif, juin-août, 80
C. rotundifolia	bleu, juin-août, 30

Campanula portenschlagiana

Cardamine

C. pratensis, la cardamine des prés, convient aux gazons humides fauchés tardivement. La fumure n'est pas nécessaire. *C. trifolia*, tapissante persistante, peut être foulée. On plantera les cardamines à l'ombre en un lieu humide. Les bords d'un bassin leur conviennent bien.

Cardamine pratensis

C. pratensis	violacé clair, mai-juin, 30
C. p. 'Plena'	violacé clair (d)
*C. trifolia** ❧	blanc, mai-juin, 10

Centaurea

CENTAURÉE

Les centaurées vivaces sont bien plus grandes que les espèces annuelles sauvages. Il leur faut le plein soleil. Il faut couper *C. montana*, la centaurée des montagnes, juste après la floraison : on obtient ainsi une seconde floraison. Les centaurées sont remarquables dans les jardins rétro. Il convient de les lier avant qu'elles ne s'affaissent. Avec ses gros capitules, *C. macrocephala* ressemble plus à l'artichaut qu'à une centaurée proprement dite.

C. dealbata	rose pourpré, juin-août, 60
C. macrocephala	jaune, juil.-août, 125
C. montana	bleu bleuet, mai-sept., 70
C. m. 'Alba'	blanc, mai-sept., 70
C. m. 'Grandiflora'	bleu-violet, juin-août, 50
C. m. 'Parham Variety'*	mauve, mai-sept., 70
C. scabiosa	rose pourpré, juin-sept., 80

Centaurea montana

Centranthus

VALÉRIANE DES JARDINS

Les fleurs rose fuchsia et les tiges et feuilles vert glauque de *C. ruber*, la valériane des jardins, sont d'un très bel effet parmi la plupart des autres plantes. On donnera quand même la préférence à la variété 'Albus', à fleurs blanches, si on peut la trouver. La valériane supporte la plus extrême sécheresse, et croît même dans les murs.

C. ruber	rose fuchsia, juin-août, 80
C. r. 'Albus'	blanc, juin-août, 70
C. r. 'Coccineus'	vieux rose, juin-août, 70

Centranthus ruber 'Albus'

Cerastium

CÉRAISTE

Les céraistes conviennent pour les bordures en des endroits secs et en plein soleil. Le mieux est de les planter sur des murets. *C. biebersteinii* porte des feuilles vert grisâtre, *C. tomentosum*, le céraiste tomenteux, des grises, et *C.t.* var. *columnae* en a des blanc argenté.

C. biebersteinii	blanc, mai-juin, 20
C. tomentosum	blanc, mai-juin, 15
C. t. var. *columnae*	blanc, mai-juin, 10

Ceratostigma

DENTELAIRE

Ces espèces ont la même allure au printemps et au début de l'automne ; elles ont un feuillage bronzé, ce qui est dommage. On les plante au soleil ou à mi-ombre, sur un sol de préférence sec et sablonneux.

C. plumbaginoïdes	bleu gentiane, août-sept., 30
C. willmottianum	bleu gentiane, août-oct., 90

Ceratostigma plumbaginoïdes

Chelone

GALANE

Cette espèce convient comme fleurs à couper et pour les plates-bandes, en tous sols, au soleil ou à mi-ombre, sans besoin de tuteurage. Sa floraison

Cerastium tomentosum

longue et tardive permet de fleurir les plates-bandes en fin d'été.

C. obliqua	rose, juil.-oct., 70
C. o. 'Alba'	blanc, juil.-sept., 60

Chelone obliqua

Chiastophyllum

Ce genre était naguère nommé *Cotyledon*. Les épis de fleurs jaunes et pendantes ne ressemblent à ceux d'aucune autre plante. Avec leurs feuilles charnues en rosettes, ces plantes veulent un sol assez sec ; elles aiment le soleil, mais préfèrent une ombre légère.

C. oppositifolium	jaune, juin-juil., 20

Chiastophyllum oppositifolium

Chrysanthemum

CHRYSANTHÈME, MARGUERITE

Ce genre étendu comprend des espèces botaniques élevées et basses ainsi que différents groupes d'hybrides : les pyrèthres, ou marguerites de couleur anciennement *Pyrethrum*, sont classés parmi les hybrides de *coccineum*, et les marguerites, à l'exception de *C. leucanthemum* (la grande marguerite), parmi les hybrides de *C. maximum*. On fera bien attention aux différentes hauteurs. Les chrysanthèmes d'automne font partie des hybrides de *Rubellum*. Toutes ces belles plantes de jardin conviennent au plein soleil.

C. arcticum 'Roseum'	rose tendre, sept.-oct., 40
C. leucanthemum 'Maikönigin'	blanc, avril-mai, 70
C. serotinum	blanc à cœur jaune, sept.-oct., 200

Hybrides de *maximum* – marguerites

C. 'Alaska'	blanc à cœur jaune, juin-juil., 100
C. 'Christine Hagemann'	blanc (d), juin-juil., 70
C. 'Snow Dwarf Lady'	blanc à cœur jaune, mai-juil., 20
C. 'Wirral Supreme'	jaune pur (d), juil.-août, 90
C. 'Zilverprinses'	blanc à cœur jaune, juin-juil.

Chrysanthemum 'Wirral Supreme'

Hybrides de *coccineum* (anc. *pyrethrum*)

C. 'James Kelway'	rouge écarlate, mai-juin
C. 'Robinson's Red'	rouge éclatant, mai-juin, 70
C. 'Robinson's Roze'	rose, mai-juin, 80

Hybrides de *rubellum*

C. 'Clara Curtis'	rose pur, sept.-oct., 80
C. 'Duchess of Edinburgh'	rouge (sd), sept.-oct., 100
C. 'Mary Stoker'	jaune tendre, sept.-oct., 100

Cimicifuga

Ces plantes d'ombre peuvent être utilisées dans les jardins sauvages, mais aussi en fond de plates-bandes. Leurs longues inflorescences en épis font penser à des cierges ; elles s'inclinent sous la pluie. On effectuera la plantation en des lieux boisés humifères. Il est conseillé de tuteurer les hampes florales.

Cimicifuga dahurica

C. acerina	blanc, août-sept., 80
C. dahurica	blanc, août-sept., 150
C. japonica	blanc neige, août-sept., 150
C. racemosa	blanc, sept.-oct., 200
C. r. 'Atropurpurea'*	f. rouge, août-oct., 150
C. simplex 'White Pearl'	blanc, oct.-nov., 125

Clematis

CLÉMATITE

Quand on parle de clématites, on pense immédiatement à des plantes grimpantes. Il en est cependant de moins connues qui sont des vivaces non grimpantes. On les plantera un peu plus profondément qu'on ne le faisait naguère, afin d'éviter le flétrissement qui les menace. Elles aiment le soleil et supporte d'être tuteurées.

C. x *bonstedtii* 'Crépuscule'	bleu clair, juil.-oct., 100
C douglasii var. *scottiae**	bleu-violet, mai-juin, 50
C. x *durandii*	bleu indigo, juil.-oct., 250
C. integrifolia	bleu-violet, juin-sept., 60
C. jouiniana 'Mrs. Robert Brydon'	bleu crémeux, juil.-août, 250
C. j. 'Praecox'	crème lilas, août-sept., 150
C. recta	blanc, août-sept., 200
C. r. 'Purpurea' ❧	blanc, juil.-août, 200

Codonopsis

Certaines espèces, peu connues, sont cependant cultivées. Leurs fleurs campanulées n'ont pas de couleurs éclatantes, mais elles apportent une note originale. On effectuera la plantation tout près des sentiers ou des terrasses, car leur délicatesse leur ôte tout effet à distance.

*C. clematidea**	bleu clair, juil.-août, 40

Convallaria majalis

Clematis integrifolia

Convallaria

MUGUET

Cette plante odorante, indigène chez nous, est apparentée au sceau-de-salomon et aux maïanthèmes *(Maianthemum sp.)*. Bas et persistant, le muguet peut couvrir de grandes surfaces dans la mi-ombre ou les sous-bois.

C. majalis	blanc, mai, 20
C. m. 'Rosea'	rose clair, mai, 20

Cornus

CORNOUILLER

Les cornouillers ont besoin d'un sol humifère. Ce sont des plantes rampantes, traçantes seulement en terre arable ou tourbeuse un peu humide. Leurs fleurs blanches étoilées donnent des fruits d'un rouge intense.

C. canadensis	blanc crème, mai-juin, 15
*C. suecica***	blanc, mai, 20

Coreopsis

Ces espèces à floraison estivale jaune, de taille moyenne, exigent le plein soleil, pour que leur couleur ressorte encore mieux. Elles sont peu exigeantes et font de bonnes fleurs à couper.

Coreopsis rosea 'American Dream'

C. grandiflora 'Badengold'	jaune, juil.-août, 100
C. g. 'Sonnenkind'	jaune d'or, juin-août, 30
C. g. 'Sunray'	jaune foncé, juin-sept., 75
C. lanceolata 'Baby Gold'	jaune, juil.-sept., 50
C. l. 'Golden Queen'	jaune, juil.-sept., 60
C. l. 'Sterntaler'	jaune cerné brun, 40
C. rosea 'American Dream' ❧	rose foncé, juin-sept., 30
C. verticillata ❧	jaune, juil.-sept., 50
C. v. 'Grandiflora'	jaune foncé, juil.-oct., 60
C. v. 'Moonbeam' ❧	jaune citron, juil.-oct., 40
C. v. 'Zagreb'	jaune, juil.-oct., 25

Corydalis lutea

Cornus canadensis

Corydalis

CORYDALE

Les corydales, qui portent aussi le nom savant de *Pseudofumaria*, ont une floraison prolongée et un feuillage vert clair, fin et joli. On les plantera de préférence dans la mi-ombre sur sol humide. *C. lutea* se sème serré ; on l'utilise dans les parcs. Elles sont faciles à cultiver (*voir aussi* Plantes à bulbes).

C. cheilanthifolia	jaune, mai-juin, 20
C. lutea	jaune, juin-oct., 40
*C. ochroleuca**	blanc crème, juil.-août, 30

Cotula hispida

Cotula

Cette plante d'aspect mousseux a des fleurs peu spectaculaires, qui apparaissent en juillet-août, sous forme de petits capitules jaune crémeux. Elle aime le soleil ou la mi-ombre, sur sol humide.

C. dicica	f. vert, juil.-août, 5-10
C. hispida	f. grisâtre, juin-août, 5
C. potentillina	vert grisâtre, juil.-août, 5
C. pyrethrifolia	vert, juil.-août, 5
C. squalida	vert brunâtre, juin-août, 10

Crambe

CRAMBE, CHOU MARIN

Les crambes, comme le chou marin *(C. maritima)*, font figure de géantes quand elles sont isolées sur une grande pelouse, tout comme les gypsophiles. Il leur faut un terrain fertile et perméable ; elles craignent le gel lorsque le sol est trop humide. Elles ont également besoin de soleil. Les pousses de *C. maritima* sont consommées en légume.

C. cordifolia ❧	blanc, grandes f., juin-juil., 300
C. maritima	blanc, f. grisâtre, mai-juin, 70

Cymbalaria

CYMBALAIRE

Ces plantes recouvrent les murets des jardins de rocaille et les murs, côté ombre. Elles résistent à la grande sécheresse. Il leur faut de préférence un substrat calcaire. Leurs petites inflorescences sont plus belles au soleil, tandis que leurs feuilles se développent mieux dans la mi-ombre.

*C. acquitribola**	violet, jaune, mai-août, 5
*C. hepaticifolia**	f. à nervures blanches, mai-sept., 5
C. muralis	lilas, mai-nov., 10

Crambe cordifolia

Cymbalaria muralis

Darmera

Ces espèces encore nommées *Peltiphyllum* portent des fleurs roses sur des tiges nues sortant du sol. Les feuilles, grandes et rondes, formées plus tard, deviennent d'un beau rouge en automne. Le gel les endommage, mais sans gravité, car il se forme alors de nouvelles feuilles.

Darmera peltata

D. peltata	rose, avril-mai, 75
*D. trichophylla**	rose, f. lobé

Delphinium

PIED-D'ALOUETTE

Les *Delphinium* veulent le plein soleil ; il faut les tuteurer avec de la canne du Tonkin ou de l'osier. Elles s'associent bien aux plantes vivaces à grosses fleurs, aux rosiers et aux lis. Les pieds-d'alouette font de bonnes fleurs à couper. Si on les coupe dès après la floraison (juin-juillet), on a quelque chance de les voir refleurir un peu plus tard. La liste ci-dessous est limitée, car il en existe un grand choix.

Hybrides à petites fleurs, plantes ramifiées

D. grandiflorum 'Blauer Zwerg'	bleu, juin-sept., 20
D. g. 'Blue Butterfly'	bleu marine, juin-juil., 25

Hybrides de *belladonna*

D. 'Blue Bees'	bleu clair, juin-août, 80
D. 'Kleine Nachtmusik'	violet foncé, 80
D. 'Moerheimii'	blanc, 125
D. 'Piccolo'	bleu éclatant, juin-août, 100
D. 'Völkerfrieden'	bleu foncé, 100
D. nudicaule	rouge orangé, juin-juil., 40
D. x 'Pink Sensation'	rose, juin-juil., 80

Hybrides à grosses fleurs, en épis

D. 'Astolat'	rose, œil noir, 150
D. 'Azurriese'	bleu azur, œil blanc, 170
D. 'Berghimmel'	bleu éclatant, œil blanc, 180
D. 'Black Knight'	bleu-violet foncé, 150
D. 'Blauwal'	bleu, œil brun, 200
D. 'Blue Bird'	bleu gentiane, œil blanc, 150
D. 'Blue Jay'	bleu, œil blanc, 150
D. 'Capri'	bleu éclatant, œil blanc, 80
D. 'Galahad'	blanc neige, grosses grappes, 150
D. 'Guinevere'	mauve, 150
D. 'King Arthur'	violet, œil blanc
D. 'Lady Guinevere'	lilas mauve avec bleu clair, 150
D. 'Percival'	blanc, œil noir, 175
D. 'Polarnacht'	bleu-violet, 125
D. 'Summer Skies'	bleu clair, cœur blanc, 150
D. 'Sungleam'	jaune clair, 150
D. 'Waldenburg'	bleu très profond, œil noir, 150
D. 'Zauberflöte'	bleu et rose, œil blanc, 180

Delphinium 'Polarnacht'

Dianthus

ŒILLET

Les fleurs de l'œillet mignardise *(D. plumarius)* retombent lorsqu'il pleut. Les œillets peuvent être plantés en bordures ou en plates-bandes. *D. deltoïdes* est une excellente espèce de jardins de rocaille. Il convient de temps à autre de renouveler les touffes. Tous ont besoin du plein soleil.

D. alwoodii 'Romeo'	brun-rouge, marge blanche, mai-août, 40
D. deltoïdes 'Albiflorus'	blanc, anneau rose, juin-sept., 15
D. d. 'Flashing Light'	rouge vif, juin-août, 20
D. d. 'Splendens'	rouge carminé, mai-juil., 20
D. plumarius 'Albus Plenus'	blanc (d), mai-juil., 30
D. p. 'Charles Edwards'	blanc, grosses fl., mai-sept., 30
D. p. 'David'	rouge foncé, mai-sept., 40
D. p. 'Helen'	rose, mai-juil., 20
D. p. 'Heidi'	rouge carminé (d), mai-juil., 40
D. p. 'Ine'	blanc, œil rouge (d), mai-juil., 35
D. p. 'Maggie'	rose pur (d), juin-août, 25
D. p. 'Munot'	rouge foncé, juin-sept., 40
D. p. 'Rose de Mai'	rose saumon (d), juin-août, 30

Dicentra spectabilis 'Alba'

Dianthus allwoodii 'Romeo'

Dicentra

CŒUR-DE-MARIE

On fera ici la distinction entre les types hauts et bas ; les *eximina* portent des feuilles recouvertes de grisâtre, ce qui permet d'en faire de remarquables plates-bandes blanc argenté. Ces plantes surannées, qui appartiennent aux papavéracées, aiment la mi-ombre.

D. eximia 'Alba'	blanc, mai-sept., 30
D. e. 'Boothman's Variety'	rose tendre, mai-sept., 30
D. formosa 'Bountyful'	rose carminé, mai-sept., 40
D. f. 'Luxuriant'	rose pourpré, mai-sept., 40
D. f. 'Pearl Drops'*	rose clair, mai-sept., 40
D. spectabilis	vieux rose, mai-juin, 60
D. s. 'Alba'	blanc, mai-juin, 50

Dictamnus

FRAXINELLE, HERBE AUX ÉCLAIRS

Une suave odeur s'exhale des grappes de fleurs ; la plante dégage, par temps chaud surtout, des huiles essentielles volatiles. On sèmera la plante en plein soleil, sur sol sec. Attention à la dénomination : c'est la variété 'Albiflorus' qui a des fleurs blanches.

D. albus ❧	rose pourpré, juin-juil., 70
D. a. 'Albiflorus'	blanc, juin-juil., 60

Digitalis

DIGITALE

Les espèces mentionnées ci-dessous peuvent être rangées dans les vivaces ; il existe aussi des digitales annuelles et bisannuelles (*voir* ce chapitre). Dans la nature, elles croissent dans les lieux dégagés des forêts et à l'orée des bois. Il leur faut le soleil et la mi-ombre, sur sol humifère et humide.

D. ferruginea	brun jaunâtre, juin-août, 125
D. grandiflora	jaune, juin-juil., 80
D. lanata	blanc/brun, juin-juil., 80
D. lutea	jaune clair, juin-juil., 80
D. mertonensis	saumon, mai-juin, 80

Dodecatheon

GYROSELLE

On les a apparentées récemment aux primevères et cyclamens ; c'est à ces derniers qu'elles ressemblent

Dictamnus albus

Digitalis mertonensis

le plus. Leurs fleurs sortent d'une rosette de feuilles. La hauteur qu'elles atteignent dépend essentiellement de la composition du sol, le meilleur pour elles étant argilo-humifère fertile et humide.

*D. jeffreyi**	lilas, avril-mai, 20
D. meadia	rose, mai-juin, 40
D. m. 'Album'	blanc, mai-juin, 40
D. m. 'Queen Victoria'	lilas rose, mai-juin, 60
D. pulchellum	rose violacé, mai-juin, 30
D. p. 'Red Wings'	rougeâtre, mai-juin, 30

Dodecatheon pulchellum 'Red Wings'

Doronicum

DORONIC

Ces plantes ont une belle floraison jaune au printemps. On camouflera le feuillage précoce, mais laid, de *D. orientale*, le doronic du Caucase, par des végétaux plus hauts. Les doronics croissent au soleil et dans la mi-ombre, sur tous sols.

D. orientale	jaune d'or, avril-mai, 50
D. o. 'Frühlingspracht'	(d), 40
D. o. 'Magnificum'	jaune, avril-juin, 50
D. pardalianches	jaune, juin-juil., 80
D. p. 'Goldstrauss'	jaune éclatant, juin-juil., 70
D. plantagineum	jaune, juin-juil., 90
D. p. 'Excelsum'	jaune éclatant, mai-juin,125

Draba

DRAVE

Ces plantes gazonnantes en coussins sont petites et fines, et leurs lieux d'élection sont le long des murets et autres endroits en plein soleil. *D. aizoon* est l'actuelle *D. lasiocarpa*, à feuillage persistant.

D. lasiocarpa	jaune soufre, avril-mai, 5
D. rigida	jaune, avril-mai, 5
D. sibirica	jaune, avril-août, 10

Draba lasiocarpa

Dryas

DRYADE

Cette espèce gazonnante à feuillage persistant convient aux jardins de rocaille et aux jardins alpins, en plein soleil, sur un sol calcaire.

D. octopetala	blanc, juin-sept., 10
D. x *suendermannii*	crème, juin-sept., 15

Dryas octopetala

Doronicum pardalianches

Duchesnea

FAUX FRAISIER

Cette espèce gazonnante prospère en tous sols ; elle porte des baies similaires à des fraises, rouges et insipides. Le fraisier des bois a des fleurs blanches, tandis que le faux fraisier a des fleurs jaunes.

D. indica	jaune, juin-sept., 20

Duchesnea indica

Echinacea

Le genre *Echinacea* a été séparé de *Rudbeckia*. Il s'agit de plantes vivaces robustes, dont les pieds n'ont pas à être tuteurés. Leurs fleurs, à couper, sont portées par des tiges raides. Cette plante aime le soleil.

Echinacea purpurea

Echinacea purpurea ❧	rose pourpré, juil.-sept., 80
E. p. 'Alba'	blanc pur, juil.-sept., 80
E. p. 'Leuchtstern'	rouge pourpré, juil.-sept., 80
E. p. 'White Lustre'	blanc à cœur foncé, juil.-sept., 80

Echinops

CHARDON BLEU

Ces plantes sont bonnes à sécher, et elles attirent les papillons. Elles ont un inconvénient : leurs feuilles gris bleuté sont attaquées par les insectes à l'arrière-saison. Elles annoncent donc très tôt l'automne. Il leur faut le soleil ou la mi-ombre, en tous sols. Attention aux piquants !

E. bannaticus	bleu violacé, juil.-août, 90
E. b. 'Blue Globe'	bleu foncé, juil.-sept., 100
E. b. 'Taplow Blue'	bleu, juil.-sept., 100
E. ritro	bleu, juil.-sept., 100

Epimedium

Cette plante à feuillage persistant a besoin d'un endroit abrité et d'un sol acide. Trop exposée au vent, ses feuilles deviennent sèches et brunes en hiver. De plus, il lui faut l'ombre ou la mi-ombre.

E. grandiflorum	blanc, mai-juin, 30
E. x *rubrum*	rouge avec jaune, mai-juin, 25
E. x *versicolor* 'Sulphureum'	jaune, mai-juin, 25
E. youngianum 'Niveum'	blanc, mai-juin, 25
E. y. 'Roseum'	rose, mai-juin, 25

À droite : *Echinops bannaticus* 'Taplow Blue'

Epimedium youngianum 'Roseum'

Eremurus

Voir Plantes à bulbes.

Erigeron

L'*Erigeron* ressemble à un aster. Il lui faut le plein soleil et c'est une bonne fleur à couper. On en cultive de nombreuses variétés. Il vient en tous sols.

E. speciosus	lilas bleu, mai-août, 50
Hybrides-cultivars	
E. 'Azure Beauty'	violet-bleu, juin-sept., 50
E. 'Dignity'	rose, juin-août, 40
E. 'Dubkelste Aller'	violet foncé, juin-sept., 50
E. 'Foersters Liebling'	vieux rose (sd), juin-août, 60
E. 'Rosa Juwel'	rose, mai-août, 50
E. 'Rosa Triumph'	rose éclatant (d), juin-août, 60
E. 'Rotes Meer'	rouge foncé, juin-août, 60
E. 'Schwarzes Meer'	bleu-violet, juin-août, 60
E. 'Sommerneuschnee'	blanc, juin-août, 60

Erigeron 'Rosa Triumph'

Erodium

Ces plantes, qui se ressèment facilement, ressemblent aux géraniums, mais leur différence réside dans le pédoncule floral : chez *Erodium*, il ressemble au cou d'un héron et, chez *Geranium*, il est droit. On ne les serrera pas trop ; par ailleurs, ils se plaisent partout.

E. guttatum	blanc à cœur lilas, mai-août, 15
E. manescaui	rose pourpré, juin-sept., 40
E. reichardii 'Album'	blanc, mai-août, 5
E. x *variabile* 'Bishop's Form'	rose pourpré, juin-sept., 5
E. v. 'Fiore Pleno'	rose (d), juin-sept., 5
E. v. 'Roseum'	rose pourpré clair, juin-sept., 5

Erodium x *variabile* 'Bishop's Form'

Eryngium

PANICAUT OU CHARBON BLEU

Les panicauts ont besoin de beaucoup de soleil pour que leur feuillage ait une belle couleur, et d'un sol sablonneux et sec. Ils conviennent aux plates-bandes, jardins de rocaille, et viennent très bien en bord de mer. Ils font de bonnes fleurs à couper et à sécher.

E. agavifolium	blanc-vert, juil.-sept., 150
E. alpinum 'Blue Star'	bleu foncé, juin-août, 80
E. bourgatii	bleu acier, juil.-sept., 50
E. giganteum	crème, juil.-août, 70
E. x *olivieranum*	bleu, juil.-août, 75
E. planum	bleu clair, juil.-août, 100
E. p. 'Blauer Zwerg'	bleu foncé, juil.-août, 60

Eryngium planum 'Blauer Zwerg'

Eupatorium

EUPATOIRE

L'*Eupatorium* comporte plus de 1 000 espèces. Ces plantes fleurissant en automne doivent figurer dans les grandes plates-bandes. Elles conviennent au soleil et à la mi-ombre et sont peu exigeantes. *E. cannabinum* est l'eupatoire chanvrine.

E. cannabinum	rose, juil.-sept., 125
E. c. 'Plenum'	rose (d), août-sept., 150
E. maculatum 'Atropureum'	rose foncé, août-sept., 200
E. m. 'Album'* ❧	blanc, août-sept., 220
E. purpureum	rose pourpré, août-sept., 200
*E. rugosum** ❧	blanc, juil.-août, 100
E. r. 'Braunlaub' ❧	blanc, août-oct., 120

Eupatorium purpureum

Euphorbia

EUPHORBE

Les euphorbes d'un vert chartreuse lumineux conviennent aux plates-bandes vert-jaune, sur terrains assez secs. *E. cyparissias* est plus indiquée pour les bractées, les autres vont aussi bien en plates-bandes que seules. Il leur faut à toutes le soleil ou la mi-ombre, et elles sont peu exigeantes quant au sol. *E. lathyris*, l'euphorbe épurge, souffre du gel, mais on la protégera avec de la tourbe ou des copeaux de bois. Le suc laiteux des euphorbes est toxique et corrosif.

E. amygdaloïdes	jaune, f. vert, avril-mai, 40
E. a. 'Purpurea'	f. rouge, avril-mai, 40
E. cyparissias	vert-jaune, avril-juil.
E. griffithii	rouge, mai-juil., 60
E. lathyris	vert-jaune, juin-août, 100
E. myrsinites	jaune, avril-mai, 25
E. polychroma	vert-jaune, mai-juin, 40

Euphorbia myrsinites

Filipendula

SPIRÉE, FILIPENDULE

Les filipendules ou spirées conviennent au soleil et à la mi-ombre, sur sol assez humide. *F. vulgaris* ne veut que le soleil. Leur beauté réside en leurs corymbes décoratifs de petites fleurs. Elles conviennent aux plates-bandes et au bord des eaux.

F. palmata	rose clair, juin-août, 90
F. p. 'Nana'	rose foncé, juil.-août, 20
F. purpurea	vieux rose, juin-sept., 70

F. rubra 'Venusta Magnifica'	rose, juin-août, 250
F. vulgaris	blanc, juin-août, 60
F. v. 'Plena'	blanc (d), juin-août, 40

Filipendula rubra 'Venusta Magnifica'

Foeniculum

FENOUIL

Le fenouil est très beau au milieu des roses thé. Son fin feuillage tempère les nuances de rose intense. Attention : il se ressème très facilement et peut devenir envahissant. On coupera les tiges après la floraison.

F. vulgare	vert-jaune, juin-sept., 150
F. v. 'Bronze Giant'	vert-jaune, juin-sept., 170
F. v. 'Purpureum'	vert-jaune, juin-sept., 150

Fuchsia

Voir Arbustes à feuilles caduques.

Gaillardia

GAILLARDE

Cette bonne fleur à couper porte des fleurs semblables à des marguerites et aime le plein soleil. Elle convient aux carrés de fleurs à couper plutôt qu'aux plates-bandes, car elle fleurit longtemps. Elle croît en tous sols, sans humidité stagnante.

Hybrides-cultivars

G. 'Aurea Pura'	jaune soufre, juin-sept., 60
G. 'Bremen'	jaune, anneau rouge, juin-sept., 70
G. 'Burgunder'	rouge-brun, juin-sept., 50
G. 'Dazzler'	jaune d'or, cœur brun rouge, juil.-sept., 40
G. 'Yellow Goblin'	jaune, juin-sept., 40
G. 'Kobold'	jaune avec rouge, juin-sept., 35
G. 'Monarch Strain'	jaune, marge rouge, juin-sept., 60

Gaillardia 'Kobold'

Foeniculum vulgare

Galium

GAILLET ODORANT, ASPÉRULE ODORANTE

Le gaillet odorant convient aux plates-bandes et bordures ; c'est une épice : une tige macérée dans du vin blanc lui confère un goût unique. On le multiplie par division des touffes tous les deux ans : on n'en achètera donc pas en grande quantité. Il porte des petites couronnes de feuilles d'un vert vif d'où émergent de petites ombelles. Les amateurs de plantes pour enclos demanderont à des jardineries spécialisées des *Galium* sauvages, comme *G. verum*, le gaillet ou caille-lait vrai. Ces plantes tapissantes croissent en tous sols et supportent le plein soleil.

G. odoratum	blanc, mai-juin, 30

Galium odoratum

Gaura

Cette plante étalée, herbacée et ornementale possède des feuilles tachetées de rouge. Il lui faut une situation isolée, elle peut être plantée entre les dalles. Il lui faut de préférence le soleil ou la mi-ombre.

G. lindheimeri	blanc rosé, juil.-sept., 100.
G. l. 'Whirling Butterflies'	blanc, juil.-oct., 100

Gentiana

GENTIANE

Les gentianes ont des exigences spécifiques ; il leur faut absolument un sol humide, frais, bien perméable et calcaire. La floraison de *G. lutea*, la gentiane jaune, peut se faire attendre cinq ans. On ne plantera ces espèces assez coûteuses que dans le sol qui leur convient.

G. acaulis	bleu profond, avril-mai, 15
G. asclepiadea	bleu éclatant, août-oct., 50

Gentiana septemfida

Gaura lindheimeri

G. cruciata	bleu éclatant, juil.-août, 25
G. dahurica	bleu foncé, juin-sept., 20
*G. lutea***	jaune, juil.-sept., 50
G. septemfida	bleu à cœur vert, juil.-sept., 20
G. sino-ornata	bleu clair avec rayures verdâtres, sept.-oct., 15
G. tibetica	crème, juil.-août, 40
G. triflora	bleu, août-oct., 120
G. t. 'Royal Blue'	bleu, août-oct., 90

Geranium

Les géraniums préfèrent généralement la mi-ombre et un sol humide ; ils ont tendance à mollir et à pendre en plein soleil. *G. phaeum*, le géranium livide, a besoin d'ombre profonde, et *G. nodosum*, le géranium noueux, d'ombre. Ce genre offre une multitude de possibilités : leurs fleurs bleues, violettes, roses ou blanches s'adaptent à toutes les plates-bandes et plusieurs espèces se côtoient harmonieusement dans les massifs. Ce genre est trop vaste pour en mentionner ici toutes les espèces. *G. robertianum*, ou herbe à Robert, indigène, se ressème facilement, ce qui en fait une plante parfaite pour les jardins sauvages ou les vieux murs.

G. cantabrigiense 'Biokovo'	blanc et rose, mai-juin, 15
G. cinereum 'Ballerina' ❧	lilas rose, juin-sept., 15
G. c. 'Splendens'	vieux rose, juin-juil., 10
G. clarkei 'Kashmir White'	rose veiné blanc, juin-juil., 30
G. dalmaticum 'Roseum'	rose, juin-août, 15
G. endressii	rose tendre, juin-août, 30
G. e. 'Wargrave Pink'	saumon, juin-août, 30
G. eriostemom	lilas bleu clair, juin-août, 40
G. macorrhizum 'Bevan's Variety'	vieux rose, juin-juil., 30
G. m. 'Ingwersen's Variety'	rose violacé, juin-juil., 30
G. m. 'Spessart' ❧	blanc à calice rouge, juin-juil., 30
G. magnificum	violet clair, juin-août, 50
G. nodosum	lilas rose, juin-juil., 30
G. phaeum	brun-violet foncé, mai-juil., 50
G. p. 'Album'	blanc, mai-juil., 50
G. p. 'Lily Lovell'* ❧	lilas, mai-juil., 50
G. platypetalum	bleu éclatant, juin-août, 40
G. pratense	bleu tendre, juin-août, 70
G. p. 'Galactic'	blanc, juin-août, 50
G. p. Grandiflorum'	
G. p. 'Johnson's Blue'	bleu éclatant, juin-juil., 50
G. renardii	blanc, f. grisâtre, juin-juil., 25
G. robertianum	violacé, mai-oct., 20
G. sanguineum	rouge, juin-août, 20
G. s. 'Album'	blanc, juin-sept., 20
G. s. 'Max Frei'	rouge violacé, juin-août, 20
G. s. 'Nanum'	rouge violacé, juin-sept., 15
G. sylvaticum	rouge-violet, juin-juil., 50
G. s. 'Album'	blanc, boutons roses, juin-juil., 50
G. s. 'Mayflower'	bleu-violet, juin-août, 50

Geranium cinereum 'Splendens'

Geum

BENOÎTE

Les graines à aigrettes qui apparaissent après la floraison sont spectaculaires. Les benoîtes aiment le soleil et la mi-ombre. Persistantes, elles fleurissent souvent deux fois. Elles ont tendance à gagner du terrain, ce qui en fait de remarquables plantes couvrantes. La benoîte des ruisseaux *(G. rivale)* croît dans l'ombre profonde ; la benoîte commune *(G. urbanum)*, dont la floraison jaune est insignifiante, convient aux jardins boisés et aux enclos.

G. coccineum 'Borisii'	rouge orangé, mai-août, 40
G. rivale	orangé, mai-juil., 50
G. r. 'Album'	blanc, 50
G. r. 'Leonard'	rouge cuivré, 40
G. r. 'Lionel Cox'*	abricot clair, 30
G. urbanum	jaune, mai-juil., 60

Hybrides-cultivars

G. 'Bulgaricum'	jaune, 20
G. 'Georgenberg'	jaune orangé, mai-juil., 25
G. 'Mrs. Bradshaw'	rouge carmin, 60
G. 'Lady Stradheden'	jaune (sd), mai-août, 70
G. 'Princess Juliana'	orangé, 60
G. 'Red Wings'	rouge écarlate (sd), juin-août, 60

Geum rivale 'Lionel Cox'

Glaucium

PAVOT CORNU

Cette papavéracée, originaire du bassin méditerranéen, porte de longues capsules de graines. On la plantera en plein soleil, sur sol sableux.

G. flavum	jaune vif, juil.-sept., 40

Glaucium flavum

Glechoma

LIERRE TERRESTRE, FAUX LIERRE

Le lierre terrestre, à feuillage non persistant, est une plante tapissante idéale pour les jardins sauvages et les bords des fossés, sur sol humide et ombragé. La variété 'Variegata', à feuilles panachées, convient aux bacs à fleurs, d'où elle pend librement. La période de floraison est longue (mars à septembre), mais l'épanouissement spectaculaire a lieu en avril.

G. hederacea	bleu-violet, mars-sept., 20
G. h. 'Variegata'	f. panaché

Glechoma hederacea

Gunnera

G. magellanica, plante feuillue couvrante, craint le gel. Elle peut servir à couvrir le sol dans les serres froides. Les espèces hautes doivent passer l'hiver au sec et bien isolées du froid et de la pluie, avec des feuilles mortes par exemple. On enlèvera les feuilles fanées au printemps, et on protégera les nouvelles pousses avec un paillage lors des gelées tardives. Il vaux mieux ne pas acquérir de gunneras si l'on ne peut s'astreindre à ces tâches.

Elles sont onéreuses ; par ailleurs, elles ne conviennent qu'aux grand jardins car il leur faut beaucoup d'espace, parce qu'elles peuvent devenir immenses. Elles se trouvent très bien près des pièces d'eau, où l'effet de reflet les met en valeur. Il leur faut le plein soleil et un sol humide.

G. magellanica ❧	f. vert, juil.-août, 15
*G. manicata***	grandes f., juin-juil., 250
*G. tinctoria**	vert-brun, juin-juil., 300

Gunnera manicata

Gypsophila

GYPSOPHILE

Les espèces les plus élevées seront plantées dans les plates-bandes, et les plus basses sur les murets ou dans les jardins de rocaille. Les petites fleurs en brouillard permettent d'atténuer les couleurs violentes, lorsqu'on a fait des erreurs d'association d'espèces. Les gypsophiles se plaisent au soleil et en sol plutôt sec.

G. paniculata 'Bristol Fairy'	blanc, juil.-août, 150
G. p. 'Flamingo'	150
G. p. 'Pacifica'	fl. pleine, juil.-août, 100
G. repens	blanc rosé, juil.-sept., 20
G. hybr. 'Rosenschleier'	rose clair, 30

Gypsophila paniculata 'Bristol Fairy'

Helenium

HÉLÉNIE

Les fleurs estivales jaunes sont nombreuses et on les confond facilement. Les hélénies se reconnaissent à leur centre globuleux. Elles aiment le plein soleil et un sol qui ne soit pas trop humide.

H. autumnale 'Pumilum Magnificum'	jaune pur, août-sept., 90
H. bigelovii 'The Bishop'	jaune, brun, juin-août, 60
H. hoopesii	jaune d'or profond, mai-juin, 50
Hybrides-cultivars	
H. 'Butterpat'	jaune, juil.-oct., 120
H. 'Moerheim Beauty'	rouge-brun, juil.-sept., 90
H. 'Wyndley'	jaune bronzé, juil.-sept., 75

Helenium bigelovii 'The Bishop'

Helianthemum

HÉLIANTHÈME

Il lui faut une exposition ensoleillée et un sol sec ; c'est une excellente plante de rocaille. Afin de réduire le risque de gel, il est recommandé de le protéger au besoin avec des branches de pins. Les variétés 'Snow Queen' et 'Wisley' ont un feuillage grisâtre. Il s'agit de plantes à aspect de sous-abrisseaux hautes de 20 cm, qui fleurissent au début de l'été.

Fleurs doubles	
H. 'Amabile Plenum'	rouge
H. 'Cerise Queen'	rose carminé
H. 'Elfenbeinglanz'	blanc crème
H. 'Orange Double'	orangé
H. 'Sulphureum Plenum'	jaune

Fleurs simples

H. 'Ben Hope'	rose avec orangé
H. 'Dompfaff'	rouge
H. 'Elfenbeinglanz'	crème
H. 'Golden Queen'	jaune
H. 'Laurenson's Pink'	rose clair
H. 'Ruth'	rouge orangé
H. 'Snow Queen'	blanc
H. 'Sterntaler'	jaune
H. 'Wisley Pink'	rose
H. 'Wisley Primrose'	jaune clair

Helianthemum, mélange

Helianthus

SOLEIL, TOURNESOL

Les soleils vivaces ont besoin du plein soleil comme les variétés annuelles. Leurs fleurs jaunes, tardives, sont d'autant plus éclatantes au début de l'automne que le soleil brille encore. Ce sont de bonnes fleurs à couper, mais il faut penser à les tuteurer. *H. salicifolius*, le soleil à feuilles de saule, est cultivé pour ses petites feuilles vert clair.

H. atrorubens	jaune d'or, août-oct., 175
H. microcephalus	jaune, août-sept., 200
H. rigidus	jaune, août-oct., 150
H. salicifolius ❧	jaune, sept.-oct., 200

Heliopsis

Les différentes variétés d'heliopsis se ressemblent, et il n'est pas toujours facile de les distinguer. Leur floraison est précoce. Ce sont des plantes élevées qui ont besoin de tuteurs. Il leur faut le plein soleil, comme les *Helenium, Helianthus* et *Rudbeckia*. Ils ne sont pas exigeants pour le sol.

H. helianthoïdes var. *scabra*	jaune éclatant, juin-sept., 100
H. h. 'Goldgeflieder'	jaune d'or (d), juil.-sept., 130
H. h. 'Goldgrünherz'	jaune (d), juin-sept., 120
H. h. 'Hohlspiegel'	jaune orangé, grosses fl., juil.-sept., 130
H. h. 'Spitzentanzerin'	jaune, juin-sept., 100

Heliopsis helianthoïdes 'Goldgeflieder'

Helianthus salicifolius

Helleborus

HELLÉBORE

Ces plantes persistantes fleurissent en hiver, d'où leur intérêt. La rose de Noël *(H. niger)* doit être forcée en serre chaude si l'on veut qu'elle fleurisse à Noël. Et si les boutons floraux se montrent trop tôt, il faut au contraire la mettre dans un endroit plus frais ; la cultiver est donc tout un art sous les climats tempérés. La floraison a lieu un peu plus tard lors des hivers rigoureux. Les fleurs peuvent pendre mollement au moment des gelées, pour se redresser lors du dégel. La rose de Noël aime la mi-ombre et un sol humide. Citons *H. viridio* à fleurs vertes et l'hellébore fétide *(H. foetidus)*, belle plante à feuillage persistant.

H. argutifolius	vert clair, fév.-avril, 40
H. atrorubens	violacé, fév.-avril, 30
H. foetidus	vert, fév.-avril, 50
H. niger	blanc, janv.-avril, 50
H. orientalis	rouge, mars-mai, 50
H. o. 'Alba'	blanc, mars-mai, 50
*H. viridis**	vert, fév.-avril, 50

Helleborus atrorubens

Hemerocallis

HÉMÉROCALLE, LIS D'UN JOUR

Ces plantes ont pour attrait leurs feuilles vert clair et leurs belles fleurs. Il leur faut le soleil ou la mi-ombre, en tous sols. Les nombreuses variétés permettent d'étaler la période de floraison. Ces fleurs et son feuillage sont très décoratifs et font de jolis bouquets.

Hybrides-cultivars

H. 'American Revolution'	brun pourpré foncé, juil.-sept., 80
H. 'Aten'	jaune orangé, juil.-sept., 100
H. 'Atlas'	jaune clair, juin-juil., 110
H. 'Black Prince'	rouge-brun, juin-juil., 70
H. 'Bonanza'	jaunes avec brun, juin-août, 70
H. 'Corky'	jaune citron, juin-août, 60
H. 'Frans Hals'	jaune-brun, juin-sept., 90
H. 'Gold Imperial'	jaune citron, juin-août, 70
H. 'Hyperion'	jaune pur, juil.-août, 70
H. 'Matador'	orangé à cœur jaune, juil.-août, 120
H. 'Nortbrook Star'*	jaune tendre, juin-août, 70
H. 'Pink Charm'	rose, juin-août, 70
H. 'Prairie Moonlight'	jaune tendre, juin-août, 90
H. 'Sammy Russell'	rouge, juin-août, 70
H. 'Stella de Oro'	jaune d'or, mai-sept., 30
H. 'Valiant'	orangé, juil.-sept., 90
H. 'Verger'	jaune, mai-juin, 70

Hemerocallus, hybride

Hepatica

HÉPATIQUE

Ces délicates plantes persistantes ont besoin d'un sol argileux lourd. Leurs fleurs ressemblent beaucoup à celles des anémones, auxquelles elles étaient naguère assimilées.

H. nobilis	bleu, mars-avril, 10
*H. transsilvanica***	bleu, mars-avril, 15

Hepatica nobilis

Heracleum

BERCE

Voir Plantes annuelles et bisannuelles.

Hesperis

JULIENNE

Voir Plantes annuelles et bisannuelles.

Heuchera

HEUCHÈRE

Les espèces sélectionnées ci-dessous se ressemblent quelque peu les unes les autres. La mieux connue est *H. brizoïdes*. Les hauteurs peuvent varier beaucoup en fonction de la composition du sol. Les heuchères ont besoin de soleil ou de mi-ombre, sur sol humide. 'Palace Purple' porte de belles feuilles rouge foncé.

H. brizoïdes	rouge foncé, mai-juil., 60
H. b. 'Pluie de Feu'	rouge profond, juin-août, 70
H. b. 'Schneewittchen'	blanc, juin-août, 50
H. b. 'Walkers Variety'	rose, juin-août, 50
H. micrantha 'Palace Purple' ❧	blanc, juin-août, 50
H. sanguinea	rouge, mai-juil., 50

Heuchera micrantha 'Palace Purple'

Hosta

Ces plantes à grandes feuilles peuvent être utilisées seules, en bordure, en plate-bande ou en corbeille. En plantation isolée, on choisira les plus grandes variétés. Elles préfèrent la mi-ombre sur sol modérément humide. Certaines variétés n'atteignent la taille adulte qu'après plusieurs années. Leur feuillage est également plus beau au bout de quelque temps, notamment celui des variétés grises ou argentées. La coloration des feuilles se révèle mieux au soleil. La hauteur indiquée est celle des tiges florifères.

Feuillage gris bleuté

H. hybr. 'Big Daddy'	lilas pâle, juin-juil., 90
H. h. 'Blue Cadet'	bleu lavande, juil.- août, 35
H. h. 'Krossa Regal' ❧	violacé, juil.,-août, 100
H. fortunei 'Hyacinthina'	juil.-août, 60
H. sieboldiana	violet clair, juin-juil., 80
H. s. 'Elegans'	blanc, juin-juil., 60

Hosta fortunei 'Hyacinthina'

H. s. 'Hadspen Blue'	juil-août, 40
H. x *tardiana* 'Blue Moon'	juil.-août, 20
H. t. 'Blue Wedgwood'	juin-juil., 25
H. t. 'Halcyon'	juin-juil., 40

Feuillage vert

H. albomarginata 'Alba'	blanc, juil.-août, 50
H. fortunei 'Hyacinthina'	juil.-août, 70
H. f. 'Obscura'	pourpré, juil.-août, 70
H. f. 'Rugosa'	pourpre clair, vert foncé, juil.-août, 70
H. hybr. 'Honeybells'	lilas clair, août-sept., 90
H. undulata 'Erromena'	pourpre clair, juin-juil., 100
H. ventricosa	violet foncé, juil.-août, 80

Feuillage bordé de blanc

*H. crispula**	violet foncé, ondulations blanches, juil.-août, 80
H. decorata	violet profond, juin-juil., 70
H. undulata 'Albomarginata'	pourpre clair, juin-juil., 60

Feuillage strié de blanc

H. fortunei 'Francee'	bleu lavande, juil.-août, 60
H. undulata 'Albomarginata' ❧	juin-sept., 100
H. u. 'Mediovariegata'	pourpre clair, juil.-août, 70

Feuillage bordé de jaune

H. fortunei 'Albomarginata'	violet, juil.-août, 70
H. hybr. 'Golden Tiara'	violacé, juin-août, 60
H. 'Wide Brim'	violet clair, juin-juil., 60
H. sieboldiana 'Frances Williams'	lilas pâle, juin-juil., 60

Feuillage jaune

H. fortunei 'Aurea'	pourpre clair, juil.-août, 50
H. f. 'Albopicta'	marge verte, lilas pâle, 60
H. hybr. 'August Moon'	violet clair, juil.-août, 80
H. h. 'Zounds'	violet, juil.-août, 50

Hosta 'Golden Tiara'

Houttuynia

Cette vivace basse peut couvrir une grande surface sous des arbres laissant passer la lumière. Il lui faut un sol humifère. Elle convient aux berges très humides. On peut la multiplier par dédoublement.

H. cordata	blanc, juin-août, 30
H. c. 'Chameleon'	f. panaché rouge, juin-août, 30
H. c. 'Plena'	(d), juin-août, 30

Houttuynia cordata 'Chameleon'

Hypericum

MILLEPERTUIS

Le millepertuis à grandes fleurs *(H. calycinum)* supporte la mi-ombre, tandis que *H. perforatum* à petites fleurs préfère du plein soleil et d'un sol sec (*voir aussi* Arbrisseaux et arbustes).

H. calycinum	jaune, juil.-sept., 30
H. perforatum	jaune, juin-sept., 50
H. polyphyllum	jaune, juin-août, 25

Hypericum polyphyllum

Iberis

THLASPI, CORBEILLE-D'ARGENT

Cette plante tapissante persistante a besoin de soleil. Elle convient pour les bordures ou les plates-bandes basses. *I. s.* 'Weisser Zwerg' fait très bien dans les jardins de rocaille. Il faut la tailler régulièrement afin d'éviter une lignification trop importante.

I. sempervirens	blanc, mai-juin, 20
I. s. 'Snowflake'	blanc, mai-juin, 20
I. s. 'Weisser Zwerg'	blanc, avril-juin, 10

Iberis sempervirens

Incarvillea

Voir Plantes à bulbes.

Inula

AUNÉE

Les aunées sont des sortes de soleils. Les espèces basses conviennent aux jardins de rocaille, et les plus grandes font des plates-bandes. On peut aussi les grouper en nombre. À l'exception de l'aunée des prés *(I. britannica)* qui prospère sur les berges très humides, toutes les aunées supportent les terrains très secs.

I. ensifolia	jaune, juil.-août, 30
I. helenium	jaune foncé, juil.-août, 150
I. orientalis	jaune orangé, juin-juil., 50

Iris

IRIS DU JAPON ET AUTRES IRIS

Les iris sont si nombreux que les combinaisons sont infinies, rendant tout choix difficile. Les iris sont, selon les espèces, des plantes à rhizomes ou à bulbes (*voir* ce chapitre). Leurs exigences varient selon les espèces : humidité pour *I. lutea*, l'iris jaune, et *I. sibirica* ; grande humidité pour *I. kaempferi*, l'iris du Japon. Par contre, *I. barbara* et *I. pumila*, l'iris nain, ainsi que les hybrides de *I. germanica* plus hauts, veulent un terrain sec. On a donc l'embarras du choix en fonction des terrains. Les variétés sélectionnées ci-dessous sont généralement assez faciles à trouver.

I. kaempferi	juin-juil., 80
I. k. 'Blue King'	bleu foncé
I. k. 'Carnaval Prince'	bleu intense, veiné violet
I. k. 'Darling'	lilas rose tendre
I. k. 'Gipsy'	bleu-violet, veiné plus foncé
I. k. 'Iso-No-Nami'	pourpre tendre, veiné blanc
I. k. 'Jodlesong'	rouge pourpré, motif miel
I. k. 'Loyality'	bleu-violet, motif miel (d)
I. k. 'Sensation'	rouge pourpré, motif miel (d)
I. k. 'Variegata'	bleu, f. panaché
I. sibirica	juin-juil., 70
I. s. 'Blue Cape'	bleu pur
I. s. 'Blue King'	bleu-violet pur
I. s. 'Ego'	bleu, marge ondulée

Inula orientalis

I. s. 'Emperor'	bleu foncé
I. s. 'Mountain Lake'	bleu tendre
I. s. 'Perry's Blue'	bleu ciel, grosses fl.
I. s. 'Sparkling Rose'	rose éclatant
I. s. 'White Sails'	blanc

Hybrides de *germanica* (floraison en juin)

I. g. 'Alcazar'	bleu lavande, violet pourpré, 80
I. g. 'Ambassadeur'	violet bronzé, violet profond, 100
I. g. 'Californian Gold'	jaune foncé, 80
I. g. 'Constant Wattez'	rose, 100
I. g. 'Empress of India'	bleu clair, 90
I. g. 'Gentius'	violet pur, 50
I. g. 'Helge'	jaune citron clair, 50
I. g. 'Louvois'	brun, 100
I. g. 'Lugano'	blanc, 100
I. g. 'Moonbeam'	jaune citron, 80
I. g. 'Mrs. Horace Darwin'	blanc veiné lilas, 80
I. g. 'Nighfall'	bleu pourpré, 80
I. g. 'Red Orchid'	lie-de-vin profond, 50
I. g. 'Senlac'	lie-de-vin foncé, 80
I. g. 'White Knight'	blanc neige, 60

Hybrides de *pumila* (floraison en avril-mai)

I. p. 'Atroviolacea'	bleu-violet foncé, 15
I. p. 'Aurea'	jaune, 20
I. p. 'Blue Denim'	bleu clair, 20
I. p. 'Brassie'	jaune d'or, 20
I. p. 'Bright White'	blanc d'argent, 20
I. p. 'Cyanea'	bleu foncé, 20
I. p. 'Die Braut'	blanc avec jaune crème
I. p. 'Pastel Charme'	pourpré, 15

Kentranthus

Voir Centhranthus.

Kirengeshoma

MÉLINET DU JAPON

Ces hautes plantes ont besoin d'ombre et, de préférence, d'un sol humifère, fertile et humide. Il faut les tuteurer. Les fleurs de *K. koreana* sont sommitales ; les clochettes de *K. palmata* sont pendantes. Elles craignent le gel et ont une floraison tardive.

K. koreana	jaune tendre, août-sept., 100
K. palmata	jaune tendre, sept.-oct., 90

Iris kaempferi 'Sensation'

Iris pumila 'Aurea'

Kniphofia

TRITOME (FAUX-ALOÈS)

Ce genre, suranné, est planté isolé. Il lui faut le plein soleil.

K. praecox	rouge-jaune, juil.-sept., 100
K. uvaria	jaune-rouge, août-sept., 100
Hybrides-cultivars	
K. 'Alcazar'	rouge-grenat, juil.-sept., 100
K. 'Corallina'	rouge intense, sept.-oct., 80
K. 'Earliest of All'	rouge-jaune, juin-juil., 90
K. 'Little Maid'	jaune clair, juil.-sept., 60
K. 'Royal Standard'	jaune-rouge, août-oct., 100

Lamiastrum

ORTIE JAUNE

Cette espèce est souvent classée parmi les *Lanium* ou *Galeobdolon*. C'est un couvre-sol efficace, qui aime l'ombre ou la mi-ombre, et prospère rapidement.

L. galeobdolon	jaune, f. vert, mai-juin, 40
L. g. 'Florentinum'	jaune, f. panaché, 35
L. g. 'Hermann's Pride'	f. tacheté d'argent, 40

Lamiastrum galeobdolon 'Hermann's Pride'

Lamium

LAMIER

L. maculatum, le lamier tacheté, et les espèces proches sont moins couvrantes que l'ortie jaune vue ci-dessus, mais ils croissent également à l'ombre. Ils n'ont aucune exigence vis-à-vis du sol.

L. maculatum 'Album'	blanc, avril-juin, 30
L. m. 'Beacon Silver'	f. argenté, avril-juin, 15
L. m. 'Roseum'	rose, avril-juil., 30
L. m. 'White Nancy'	f. argenté, 15
*L. orvala** ❧	violet, mai-juil., 80

Lamium maculatum 'White Nancy'

Lathyrus

POIS VIVACE OU GESSE

Les pois vivaces sont grimpants. *L. vernus*, la gesse printanière, est tapissante, et pousse aussi bien au soleil qu'à mi-ombre. Ce sont de bonnes fleurs à couper.

L. latifolius 'Pink Pearl'	rose, juil.-août, 150
L. l. 'Red Pearl'	rouge carminé, juil.-août, 150
L. l. 'White Pearl'	blanc, juil.-août, 150
L. vernus ❧	violet, avril-mai, 40
L. v. 'Alboroseus'	rose avec blanc, avril-mai, 40

Lathyrus latifolius 'Red Pearl'

Lavandula

LAVANDE

Les lavandes sont en réalité des sous-arbrisseaux persistants, mais nous les classons parmi les plantes vivaces pour des raisons de commodité. Il convient de les rabattre annuellement en mars, ou encore juste après la floraison, mais la plante est moins belle en été. La taille leur permet de rester bien denses et de fleurir abondamment. On les placera au soleil, par exemple en association avec des rosiers ou parmi une plate-bande à feuillage argenté. Elles constituent d'excellentes bordures, mais sont alors facilement gélives. On les plantera donc dans un sol assez sec et perméable. *L. officinalis*, la lavande officinale, est maintenant *L. angustifolia*, lavande à feuilles étroites. *L. dentata* 'Royal Crown' supporte mal l'hiver ; il faut la rentrer pendant les grands froids et elle fleurit plus tard que les autres.

L. angustifolia	bleu, juil.-août, 40
L. a. 'Grosso'	bleu lavande, juin-août, 70
L. a 'Hidcote'	bleu violacé, 40
L. a. 'Loddon Pink'*	bleu, 50
L. a. 'Munstead'	lilas violet, 45
L. a 'Rosea'	lilas rose, 40
L. x *intermedia* 'Hidcote Giant'	lavande violacé, 75

Lavandula angustifolia 'Munstead'

Lavatera

LAVATÈRE

Les lavatères portent des fleurs campanulées en été et ont une floraison prolongée. Leurs combinaisons sont belles. On les placera en un lieu ensoleillé. Les sujets âgés sont sensibles aux gelées : il faut les pailler ou, mieux, prélever en août des boutures qu'on fera hiverner à l'intérieur. Elles reprennent rapidement après la taille, au printemps.

L. olbia 'Rosea'	rose éclatant, juil.-oct., 150
L. thuringiaca 'Barnsley' ❧	blanc à cœur rose, juin-oct., 150

Hybrides-cultivars

L. 'Bredon Spring'	rose, juin-oct., 150
L. 'Burgundy Wine'	lie-de-vin tendre, juin-sept., 150
L. 'Candy Floss'	rose clair, juin-sept., 150
L. 'Ice Cool'	blanc, rose pâle, juin-sept., 150

Lavatera thuringiaca 'Barnsley'

Leontopodium

EDELWEISS

Cette plante de rocaille, qui aime le soleil et les sols secs, est protégée en Suisse. Les pieds en vente dans les jardineries sont tous cultivés.

L. alpinum	blanc, f. gris, juin-août, 25
L. a. 'Mignon'	blanc, petites fl., juin-juil., 10

Leontopodium alpinum 'Mignon'

Leucanthemella

Voir Chrysanthemum serotina.

Lewisia

Ces plantes conviennent aux jardins de rocaille. Il leur faut un sol perméable, à cause de leur sensibilité au gel. *L. cotyledon* porte des fleurs en corymbes. Il convient de les couvrir en hiver et de veiller à ce qu'elles soient en plein soleil.

L. cotyledon	lilas rose, juin-août, 20
L. hybr. 'Pinkie'	rose, juin-août, 20
L. h. 'Sunset Strain'	lilas rose, juin-août, 25

Lewisia hybride 'Pinkie'

Liatris

Voir Plantes à bulbes.

Ligularia

SÉNEÇON

C'est *L. dentata* 'Desdemona' et 'Othello' que l'on voit le plus souvent, avec leurs feuilles rouges. Les autres espèces et variétés citées ici ne le cèdent en rien par la beauté. Tous ces séneçons veulent de l'humidité, au soleil ou dans la mi-ombre. Ils conviennent particulièrement aux rives des pièces d'eau, mais sont également beaux en isolés. *L. przewalskii* porte des fleurs en épis ; toutes les autres espèces ont des fleurs rappelant les marguerites. Les types les plus élevés conviennent aux très grands jardins.

L. dentata	jaune orangé, juil.-sept., 1
L. d. 'Desdemona'	orangé, 1
L. d. 'Othello'	orangé, juil.-sept., 0,80
L. x *hessei*	jaune orangé, juil.-sept., 1,20
L. x *palmatiloba*	orangé, août-sept., 1,20
L. przewalskii	jaune, juin-juil., 1
L. tangutica	jaune, juin-sept., 1,20
L. veitchiana	jaune, juil.-août, 1,50
L. wilsoniana	jaune d'or, août-sept., 1,50

Ligularia przewalskii

Limonium

STATICE

Les statices, comme les *Armeria*, sont typiquement côtières. Elles supportent le vent de la mer et les sols salins. Il leur faut le plein soleil. On peut en faire des fleurs séchées (*voir aussi* Plantes annuelles ou bisannuelles).

L. dumosum	blanc, juin-sept., 0,40
L. latifolium	bleu lavande, juin-août, 0,40
L. l. 'Blauer Diamant'	violet, juin-août, 0,25

Linaria

LINAIRE

Les linaires veulent le plein soleil et un sol sablonneux sec. Elles croissent également très bien sur les vieux murs, mais sans aucunement ressembler aux cymbalaires. Elles ont généralement une vie brève, mais elles se ressèment bien.

L. alpina	bleu, gorge orangée, juil.-août, 0,10
L. purpurea	violet pourpré, juil.-oct., 0,60
L. p. 'Canon J. Went'	rose clair, juin-août, 1

Linaria purpurea 'Canon J. Went'

Linnaea

LINNÉE BORÉALE

Cette fine plante de rocaille est destinée aux sols acides, au soleil ou dans la mi-ombre. Ses tiges rampantes peuvent ateindre 4 m de longueur. Elle doit son nom au célèbre botaniste Linné, qui créa, en 1753, la nomenclature botanique dite binaire. Cette nomenclature répertorie les plantes par deux mots, l'un indiquant le genre (qui recouvre plusieurs espèces), l'autre l'espèce proprement dite.

*L. borealis***	rose ou blanc, juin-août, 0,15

Linnaea borealis

Linum

LIN

Les lins ont des tiges grêles et élancées, un feuillage vert clair et des fleurs éclatantes. Ils conviennent aux plates-bandes, ainsi qu'aux jardins de rocaille et de bruyères. Il leur faut le plein soleil et un sol assez sec.

L. flavum	jaune, juin-juil., 0,30
L. perenne	bleu clair, juin-juil., 0,45
L. p. 'Album'	juin-juil., 0,45
L. p. 'Diamant'	blanc, juin-août, 0,25
L. p. 'Saphir'	bleu ciel, juin-août, 0,25

Liriope

Ces plantes vivaces ont besoin d'un sol humifère et acide, au soleil ou dans la mi-ombre. Elles résistent parfaitement au gel. *L. spicata* porte, après la floraison, de gros fruits noirs.

Linum perenne

Liriope muscari 'Variegata'

L. muscari	épis violets, août-oct., 60
L. m. 'Variegata'	f. strié d'argent, août-oct., 40
L. spicata	violet clair, juil.-sept., 40

Lobelia

LOBÉLIE

Ces lobélies ne font généralement pas penser aux lobélies annuelles, quoique leurs fleurs soient similaires. Il leur faut des lieux humides, au soleil ou dans la mi-ombre.

L. cardinalis	rouge, juil.-oct., 90
L. fulgens 'Queen Victoria'	rouge intense, juil.-sept., 80
L. x *gerardii* 'Vedrariensis'	violet, juil.-sept., 90
L. siphilitica ❧	bleu éclatant, juil.-sept., 70
L. s. 'Alba'	blanc pur, juil.-sept., 60
L. x *speciosa*	rouge, août-oct., 80

Lobelia fulgens 'Queen Victoria'

Lupinus

LUPIN

On dénombre plus de 200 espèces de ce genre. *L. arboreus*, le lupin arborescent, est ligneux. Ce

Lupinus 'The Page'

sont peut-être les espèces herbacées les plus faciles à cultiver et les moins exigeantes quant à leur exposition. On recueillera les graines fraîches des plus beaux pieds pour ne multiplier que ceux-ci. On coupera les pieds ne devant pas donner de graines immédiatement après la floraison, afin d'obtenir une seconde floraison en août.

L. 'Chandelier'	jaune, juin-août, 80
L. 'My Castle'	rouge, 100
L. 'Noble Maiden'	blanc, 100
L. 'The Chatelaine'	rose avec blanc, 100
L. 'The Governor'	blanc bleuté, 100
L. 'The Page'	rouge carminé, 100

Lychnis

Les lychnis sont des fleurs d'été faciles à cultiver et qui rendent bien. Ils veulent le plein soleil. *L. coronaria* a besoin d'un sol assez sec. Les variétés mentionnées ici ont de plus belles couleurs que les espèces elles-mêmes sauf *L. c.* 'Carnea' qui a une teinte laide. Les feuilles portent une pilosité grisâtre.

L. alpina 'Rosea'	rose, petites fl., mai-juin,
L. arkwrightii 'Vesuvius' ❧	rouge orangé, juin-juil., 70
L. chalcedonica	rouge orangé, juin-juil., 130
L. c. 'Carnea'	saumon, juin-juil., 80
L. coronaria	rose bonbon, juin-août, 70
L. c. 'Alba' ❧	blanc, juin-août, 70
L. c. 'Oculata' ❧	blanc à cœur rose, juin-août, 70
L. viscaria 'Plena'	vieux rose (d), juil., 40
L. v. 'Schnee'	blanc, mai-juin, 50
L. v. 'Splendens Plena' ❧	rose, juin-juil., 40

Lychnis arkwrightii 'Vesuvius'

Lysimachia

LYSIMAQUE

Ce genre est très divers par la hauteur et la croissance de ses espèces. *L. nummularia* a besoin d'humidité ; c'est une plante tapissante qui convient aux rivages. *L. punctata* est une plante rustique et proliférante, passée de mode, qui peut encore tenter le profane. Les autres espèces, idéales pour les plates-bandes et les bordures, sont des fleurs à couper raffinées. *L. vulgaris* convient aux enclos. Toutes les lysimaques veulent le plein soleil.

*L. atropurpurea**	rouge pourpré, juin-août, 50
L. barystachys	blanc, juil.-août, 70
L. ciliata ❧	jaune crémeux, juil.-sept., 60
L. clethroides	blanc, juil.-août, 80
L. ephemerum	blanc, juil.-sept., 120
L. nummularia	jaune vif, juil.-sept., 10
L. punctata	jaune vif, juil.-sept., 90
L. vulgaris	jaune, juin-août, 80

Lysimachia clethroides

Lythrum ❧

SALICAIRE

Dans la nature, la salicaire commune croît le long des fossés et même sous 10 cm d'eau. En plein soleil il lui faut de l'humidité. On adoptera les variétés les plus basses pour les jardins. Elle convient au bord des pièces d'eau.

L. salicaria	rose violacé, juin-août, 150
L. s. 'Augenweide'	rose pourpré, juin-août, 120

L. s. 'Lady Sackville'*	rose pourpré éclatant, juin-août, 100
L. s. 'Morden's Pink'	rose éclatant, juin-août, 100
L. s. 'Robert' ❧	rouge violacé, juin-août, 80
L. s. 'Rosy Gem' ❧	rose carminé, juin-août, 100
L. s. 'Zigeunerblut'	rouge foncé, juil.-sept., 120

Lythrum salicaria 'Augenweide'

Macleaya

Ce genre peut être utilisé, dans les grands jardins, pour constituer l'arrière-plan d'une grande plate-bande. Les panaches de fleurs, lâches, font de belles combinaisons avec les hélianthes, les échinops et les eupatoires.

M. cordata	vert-jaune, juil.-sept., 200
M. microcarpa 'Kelway's Coral Plume'	rose corail, juil.-sept., 200

Maclaya cordata

Maianthemum

MAÏANTHÈME À DEUX FEUILLES

Le maïanthème à deux feuilles est une fine plante tapissante pour les coins boisés et ombreux. Il lui faut un sol humifère et humide. Chacune de ses tiges porte seulement deux feuilles.

*M. bifolium**	blanc, mai, 20

Malva

MAUVE

La famille des malvacées – notamment celle des mauves – a donné nombre de remarquables plantes de jardins : lavatères (vivaces), guimauves (bisannuelles) et malopes (annuelles). Toutes ont besoin du plein soleil et d'un sol peu humide.

M. moschata	rose éclatant, juin-sept., 60
M. m. 'Alba'	blanc, juin-sept., 60
M. sylvestris	rose, juin-sept., 50

Malva moschata

Meconopsis

PAVOT BLEU

Le pavot bleu ressemble aux annuelles. Il faut mettre ces plantes en pots et les rentrer pour éviter qu'elles pourrissent ou qu'elles gèlent. On ne peut manquer d'admirer les nuances bleutées de *M. betonicifolia*, mais il est difficile de le préserver l'hiver. *Salvia patens*, la sauge étalée, de la même couleur, demande les mêmes soins. Tous deux ont besoin du plein soleil et d'un sol bien perméable. *M. cambrica*, le meconopsis du pays de Galles, autre papavéracée, a des fleurs de couleurs intenses. Il se ressème largement et pourrait envahir tout un jardin en deux ans.

M. betonicifolia	bleu azur, juin-juil., 50
M. cambrica	rouge, orangé ou jaune, mai-août, 30

*Mertensia**

Les mertensias, proches des myosotis, ont des fleurs d'un bleu intense. Ils aiment l'ombre et résistent bien à l'hiver. Ils se flétrissent tôt dans l'été, mais renaissent l'année suivante.

*M. asiatica***	bleu, juin-juil., 20
*M. sibirica**	bleu, avril-mai, 50
M. virginica	bleu, avril-mai, 50

Mimulus 'Orange Glow'

Meconopsis betonicifolia

Mimulus

Ces plantes aiment la mi-ombre ou le soleil, ainsi qu'un environnement humide. Leur floraison est longue. Il faut légèrement les couvrir en hiver.

M. luteus	jaune, mai-août, 30
M. primoloïdes	jaune, petites fl., mai-sept., 10

Hybrides-cultivars

M. 'Major Bees'	jaune taché rouge-brun, mai-sept., 30
M. 'Orange Glow'	orangé, mai-sept., 25
M. 'Scarlet Bees'	rouge, mai-sept., 20
M. 'Shep'	jaune taché brun, mai-juin, 25

Monarda

MONARDE

Cette fleur à couper, rustique, ne peut manquer de figurer dans tous les jardins. Toutes les combinaisons de couleurs sont possibles. Elle n'est pas exigeante, croît au soleil ou dans la mi-ombre. Il convient de la diviser et de la transplanter régulièrement.

M. 'Adam'	rouge cerise, juil.-août, 100
M. 'Alba'	blanc
M. 'Aquarius'	violet clair, juin-août, 130
M. 'Balance'	rose intense, juil.-août, 120
M. 'Blaustrumpf'	bleu-violet, juil.-août, 100
M. 'Cambridge Scarlet'	rouge écarlate, juil.-août, 80
M. 'Croftway Pink'	rose, juil.-août, 80
M. 'Elsie's Lavender'	lavande clair, juil.-août, 140
M. 'Präriebrand'	rouge foncé, juil.-août, 80
M. 'Prärienacht'	violet, juil.-août, 120
M. 'Schneewittchen'	blanc pur, juil.-août, 80
M. 'Scorpion'	violet éclatant, juil.-sept., 140
M. 'Sunset'	rouge pourpré, juil.-août, 100
M. 'Talud'	vieux rose, juil.-sept., 120
M. 'Violacea'	lilas violet, juil.-août, 120

Monarda 'Prärienacht'

Montbretia

Voir Crocosmia (Plantes à bulbes).

Nepeta

HERBE AUX CHATS, NÉPÈTE

Bien qu'il s'agisse de deux espèces différentes, *N. faassenii* et *N. mussinii* sont souvent tenues pour équivalentes. Les népètes sont des plantes de bordures, les basses pour les petits jardins, et les hautes pour les grands. *N. grandiflora*, moins connue, convient bien en plates-bandes. Les chats aiment se rouler parmi ces plantes. La floraison commence souvent en mai et dure jusqu'en octobre.

N. faassenii	bleu lavande, mai-sept., 40
N. f. 'Six Hill's Giant'	bleu, juin-août, 30
N. f. 'Snowflake'	blanc-bleu, mai-sept., 30
N. govaniana	jaune tendre, juil.-sept., 80
N. grandiflora	bleu, juin-sept., 100

Nepeta sibirica

N. mussinii	bleu clair, juin-juil., 20
N. nervosa	bleu, juin-août, 100
N. racemosa	*voir N. mussinii*
N. sibirica	bleu lavande, juil.-août, 80

Œnothera

ONAGRE

Les onagres sont des plantes basses qui présentent de grandes fleurs disproportionnées par rapport à leur taille. Il leur faut le plein soleil et un sol sec, perméable et sablonneux. Leur floraison a lieu subitement le soir. *O. tetragona* comprend un certain nombre de variétés qui ne diffèrent guère de l'espèce elle-même ; seule la variété 'Sonnenwende', à boutons rouges, est nettement plus haute.

*O. caespitosa**	blanc, juin-août, 20
O. fruticosa	jaune, juin-août, 70
O. missouriensis ❧	jaune, juin-août, 30
O. perennis	jaune, juin-sept., 25
*O. speciosa**	rose tendre, juin-août, 40
O. tetragona	jaune, juin-août, 50

Œnothera missouriensis

Omphalodes

PETITE BOURRACHE

O. verna, petite bourrache, et les espèces proches portent un feuillage vert clair. Plantes couvrantes, il leur faut la mi-ombre ainsi qu'un sol humide pour éviter leur dessèchement. Elles se développent rapidement. *O. cappadocica* est connue sous le nom de nombril-de-Vénus.

O. cappadocica	bleu gentiane, avril-mai, 20
O. verna	bleu, avril-mai, 15
O. v. 'Alba'	blanc, avril-mai, 15

Omphalodes verna

Pachysandra

Cette plante rampante et à feuillage persistant aime l'ombre ou la mi-ombre. En plein soleil, ses feuilles prennent un aspect vernissé ou grisâtre. Elle peut ne pas être homogène, pour une raison inconnue. On tâchera pour plus de sécurité de n'en planter qu'un nombre limité.

P. terminalis	blanc, avril-mai, 20
P. t. 'Green Carpet'	blanc, mars-mai, 15
P. t. 'Variegata'*	blanc, avril-mai, 15

Pachysandra terminalis 'Variegata'

Paeonia

PIVOINE

Tout le monde connaît les trois couleurs de la pivoine sauvage *(Paeonia officinalis)*. Ses fleurs sont si lourdes qu'il faut parfois les tuteurer. Les hybrides de *P. lactiflora* ont un port plus droit. Il leur faut la mi-ombre et un sol richement engraissé. On ne les déplacera donc pas pendant plusieurs années et on leur apportera une fumure annuelle. La floraison a lieu en juin-juillet, elle comporte des fleurs simples, semi-doubles, doubles, etc., mais attention elle est souvent capricieuse, mieux vaut bien se renseigner. On trouvera ici un choix limité parmi les nombreuses variétés.

P. officinalis 'Alba Plena'	blanc, fl. pleine, 70
P. o. 'Rosea Plena'	rose, fl. pleine, 70
P. o. 'Rubra Plena'	rouge, fl. pleine, 70

Hybrides de *P. lactiflora* (à fleur simple)

P. l. 'Bowl of Beauty'	rouge clair, cœur jaune, 100
P. l. 'L'Éclatante'	rouge carminé foncé, 100

Hybrides de *P. lactiflora* (à fleur double)

P. l. 'Duchesse de Nemours'	blanc crème, cœur jaune, 70
P. l. 'Karl Rosenfield'	rouge pourpré, 80
P. l. 'Lady Alexandra Duff'	rose à blanc, 100
P. l. 'Sarah-Bernhardt'	rose argenté, 90
P. l. 'Solange'	saumon, 100
P. l. 'Victoire de la Marne'	rouge argenté, 100

Paeonia 'Duchesse de Nemours'

Papaver

PAVOT

Il existe différentes espèces de pavots dans la nature (le coquelicot en est un) ; ce sont toutes des annuelles. *P. nudicaule* est bas mais robuste et se ressème facilement ; il en existe divers mélanges, dont la hauteur va de 25 à 60 cm. *P. orientale* est plus élevé. Comme tous les pavots, celui-ci a besoin de soleil et croît en tous sols. Il faut souvent les tuteurer car les fleurs sont lourdes.

P. orientale 'Harvest Moon'	orangé, mai-juil., 100
P. o. 'Helen Elizabeth'	rose, juin-juil., 70
P. o. 'Karine'	rose, mai-juin, 60
P. o. 'Orange Glow'	orangé pur, mai-juil., 70
P. o. 'Perry's White'	blanc, mai-juil., 70
P. o. 'Pinnacle'	rose à cœur blanc, mai-juil., 70
P. o. 'Rembrandt'	rouge foncé, mai-juil., 80
P. o. 'Sturmfackel'	rouge orangé, mai-juil., 60

Papaver orientale

Penstemon

Les penstémons figurent parmi les meilleures fleurs rouges de plates-bandes. Il leur faut le plein soleil et ils croissent en tous terrains. Leur floraison est abondante à condition de les couvrir en hiver. Cette plante donne de belles fleurs à couper.

P. barbatus 'Coccineus'	rouge écarlate, juil.-sept., 100
P. b. 'Praecox Nanus'	rose carminé, juin-sept., 50
P. heterophyllus 'Blue Springs'	bleu, mai-juil., 40
P. hirsutus 'Pygmaeus'	violet, juin-août, 15
P. pinifolius	rouge écarlate, juil.-août, 15

Hybrides-cultivars

P. 'Blue Spring'	bleu, juin-août, 50
P. 'Garnet'	rouge foncé, juil.-sept., 50
P. 'Schoenholzeri	rouge cerise, juin-août, 70

Penstemon 'Schoenholzeri'

Petasites

PÉTASITE, TUSSILAGE

Un vieux livre anglais dit que la pétasite est une mauvaise herbe. Nous partageons ce point de vue, mais parce que les feuilles des pétasites sont attaquées en été par des insectes et tombent toutes en août. Ces espèces font très bien sur les rives des grandes pièces d'eau : on peut les planter jusqu'au niveau de l'eau. *Darmera peltata*, plus durable, convient mieux dans les mêmes conditions.

Petasites hybridus

P. hybridus	rose, mars-avril, 80
P. japonicus var. 'Giganteus'	crème, mars-avril, 120

Phlomis

Les phlomis sont des fleurs à couper droites et rigides. Leurs fleurs s'étagent au long des tiges. Les phlomis aiment le soleil et la mi-ombre.

P. fruticosa	jaune, juin-juil., 70
*P. italica**	lilas rose, juin-juil., 60
P. russeliana	jaune, juin-juil., 90
*P. samia**	pourpré, juin-juil., 100
*P. tuberosa**	rose pourpré, juin-juil., 150

Phlomis russeliana

Phlox

Il faut faire la différence entre les espèces couvrantes basses *(P. subulata)* pour murets et les espèces bien plus hautes pour plates-bandes *(P. maculata* et *P. paniculata)* ; les premières sont plus fines et plus ornementales que les secondes. En été, on rabattra les tiges florifères à la même hauteur : en effet, ces tiges refleurissent plus tard, ce qui a pour conséquence une dissémination. Toutes les espèces conviennent aux plates-bandes de plein soleil, même sur sol argileux. Il faut les arroser suffisamment afin d'éviter qu'elles ne penchent. On trouvera ci-après un choix limité parmi les innombrables variétés.

P. maculata 'Alpha'	rose éclatant, juin-août, 80
P. m. 'Delta'	blanc et lilas, juil.-août, 120
P. m. 'Omega'	blanc et lilas, juil-août, 100
P. paniculata 'Amethyst'	bleu tendre, juil.-sept., 75
P. p. 'Blue Ice'	blanc, juil.-août, 80
P. p. 'Border Gem'	bleu-violet, juil.-sept., 80
P. p. 'Eva Foerster'	vieux rose à cœur blanc, juil.-sept., 100
P. p. 'Flamingo'	rose, juil.-sept., 100
P. p. 'Graf Zeppelin'	blanc et rouge, 90
P. p. 'Iris'	violet foncé, juin-août, 80
P. p. 'Lavendelwolke'	lilas clair, juil.-août, 150
P. p. 'Orange Perfection'	orange foncé, 50
P. p. 'Starfire'	rouge brillant, 90
P. p. 'Tenor'	rouge, 100
P. p. 'The King'	bleu, 80
P. p. 'White Admiral'	blanc, juil.-août, 80
P. subulata 'Benita'	bleu lavande, mai-juin, 15
P. s. 'GF Wilson'	lilas bleu, avril-mai, 15
P. s. 'Maischnee'	blanc, mai-juin, 15
P. s. 'Moerheimii'	rose, rouge carminé, mai-juin, 15
P. s. 'Purple Beauty'	lilas, mai-juin, 10
P. s. 'Scarlet Flame'	rouge intense, avril-juin, 15
P. s. 'Temiskaming'	rouge intense, mai-juin, 10
P. s. 'White Delight'	blanc, avril-juin, 10

Phlox maculata 'Alpha'

Physalis

ALKÉKENGE, AMOUR-EN-CAGE

Cette plante est intéressante non par ses fleurs, mais par ses fruits en forme de lampion ; on en fait des bouquets secs. Le physalis est comme une mauvaise herbe, ses rhizomes se propagent.

P. alkekengi	fr. rouge orangé, sept.-oct., 80

Physalis alkekengi

Physostegia

Cette plante vivace, haute et rigide, n'a pas besoin d'être tuteurée. C'est une bonne fleur à couper et une espèce, sans exigences, pour les plates-bandes. Elle croît en tous sols. Il lui faut le plein soleil. Ses fleurs s'épanouissent en été.

P. virginiana 'Bouquet Rose'	rose violacé, juil.-sept., 70
P. v. 'Snow Queen'	blanc, juil.-sept., 80
P. v. 'Summer Snow'	blanc, juil.-sept., 70
P. v. 'Summer Spire'	rose foncé, juil.-sept., 70
P. v. 'Vivid'	rose, juil.-sept., 60

Physostegia virginiana 'Summer Snow'

Phytolacca

Ces plantes, originaires d'Amérique du Nord, se sont naturalisées dans une grande partie de l'Europe. Leurs grappes denses de baies noires sont d'une grande beauté en automne. Leur multiplication se fait par semis et par dédoublement.

P. acinosa	blanc, juil.-sept., 150
P. americana	blanc, juil.-sept., 120

Phytolacca americana

Plantago

PLANTAIN

Les espèces et variétés mentionnées ici (d'origine sauvage) conviennent aux endroits les plus inattendus, mais elles ont une préférence pour les sols calcaires, voire les terrains totalement compacts. La variété 'Rosularia' a des fleurs en pompons, et la variété 'Rubrifolia' a des feuilles rouges.

P. coronopus	vert grisâtre, juin-sept., 10
P. major 'Rosularia'*	vert jaunâtre, juin-sept., 30
P. m. 'Rubrifolia'*	f. brun-rouge, juin-août, 40

Platycodon

CAMPANULE À GRANDES FLEURS

Ces fleurs ressemblent à celles des campanules mais elles sont plus planes. C'est l'une des meilleures plantes pour plates-bandes en plein soleil. *P. grandiflorus*, originaire de Chine, n'y est pas cultivée.

P. grandiflorus 'Albus'	blanc, juil.-sept., 40
P. g. 'Mariesii'	lilas bleu, juin-août, 40
P. g. 'Perlmutterschale'	rose, juin-août, 50
P. g. 'Shell Pink'	rose, juin-août, 40
P. g. 'Zwerg'	bleu, juin-août, 10

Plumbago

Voir Ceratostigma.

Platycodon grandiflorus 'Mariesii'

Polemonium

POLÉMOINE

Les polémoines conviennent comme fleurs à couper en plates-bandes de plein soleil. Leurs feuilles sont ornementales avant la floraison. Il faut les tuteurer avec de l'osier. Très décoratives, elles croissent sur tous terrains.

P. caeruleum	bleu, juin-juil., 70
P. c. 'Album'	juin-août, 40
*P. carneum**	lilas rose, jaune, mai-juil., 50
*P. pauciflorum**	jaune clair, juin-août, 50
P. reptans	bleu, avril-juin, 40
P. r. 'Blue Pearl'	juin-août, 40

Polemonium caeruleum

Polygonatum

SCEAU-DE-SALOMON

Sauf *P. verticillatum*, le sceau-de-salomon verticillé, les autres espèces du genre se ressemblent beaucoup. Elles ne diffèrent que par leur hauteur, dont on tiendra compte pour aménager des plates-bandes. Ces plantes aiment le soleil ou la mi-ombre et un sol humifère et humide. Elles conviennent pour un parterre naturel ou un coin boisé. Leurs fleurs blanches pendent au bout de tiges courbées.

*P. commutatum**	blanc, 120
P. falcatum 'Variegatum'	f. à marge blanche, 25
*P. latifolium**	blanc, 70-100
P. multiflorum	blanc, mai-juil., 60
P. odoratum	blanc, mai-juil., 40
*P. verticillatum**	blanc, 70

Polygonum

RENOUÉE

Ce genre comprend de très nombreuses espèces, au moins 300, dont certaines sont indigènes. Les renouées du Japon appartiennent au genre *Reynoutria* (*voir* ce mot). Les espèces ci-dessous croissent au soleil et dans la mi-ombre. Elles peuvent s'adapter en plates-bandes, comme couvre-sols, dans les rocailles, dans les bacs. Les fleurs sont réunies en épis.

Polygonatum falcatum 'Variegatum'

P. affine	rose foncé, août-oct., 30
P. a. 'Superbum'	rose, floraison abondante, août-oct., 30
P. amplexicaule	rouge, juil.-oct., 80-100
P. a. 'Roseum'	rose, juil.-oct., 120
P. a. 'Speciosum'	rouge, juil.-sept., 100-120
P. campanulatum	rose clair, juil.-oct., 70
P. vaccinifolium	rose, juil.-oct., 25

Polygonum vaccinifolium

Potentilla recta

Potentilla

POTENTILLE

Ces belles plantes, en coussins, de plein soleil, ont tendance à se coucher. Elles supportent un sol assez sec, mais il faut les arroser régulièrement.

P. alba	blanc, mai-juin, 15
P. atrosanguinea	rouge foncé, juin-juil., 30
P. aurea	jaune, mai-juin, 10
P. grandiflora	jaune d'or, juil.-août, 30
P. nepalensis 'Miss Willmott'	rouge carminé, juil.-sept., 40
P. neumanniana 'Nana'	jaune, avril-mai, 5
P. recta	jaune tendre, juin-août, 80
P. rupestris	blanc, juil.-août, 60
P. x *tonguei*	rouge orangé, juil.-août, 20

Primula denticulata

Primula

PRIMEVÈRE

Quand on parle de primevères, on pense généralement à des plantes fleurissant au printemps, dont on ignore le nom savant. Or, le genre *Primula* est très varié. On en jugera d'après les hauteurs et les périodes de floraison des espèces et variétés mentionnées ci-dessous. Les primevères aiment la mi-ombre et surtout les lieux humides, et elles gèlent lors des hivers rigoureux. *P. beesiana, P. bulleesiana* et *P. bulleyana* ont des fleurs réparties sur de longs pédoncules. Les hybrides de *P. veris, P. elatior* et *P. vulgaris* (le coucou) conviennent à la culture en pots, et peuvent être sorties en été à condition d'être à l'ombre. *P. farinacea* et *P. vialii* sont assez résistantes. *P. auricula* est bien connue pour ses feuilles rondes, charnues et farineuses.

P. auricula	mélange, mai-juin, 15
P. beesiana ❧	rouge pourpré, juin-juil., 50
P. bulleesiana ❧	couleurs mélangées, juin-juil., 60
P. bulleyana	orangé, juin-août, 40
P. chionantha	blanc, mai-juil., 40
P. denticulata	lilas, avril-mai, 15
P. d. 'Alba'	blanc, avril-mai, 15
P. d. 'Rubra'	rouge, avril-mai, 15
*P. farinacea** ❧	violet clair, juin-juil., 20
P. florindae ❧	jaune, juil.-sept., 90
P. japonica 'Alba'	blanc, mai-juil., 50
P. juliae 'Aurea'	jaune, mars-mai, 20
P. j. 'Betty Green'	rouge, mars-avril, 10
P. j. 'Oberschlesien'	violet, mars-avril, 15
P. j. 'Schneekissen'	blanc, mars-avril, 20
P. j. 'Wanda'	violet pourpré, fév.-avril, 15
P. pulverulenta	rouge violacé, mai-juin, 50
P. rosea 'Grandiflora'	rose, mars-avril, 20
P. vialii ❧	rouge, violette, juin-juil., 30

Prunella

PRUNELLE

Ces plantes vivaces, belles et à floraison abondante, méritent plus d'attention. Elles croissent en tous sols, au soleil et dans la mi-ombre.

P. grandiflora	bleu violet, juin-août, 25
P. g. 'Alba'	blanc pur
P. g. 'Loveliness'	lilas rose, juin-sept., 20
P. vulgaris	violet bleu, juin-août, 25
P. x *webbiana* 'Rosea'	rose, juin-août, 25

Pseudofumaria

Voir Corydalis.

Pulmonaria

PULMONAIRE

Ces belles plantes vivaces, persistantes et aimées des abeilles ont une floraison précoce. Dans les lieux secs, elles sont attaquées par la rouille des feuilles, comme la bugle rampante (voir *Ajuga*) ; les traiter ne sert à rien, il faut les changer de lieu. Presque toutes portent des fleurs allant du rose au bleu ; dans la liste ci-dessous, seules sont données les couleurs les plus constantes.

P. angustifolia 'Azurea' ❧	bleu azur, avril-mai, 25
P. a. 'Blaues Meer'	bleu, mars-mai, 20
P. a. 'Longifolia' ❧	bleu, avril-juin, 30
P. officinalis	mars-mai, 30
P. o. 'Sissinghurst White'	blanc, mars-avril, 40
P. rubra	rouge, mars-avril, 30

Pulmonaria angustifolia 'Longifolia'

Prunella x *webbiana*

P. saccharata 'Frühlingshimmel'	bleu ciel, mars-mai, 25
P. s. 'Mrs. Moon'	lilas rose, avril-mai, 30
P. s. 'Pink Dawn'	rose, avril-mai, 25

Pulsatilla

ANÉMONE PULSATILLE

Chaque année, il est merveilleux de voir comment ces grandes fleurs peuvent sortir d'un sol encore froid. Par la suite, des fruits, prolongés par une longue aigrette plumeuse, font un très bel effet au soleil. Quoique l'anémone pulsatille supporte une ombre légère, sa beauté donne envie de la planter au soleil.

P. vulgaris	violet-bleu, mars-avril, 40
P. v. 'Alba'	blanc, mars-avril, 30
P. v. 'Röde Klokke'	rouge, mars-avril, 30
P. v. 'Rubra'	brun-rouge foncé, mars-avril, 25

Pulsatilla vulgaris 'Rubra'

Pyrethrum

PYRÈTHRE

C'est du pyrèthre que l'on extrait le meilleur produit biologique pour la lutte contre les pucerons et diverses chenilles (*voir aussi Chrysanthemum* hybrides de *Coccineum*).

Ranunculus

RENONCULE

Dans la nature, on trouve les renoncules le long des chemins, sur un sol plutôt humide. *R. repens*, la renoncule rampante, est une mauvaise herbe tenace. Les espèces suivantes conviennent aux talus et aux plates-bandes protégés et ensoleillés sans excès de sécheresse.

R aconitifolius	blanc, mai-juin, 50
R. acris 'Multiplex'	jaune (d), mai-août, 60
R. ficaria	jaune, mars-avril, 15
R. f. 'Alba'	blanc, mars-avril, 10

Ranunculus acris 'Multiplex'

Reynoutria

RENOUÉE

Il y a peu de temps, *R. japonica* et *R. sachalinensis* étaient nommées *Polygonum cuspidatum*. Ces deux espèces diffèrent des autres renouées : la première a des tiges arquées zigzagantes, la seconde des tiges peu ramifiées. Ces plantes se naturalisent facilement et portent des feuilles et des fleurs ornementales ; il leur faut le soleil ou la mi-ombre.

R. japonica var. *compacta*	rose, juil.-sept., 40
R. j. 'Rosea'	rose, juil.-sept., 175
*R. polystachium**	blanc parfois rose, août-oct., 100
*R. sachalinensis**	blanc, août-oct., 400

Rheum

RHUBARBE ORNEMENTALE

La valeur ornementale de ces plantes réside en leurs énormes feuilles. Elles sont mises en valeur

Reynoutria japonica var. *compacta*

sur un gazon ou au bord d'une pièce d'eau. Afin d'éviter que leurs feuilles ne pendent, ce qui est le cas de la rhubarbe commune *(R. rhabarbarum)*, il faut les planter dans la mi-ombre, sur sol humide.

R. australe	blanc verdâtre, juin-juil., 200
R. palmatum ❧	rose, mai-juil., 150
R. p. var. *tanguticum*	rouge, mai-juil., 150

Rheum palmatum var. *tanguticum*

Rodgersia

Voir aussi Astilboïdes. Ces plantes à feuillage décoratif aiment l'ombre et un sol humide. Leurs panicules de fleurs suivies par des fruits globuleux à graines ont une grande valeur ornementale.

R. aesculifolia ❧	blanc-rose, juin-juil., 100
R. henrici	vieux rose, juin-juil., 90
R. pinnata	rose clair, mai-août, 100
R. sambusifolia ❧	blanc, juin-juil., 70

Rodgersia sambusifolia

Rudbeckia

Ces plantes portent de remarquables fleurs aux divers tons de jaune. Il leur faut des lieux ensoleillés. Attention à la hauteur : certaines d'entre elles ne conviennent pas aux petits jardins. Pour *R. purpurea*, on se reportera à *Echinacea*.

R. fulgida 'Goldsturm'	jaune à cœur noir, août-oct., 60
R. f. var. *speciosa*	jaune orangé à cœur brun, juil.-sept., 60
R. laciniata	jaune, juil.-sept., 70
R. maxima	jaune, juil.-sept., 150
R. nitida 'Herbstsonne'	jaune à cœur vert, août-oct., 200

Rudbeckia fulgida 'Goldsturm'

Ruta

RUE

Les chiens semblent avoir de l'aversion pour cette plante, à laquelle certaines personnes sont allergiques. La rue porte un beau feuillage vert bleuté. Il lui faut un sol sablonneux et perméable.

R. graveolens	jaune, mai-sept., 50
R. g. 'Jackman's Blue'	jaune, mai-sept., 40

Ruta graveolens 'Jackman's Blue'

Sagina

SAGINE

La sagine, habituellement une mauvaise herbe, peut servir comme plante couvrante aux endroits de passage.

S. subulata	blanc, mai-août, 5
S. s. 'Aurea'	blanc, f. jaune d'or, 5

Sagina subulata

Salvia

SAUGE

Les sauges pour plates-bandes ensoleillées tiennent longtemps en vase. Il ne faut pas tarder à les couper après la floraison : on en est récompensé par une seconde floraison. *S. nemorosa*, la sauge Sylvie, était naguère nommée *S. superba*.

S. nemorosa 'Blauköningin'	bleu-violet, juin-août, 40
S. n. 'Lubecca'	bleu-violet foncé, juin-août, 80
S. n. 'Mainacht'	bleu-noir, mai-août, 60
S. n. 'Ostfriesland'	bleu-violet foncé, juil.-sept., 40
S. n. 'Rose Queen'	rose, juin-août, 70
S. n. 'Rügen'	bleu, juin-août, 40
S. n. 'Tänzerin'	violet, juin-août, 70
S. pratensis ❧	bleu, juin-août, 40
S. verticillata	bleu, juil.-sept., 80
S. v. 'Purple Rain'	lilas, juin-août, 80

Salvia nemorosa 'Tänzerin'

Sambucus ebulus

Sambucus

SUREAU HIÈBLE

Le sureau hièble est bien une vivace car il n'est pas ligneux. Il repart du pied chaque année. Il est très décoratif, avec ses grandes ombelles de fleurs blanches et son feuillage vert franc. Il convient en tous sols, mais il est envahissant. Il aime le soleil ou la mi-ombre.

S. ebulus ❧	blanc, juillet, 250

Sanguisorba

SANGUISORBE, PIMPRENELLE

Les sanguisorbes retiennent sur leurs feuilles des gouttes d'eau. *S. minor*, la pimprenelle, est une épice mal connue. *S. obtusa*, naguère rangée dans le genre *Poterium*, convient aux plates-bandes. Il faut à ces plantes du soleil ainsi qu'un sol humifère et perméable.

S. obtusa ❧	lilas rose, juil.-sept., 80
S. tenuifolia 'Alba'*	blanc, août-sept., 170

Sanguisorba obtusa

Santolina

SANTOLINE

Les santolines sont des sous-abrisseaux, que l'on empêchera de devenir ligneux en les taillant au printemps. Il leur faut du soleil. Elles aiment les jardins de rocaille et de bruyères ; on évitera de les planter en bordures, à cause de leur sensibilité au gel. Il convient de les couvrir en hiver. *S. rosmarinifolia* porte des feuilles vertes. *S. chamaecyparissus* et *S. serratifolia* ont des feuilles grisâtres.

S. chamaecyparissus	jaune, juil.-août, 40
S. serratifolia	jaune, juil.-août, 35

Santolina serratifolia

Saponaria

SAPONAIRE

Les saponaires à croissance rapide remplacent très bien d'autres plantes dans les rocailles. Il leur faut le plein soleil et de préférence un sol qui ne soit pas trop humide. Les espèces ci-dessous, en coussins, conviennent aux rocailles ensoleillées.

S. ocymoïdes	rose, mai-juil., 20
S. o. 'Alba'	blanc
S. officinalis	rose, juin-sept., 60
S. o. 'Rosea Plena'	rose chaud (d), juin-sept., 70
S. x *olivana*	rose, mai-juil., 5

Saponaria ocymoïdes

Saxifraga

SAXIFRAGE, PERCE-PIERRE

S. umbrosa ou désespoir-du-peintre est une plante classique pour bordures dans la mi-ombre, de même que *S. cuneifolia*, plus petite. Les hybrides de *S. arendsii*, naines, sont « en coussins ». Il convient de les renouveler régulièrement, car le centre de la plante meurt au bout de quelques années. Nous ne mentionnons ici qu'un petit choix parmi les 300 espèces et variétés cultivées. Presque toutes conviennent aux rocailles en plein soleil. *S. cortusifolia* constitue une exception : elle préfère la mi-ombre et un sol acide, elle fleurit extrêmement tard. Le désespoir-du-peintre a reçu une nouvelle dénomination : *S.* x *urbium*.

S. arendsii	rouge, rose ou blanc, avril-juin, 15
S. a. 'Farbenkissen'	
S. a. 'Gaiety'	rose
S. a. 'Schneeteppisch'	blanc
S. a. 'Triumph'	rouge écarlate
S. cortusifolia ❧	blanc, oct.-nov., 40
S. c. var. *fortunei* ❧	blanc, f. rouge, oct.-nov., 50
S. c. 'Rubrifolia' ❧	blanc, f. rouge, oct.-nov., 50
S. cuneifolia	rose clair, mai-juin, 15
S. x *urbium*	rose clair, mai-juin, 30
S. x *u.* 'Clarence Elliot'	rose, mai-juin, 30
S. u. 'Variegata'	rose clair, f. taché jaune

Saxifraga x urbium 'Clarence Elliott'

Scabiosa

SCABIEUSE DU CAUCASE

Cette fleur à couper a une floraison prolongée. Elle convient aux plates-bandes ensoleillées. Il lui faut un sol calcaire et bien drainé.

S. caucasica	lilas bleu, juin-sept., 70
S. c. 'Alba'	blanc, juin-sept., 70
S. c. 'Clive Greaves'	bleu clair, juin-sept., 70
S. c. 'Miss Willmott'	blanc pur, juin-sept., 70
S. c. 'Stäfa'	bleu foncé, juin-sept., 80

Scabiosa caucasica 'Stäfa'

Sedum

ORPIN

Ces plantes basses et charnues ont besoin du plein soleil et d'un sol très sec. Un bon drainage est néces-

Sedum acre

saire pour leur éviter de moisir. Le dédoublement régulier évite à *S. spectabile*, et à *S. spurium*, de s'envahir mutuellement *(sic)*. Les espèces suivantes sont les plus communes.

S. acre	jaune, juin-juil., 10
S. album	blanc sale, juin-juil., 15
S. a. 'Murale'	blanc, juin-août, 15
S. ewersii	rose foncé, juil.-sept., 20
S. glaucum	blanc-rose, juin-juil., 15
S. kamtschaticum	jaune d'or, juin-sept., 15
S. lydium	blanc-rose, juin-juil., 15
S. reflexum	jaune, juil.-août, 25
S. spathulifolium	jaune, juin-juil., 15
S. spectabile	rose clair, août-oct., 30
S. s. 'Brilliant'	lilas rose, août-oct., 30
S. spurium 'Fuldaglut'	rouge, juil.-août, 15
S. s. 'Herbstfreude'	rouge-brun, août-oct., 40
S. s. 'Robustum'	vieux rose, juil.-sept., 40
S. s. 'Schorbuser Blut'	rouge, juil.-sept., 10
S. stenopetalum	jaune, juin-sept., 10

Sedum spectabile 'Brilliant'

Sempervivum

JOUBARBE

Les joubarbes croissent seulement dans un milieu extrêmement sec. On les plante tout particulièrement dans les coupes à fleurs des jardins alpins. Elles sont protégées des ardeurs du soleil par leurs feuilles succulentes, de couleur grisâtre, vert glauque ou rougeâtre. Certaines portent des poils arachnéens, comme *S. arachnoïdeum*, la joubarbe à toile d'araignée, dont les fleurs roses sont portées par des pédoncules de 15 cm. Leur floraison a lieu en juin-juillet. Les couleurs mentionnées dans la liste ci-dessous concernent les rosettes du feuillage.

S. arachnoïdeum	gris avec pilosité
S. x *fauconnettii*	vert et brun
S. tectorum 'Bicolor'	bleu-gris
S. t. var. *glaucum*	bleu-gris
S. t. 'Rubrum'	rougeâtre

Hybrides-cultivars

S. 'Granat'	rouge violacé
S. 'Othello'	brun-rouge, grandes
S. 'Pseudoörnatum'	vert rougeâtre
S. 'Rubin'	rouge rubis
S. 'Silberkarneol'	rouge, petites
S. 'Tristesse'	brun pourpré clair

Sempervivum arachnoïdeum

Sidalcea ❧

Avec des tiges rigides et une floraison prolongée, ces plantes donnent de bonnes fleurs à couper. Belles, même après la coupe des fleurs, elles sont idéales pour les plates-bandes. On peut les combiner avec des phlox, des salicaires et des lavandes.

S. candida	blanc, juin-août, 80
S. oregana	rouge carmin, juil.-sept., 80

Sidalcea 'Interlaken'

Hybrides-cultivars

S. 'Elsie Heug'	rose satiné, juin-août, 100
S. 'Interlaken'	vieux rose, juil.-sept., 80
S. 'Oberon'*	rose foncé, juin-août, 120
S. 'Rosanna'	rose, juil.-août, 100
S. 'Rose Beauty'	rose foncé, juin-juil., 70
S. 'Rosy Gem'	carmin, lilas, 90
S. 'Sussex Beauty'	rose argenté, 120

Smilacina

Cette plante ressemble au sceau-de-salomon, mais ses fleurs sont ordonnées en une grappe spiralée à l'extrémité d'une tige surplombante. Elle peut se trouver dans une ombre profonde, quoiqu'elle ne soit pas ennemie du soleil. Cette fleur à couper est belle combinée aux primevères.

S. racemosa	blanc, juin, 80

Smilacina racemosa

Solidago

VERGE D'OR

Les feuilles inférieures de cette très belle plante sont souvent atteintes de la maladie de la rouille qui les moisit. On se méfiera donc de cette espèce surannée d'origine sauvage à belles panicules de fleurs jaunes, qui atteint 1 m. Certaines variétés basses conviennent très bien pour les plates-bandes, sur tous les sols, dans tous les endroits ensoleillés. La verge d'or est très envahissante et fait partie des végétaux qui croissent rapidement.

S. 'Cloth of Gold'	jaune, juil.-sept., 40
S. 'Golden Dwarf'	jaune, août-sept., 30
S. 'Goldkind'	jaune pur, août-sept., 60
S. 'Laurin'	jaune d'or, août-sept., 40
S. 'Praecox'	jaune, juil.-août, 60
S. 'Strahlenkrone'	jaune éclatant, août-sept., 60

Solidaster

L'ancienne dénomination, *Asterago*, rendait compte d'un croisement entre un *Aster* et une

Solidago 'Golden Dwarf'

Solidago. Elle fournit de jolies fleurs à couper ; elle est moins appropriée aux jardins à cause de ses tiges molles.
Cet inconvénient peut être surmonté en la plantant dans un endroit chaud sans vent, et en la tuteurant. Culture en tous sols.

S. hybridus	jaune clair, juil.-sept., 60
S. h. 'Lemore'	jaune pâle, août-sept., 70

Solidaster hybridus 'Lemore'

Stachys

ÉPIAIRE

Les épiaires sont des plantes de bordure par excellence. Tous les matins, ils sentent aussi bon et leurs feuilles sont aussi tendres que la veille. On les trouve dans les jardins anciens. Ils remplacent les buis pour border les parterres de rosiers plantés au soleil et dans un sol pas trop humide. *S. grandiflora*, l'épiaire à grandes fleurs, est plutôt une espèce des bois, avec des labiacées tout autour de ses tiges ; ses feuilles sont vertes.

S. byzantina 'Cotton Boll'	fl. en balle cotonneuse, juil.-août, 40
S. b. 'Lambs Lugs'	fl. grosse et feutrée de blanc, juil.-août, 60
S. b. 'Silver Carpet' ❧	sans fleurs, 20
S. grandiflora 'Rosea'	rose, juin-août, 60
S. g. 'Superba'	lilas rose, juin-août, 50
S. spicata 'Alba'	blanc, juin-août, 25
S. s. 'Rosea'	rose, juin-août, 25

Stachys byzantina 'Lambs Lugs'

Symphytum

CONSOUDE

Ces plantes persistantes sont des plantes couvre-sols aimant l'ombre la plus profonde. Elles s'adaptent à tous les sols. *S. caucasicum*, une consoude de Russie, ne convient pas aux plates-bandes : elle s'échappe !

S. azureum	bleu ciel, avril-mai, 30
*S. caucasicum**	bleu ciel, juin-août, 80
S. grandiflorum	crème, mars-mai, 40
S. g. 'Blaueglocken'	bleu clair, avril-juin, 40
S. g. 'Wisley Blue'	bleu clair, mai-juil., 40
S. officinale	pourpré ou blanc, mai-août, 70
S. x *rubrum*	rouge, juin-août, 30

Telekia

Le télékia est une robuste plante, à grandes feuilles vert éclatant, destinée aux parcs, soit seule, soit en plantations. Peu exigeant, il croît aussi bien au soleil que dans la mi-ombre.

T. speciosa ❧	jaune orangé éclatant, juil.-août, 125

Telekia speciosa

Tellima

Le tellima n'est pas spectaculaire, mais il aime les coins boisés à environnement naturel. Il lui faut de l'ombre profonde et un sol humide. Il ressemble beaucoup à la tolmiea, mais il est plus élevé et n'a pas de feuillage persistant.

Symphitum grandiflorum

T. grandiflora	jaune verdâtre, mai-juil., 50
T. g. 'Rubra'	jaune verdâtre, mai-juil., 50

Tellima grandiflora 'Rubra'

Thalictrum

PIGAMON

Ce genre fait penser aux ancolies *(Aquilegia)* dont il aime les mêmes emplacements et les mêmes conditions de vie. Les pigamons doivent de préférence être tuteurés à cause de leur tendance à tomber. Les longues tiges florifères forment un haut bouquet. La dénomination *T. dipterocarpum* est remplacée par *T. delavayi*.

T. aquilegiifolium	bleu-violet, mai-juil., 140
T. delavayi 'Album'	blanc, juil.-sept., 150
T. d. 'Hewitt's Double' ❧	lilas violet clair, 150
T. rochebrunanum	lilas, juil.-sept., 180

Thalictrum aquilegiifolium

Thymus

THYM, SERPOLET

Le serpolet laineux, toujours vendu sous la dénomination *T. brittannicus*, a reçu maintenant le nom de *T. praecox* var. *pseudolanuginosus*. Les thyms, coussins bas à feuilles aromatiques, sont d'un bel effet sur les murets et dans les jardins de rocaille. *T. vulgaris*, l'herbe aromatique, a la forme d'un sous-arbrisseau nain. Il faut aux serpolets et aux thyms le plein soleil, car ils aiment la chaleur, un sol sablonneux et perméable.

T. citriodorus ❧	lilas rose, juil.-août, 10
T. c. 'Aurea'	lilas rose, sans feuillage
T. c. 'Silver Queen'	lilas rose, f. panaché
T. praecox var. *pseudolanuginosus* ❧	juin-juil., 10
T. serpyllum	lilas, juin-juil., 20
T. s. 'Albus'	blanc, juin-juil., 10
T. s. 'Coccineus'	rouge violacé, juin-juil., 10
T. vulgaris	lilas clair, mai-juil., 30

Thymus serpyllum 'Coccineus'

Tiarella

Cette plante couvrante, basse et persistante, porte un feuillage vert tilleul au printemps devenant rougeâtre en automne. Elle forme des tapis denses dans tous les lieux ensoleillés, mais a une préférence pour la mi-ombre. On la plantera sous des arbrisseaux ou dans les jardins boisés.

T. cordifolia	crème, mai-juin, 30
T. c. 'Rosalie'*	rose clair, juin-juil., 30
T. polyphylla 'Filigran'*	blanc, juin-sept., 30
T. wherryi ❧	crème, mai-sept., 30

Tiarella cordifolia

Tolmiea

La tolmiea a une floraison insignifiante, mais c'est une bonne plante couvrante, dense à croissance rapide pour les coins un peu sombres. Elle s'associe très bien aux grandes fougères. Seule exigence : un sol humide. Bien qu'elle supporte les gelées, elle est cultivée le plus souvent comme plante d'appartement.

T. menziesii	jaune verdâtre, mai-juin, 25

Tradescantia

ÉPHÉMÈRE DE VIRGINIE

Cette plante est un peu déroutante avec ses fleurs qui apparaissent à l'aisselle des feuilles, mais ces dernières sont d'une beauté éclatante dans les plates-bandes. Surannée, elle convient pour l'ombre ou le soleil, sur sol sec ou humide : elle s'adapte en toute circonstance et fleurit de juin à septembre.

Tradescantia andersoniana 'Innocence'

Hybrides de *T. andersoniana*

T. a. 'Blue Stone'	bleu clair, 70
T. a. 'Charlotte'	rose éclatant, 50
T. a. 'Innocence'	blanc pur, 60
T. a. 'JC Weguelin'	bleu, 70
T. a. 'Leonora'	bleu-violet, 70
T. a. 'Osprey'	blanc-violet, 70
T. a. 'Purple Dome'	pourpré, 70
T. a. 'Rubra'	rouge pourpré, 70
T. a. 'Valour'	violet-rouge pourpré intense, 70

Tricyrtis

Ces plantes sont intéressantes en raison de leur floraison tardive, mais c'est leur feuillage vert brillant qui donne leur valeur ornementale. Elles font partie de la famille des liliacées, mais elles rappellent les orchidées. Il leur faut le soleil ou la mi-ombre, dans un sol acide, auquel il sera bon d'apporter de la tourbe.

T. formosana	lilas, août-oct., 40
T. hirta	lilas brunâtre, taches blanches, sept.-nov., 80
*T. latifolia**	blanc, veiné pourpre, juin-août, 70
T. pilosa	jaune tendre, juin-juil., 60

Tricyrtis hirta

Trifolium

TRÈFLE

Pour ceux qui les connaissent, les trèfles, et le trèfle rampant en particulier, ne sont pas de vulgaires mauvaises herbes. Le trèfle rampant a besoin d'un emplacement ensoleillé sur sol calcaire. On peut aussi le planter dans un jardin de rocaille.

T. repens 'Pentaphyllum'*	mai-juin, 20

Trifolium repens 'Pentaphyllum'

Trollius

TROLLE

Cette appréciable plante de plates-bandes, qui fait partie de la famille des renonculacées, a besoin d'un sol humide au soleil et à la mi-ombre.

T. europaeus	jaune, juin-août, 80
T. pumilus	jaune, juin-juil., 20

Trollius 'Lemon Queen'

Hybrides-cultivars

T. 'Earliest of All'	jaune orangé, mai-juil., 50
T. 'Etna'	orangé foncé, mai-juil., 60
T. 'Fireglobe'	orangé, mai-juil., 70
T. 'Golden Queen'	jaune cru, avril-juin, 50
T. 'Goliath'	orangé foncé, mai-juil., 80
T. 'Lemon Queen'	jaune citron, avril-juin, 50
T. 'Meteor'	orangé, mai-juil., 50
T. 'Orange Princess'	jaune orangé, mai-juil., 50
T. 'Prichard's Giant'	jaune orangé foncé, juin, 90

*Veratrum**

VÉRATRE

Les vératres sont de hautes plantes d'ombre. Leurs feuilles développées sont plissées en accordéon et nervurées. Ils croissent à l'état naturel dans les forêts de l'Europe centrale. C'est surtout les jardins à l'ancienne qui sont leur domaine d'élection. Bien qu'ils croissent lentement, il leur faut de l'espace. Ils sont toxiques.

*V. album***	blanc, juin-juil., 150
*V. californicum***	blanc, juil.-août, 250
*V. nigrum***	châtain, juin-juil., 180

Veratrum album

Verbascum

MOLÈNE

Voir Plantes annuelles et bisannuelles.

Verbena

VERVEINE

Les verveines (ne pas confondre avec la verveine citronnelle, *Lippia citriodora*) portent des épis de fleurs sur des tiges raides. Elles conviennent aux plates-bandes et sont peu exigeantes. Il leur faut le plein soleil. Elles ne sont guère résistantes en hiver, mais elles se ressèment abondamment. *V. officinalis* est une épice méconnue (*voir aussi V. bonariensis in* Plantes annuelles et bisannuelles).

V. hastata 'Alba'	blanc, juil.-août, 125
V. h. 'Rosea' ❧	rose, juin-sept., 60
V. officinalis	

Veronica

VÉRONIQUE

V. longifolia et *V. virginica* portent des fleurs en épis ; les autres ont des fleurs en grappes. Toutes ont besoin du plein soleil et d'un sol suffisamment humide. Les fleurs de *V. gentianoïdes*, de couleur bleu gentiane, sont parmi les plus belles.

Veronica gentianoïdes 'Pallida'

V. austriaca 'Royal Blue'	bleu foncé, mai-juin, 40
V. gentianoïdes	bleu-violet, mai-juin, 30
V. g. 'Pallida'	bleu clair, juin-août, 30
V. g. 'Variegata'	panaché blanc, mai-juin, 20
V. longifolia	bleu, juil.-août, 80
V. repens	bleu clair, mai-juin, 5
V. spicata 'Blaubündel'	bleu, juil.-sept., 50
V. s. 'Icicle'	blanc
V. s. 'Rotfuchs'	vieux rose foncé
V. virginica	bleu, juil.-août, 150
V. v. 'Alba'	blanc
V. v. 'Albo-Rosea'	blanc rosé

Vinca

PERVENCHE

Les pervenches, avec les *Pachysandra*, sont parmi les plantes couvrantes les plus utilisées. Elles ont un feuillage persistant et croissent aussi bien au soleil qu'à l'ombre. On saura que les variétés de *V. minor* ont une croissance moins exubérante que l'espèce type. *V. major* a de longues tiges rampantes qui peuvent s'enraciner ; elle gèle lors des grands froids.

*V. major**	bleu, avril-sept., 40
V. m. 'Variegata'	bleu, avril-juil., 30
V. minor	bleu, avril-juin, 30
V. m. 'Atropurpurea'*	lie-de-vin, avril-juin, 15
V. m. 'Gertrude Jekyll'	blanc, avril-juil., 10
V. m. 'Plena'*	bleu clair (d), avril-juin, 25

Vinca major 'Variegata'

Viola

VIOLETTE

Les violettes vivaces peuvent être classées en violettes de printemps à petites fleurs, violettes d'été (sauvages) à petites fleurs, et violettes d'été en grosses fleurs, les hybrides de *Cornuta* (*voir aussi* Plantes annuelles et bisannuelles). Les violettes sauvages aiment le soleil ou la mi-ombre ; les autres ont besoin de soleil. *V. papilionacea* est très prolifique ; *V. labradorica* porte des feuilles foncées (elle est connue en Grande-Bretagne sous la dénomination de *V. riviniana*).

V. canina	bleu, avril-mai, 10
V. labradorica ❧	bleu-violet, avril-juin, 10
V. odorata	violacé, persistante, mars-mai, 20
V. o. 'Alba'*	blanc, mars-mai, 20
V. o. 'Queen Charlotte'*	bleu-violet
V. o. 'Rubra'	rouge, mars-mai, 20
V. papilionacea ❧	blanc taché bleu, avril-mai, 20
Hybrides de Cornuta	
V. 'Boughton Blue'	bleu, mai-sept., 20
V. 'Foxbrook Cream'	blanc crème
V. 'Gazelle'	jaune chaud
V. 'Gustav Wermig'	bleu tendre
V. 'Helen Mount'	bleu tendre
V. 'Little David'	jaune
V. 'Milkmaid'	crème, parfois bleu
V. 'Molly Sanderson'	violet noirâtre
V. 'Netty Britton'	lilas bleu
V. 'Penny Black'	presque noir
V. 'Talitha'	bleu-violet à cœur blanc
V. 'Victoria Cawthorne'	lilas rose
V. 'White Superior'	blanc, grosses fl.
V. 'W.N. Woodgate'	bleu-violet clair

Waldsteinia

Ces plantes persistantes ressemblent à des fraisiers. Elles conviennent parfaitement comme couvre-sols sans fruits. Elles ont le même usage que les *Duchesnea*, mais ces dernières portent des sortes de fraises, non comestibles. On les multiplie par bouturage. Il leur faut de l'ombre.

W. geoïdes ❧	jaune, avril-mai, 25
W. ternata	jaune, avril-mai, 15

Viola 'White Superior'

Waldsteinia ternata

Yucca

Les dénominations, dans le cas des yuccas, réservent des surprises : ainsi, *Y. flaccida* a des feuilles raides, tandis que *Y. tomentosa* les a assez molles et arquées. Leurs fleurs sont particulièrement belles dans les lieux ensoleillés. Comme *Cortaderia*, l'herbe-des-pampas (*voir* Bambous, fougères et graminées), les yuccas font un bel effet en solitaires sur les gazons.

Y. filamentosa	blanc, juil.-sept., 120
Y. f. 'Bright Edge'	f. panaché, juil.-août, 100
Y. flaccida	blanc, juil.-août, 120

Yucca flaccida

Bambous, fougères et graminées

*La nomenclature des bambous est variable. Dans les anciens ouvrages, on les classait sous les dénominations d'*Arundinaria *et de* Sinarundinaria. *Maintenant, on les répartit en plusieurs genres selon une utilisation déterminée mais souvent limitée car, provenant de l'étranger, les bambous s'adaptent difficilement à nos cultures et à nos climats ; leur feuillage, notamment, souffre du froid.*
Les graminées (y compris les laîches, les joncs et les roseaux) et les fougères sont à notre avis trop peu employées. Grâce à leur grande diversité,elles s'adaptent en de nombreux endroits dans nos jardins. Les graminées sont belles non seulement en été, mais aussi en hiver lorsque le soleil caresse les panicules et les épis, souvent givrés, des touffes d'herbes mortes.
Pour les bambous, les fougères, les joncs et les roseaux, nous donnons la priorité à la couleur du feuillage et à la hauteur des plantes. Pour les graminées, nous mentionnons la période de floraison, sauf lorsque la couleur des fleurs nous semble importante. Les hauteurs entre parenthèses sont celles des plantes avec leurs épis ou panicules de fleurs, lorsque ceux-ci sont nettement plus hauts que la touffe elle-même.

Adiantum

CAPILLAIRE

Les espèces tropicales de ce genre n'ont plus guère leur place dans les maisons dotées d'un chauffage central. Les deux types mentionnés ci-dessous sont des plantes de jardin, à placer dans un coin humide et non ensoleillé.

A. pedatum	vert clair, 0,30
A. p. 'Japonicum'	rougeâtre, 0,60

Adiantum pedatum

Alopecurus

VULPIN DES PRÉS

Cette espèce herbacée se trouve souvent sur le bord des chemins. Ses inflorescences peuvent être séchées, quoique les épis frais fassent de beaux bouquets champêtres. Le vulpin prospère dans les jardins où il prolifère facilement. On en arrachera annuellement des pieds.

A. pratensis 'Aureovariegatus' juin-juil., 0,70

Alopecurus pratensis 'Aureovariegatus'

Arrhenatherum

FROMENTAL OU AVOINE ÉLEVÉE

Ce fromental a besoin du plein soleil et d'un sol sec, légèrement acide. Il se combine bien avec les panicauts *(Eryngium sp.)*.

A. bulbosum 'Variegatum'	strié de blanc, juil.-août, 0,30 (0,50)

Arrhenatherum bulbosum 'Variegatum'

Arundinaria

BAMBOU

Cette espèce de bambou ressemble à une *Fargesia*, mais toutes ses parties sont plus fines. Cette plante est toujours verte et croît rapidement ; elle aime le soleil ou la mi-ombre.

*A. jaunsarensis**	tige assez foncée, 2,50

Asplenium

FAUX-CAPILLAIRE ET RUE-DES-MURAILLES

Ces petites et fines plantes ont besoin d'un sol humifère, dans l'ombre. Elles doivent être couvertes en hiver. *A. ruta-muraria*, la rue-des-murailles (ne pas confondre avec *Ruta graveolens*, la rue puante), est une fougère qui pousse sur les vieux murs de jardins exposés au nord. (*A. tirchomanes* est le faux-capillaire.)

*A ruta-muraria**	vert bleuté, 030
A. trichomanes	vert, 0,20

Athyrium

FOUGÈRE FEMELLE (ET APPARENTÉES)

La fougère femelle croît à l'état naturel dans les bois humides et feuillus. Elle supporte bien les rigueurs de l'hiver et peut être multipliée par dédoublement.

A. filix-femina	vert, grosses f., 0,70
A. f. 'Cristatum'	sommet en éventail, 0,70
A. f. 'Fieldiae'	f. fourchue, 0,60
A. f. 'Frizelliea'	f. étroite, 0,40
A. f. 'Grandiceps'	extrémité des f. en brosse, 0,70
A. f. 'Multifidum'	pectiné, 0,60
A. f. 'Plumosum'	fin, 0,50
A. nipponicum 'Metallicum'	f. rouge pourpré, 0,50

Athyrium felix-femina

Avena

AVOINE ORNEMENTALE

Voir *Helictotrichon*.

Asplenium trichomanes

Blechnum

Cette plante basse, vert foncé, est indigène. Toujours verte, elle est reconnaissable à ses frondes stériles plus ou moins horizontales et à ses frondes fertiles qui sont dressées. Ces dernières sont couvertes de sporanges (sacs de spores) bruns. *B. penna-marina* craint les fortes gelées.

B. spicant	vert foncé, 0,30
B. penna-marina	vert foncé, 0,30

Blechnum spicant

Bouteloua gracilis

Bouteloua

Cette herbacée, qui a besoin du plein soleil, est facile à reconnaître : ses épis floraux sont horizontaux et les étamines sont pendantes.

B. gracilis	épis floraux bruns, juil.-sept., 0,30 (0,50)

Briza

Les brizes indigènes ont besoin d'endroits secs, en plein soleil et d'un terrain perméable. *B. maxima*, la grande brize ou grande amourette, annuelle, convient aux bouquets secs. *B. media* est la brize vivace ou amourette, et *B. minor*, la petite brize, reste longtemps en fleurs.

B. media	épis cœur, août, 0,40 (0,60)
B. minor	mai-sept., 0,30 (0,45)

Briza media

Calamagrostis

CALAMAGROSTIDE

Les calamagrostides sont des touffes d'herbes dressées, élancées et ornementales. Elles portent des feuilles linéaires et des épis floraux raides. En plein soleil, elles restent belles tard dans l'hiver. *C. arundinacea* 'Overdam', plus petite et moins commune, porte des feuilles à marge jaune.

C. x *acutiflora*	dressé, (1,50)
C. a. 'Karl Foerster'	f. fines, juil.-août, (1,50)

Calamagrostis acutiflora 'Karl Foerster'

Carex

LAÎCHE

Les plus hautes laîches, en touffes ou gazonnantes et basses, ont besoin d'un sol humide voire marécageux. Les espèces *morrowii* et *plantaginea* sont persistantes. *C. muskenguensis* est la plus belle en solitaire. Ces laîches aiment la pénombre et l'ombre.

C. buchananii	brun-rouge, juin-juil., 0,50
C. grayi	fr. étoilés, mai-juil., 0,60
C. hachyoensis 'Evergold'	panachés jaune, mai-juil., 0,20
C. morrowii	vert, avril-mai, 0,50
C. m. 'Variegata'	rayé blanc, mai-juin, 0,60
C. muskenguensis	ne fleurit pas, 0,80

Carex morrowii 'Variegata'

C. ornithopoda 'Variegata'	panaché blanc, avril-mai, 0,20
C. pendula ❧	vert foncé, avril-mai, 0,60 (1,20)
C. plantaginea	larges et verts, mai-juin, 0,20
C. trifida	vert grisâtre, mai-août, 0,90 (1,20)

Ceterach

Cette espèce fine est commune chez nous dans les murs ensoleillés et secs, en terre humifère et calcaire.

C. officinarum	vert mat, 0,20

Ceterach officinarum

Chasmantium

Cette graminée, en touffes, de couleur éclatante, est ornementale. Elle porte des épis floraux aplatis en grappes pendantes. Il lui faut le plein soleil.

C. latifolium	vert glauque, août-sept., 0,80 (1,20)

Chasmantium latifolium

Cortaderia

HERBE DES PAMPAS

Cette plante, la mieux appropriée en culture isolée, veut un sol perméable afin d'éviter les dommages dus au gel. Il convient donc d'envelopper chaque pied, avant l'hiver, avec un plastique, en emplissant le fourreau de feuilles mortes. On utilisera un taille-haies pour couper les grosses touffes au printemps.

C. selloana	corymbes blancs, août-oct., 1,50 (3)
C. s. 'Gold Band'*	blanc, sept.-nov., 1 (1,75)
C. s 'Pumila'	blanc, août-nov., 0,80 (1,20)
C. s. 'Roi des Roses'*	sept.-nov., 1 (2)
C. s. 'Rosea'	rose, août-nov., 1 (1,75)

Cortaderia selloana

Cyperus

SOUCHET

Voir Plantes aquatiques.

Cyrtomium

Ces plantes à feuillage persistant sont destinées aux endroits abrités ; on peut aussi les cultiver sur tablettes en serre froide. Dans la maison, il leur faut un lieu assez sombre et froid. Elles étaient naguère des plantes d'appartement, mais elles disparaissent avec la venue du chauffage central.

C. falcatum	vert foncé, 0,60
C. fortunei	vert franc, 0,50

Cyrtomium falcatum

Dactylis

DACTYLE AGGLOMÉRÉ

Le dactyle aggloméré croît au bord des chemins. La variété présentée ici est ornementale, du fait de ses feuilles à marge blanche. Ses inflorescences d'épillets agrémentent souvent les bouquets secs. Il supporte aussi bien la sécheresse que l'humidité.

D. glomerata 'Variegata'	mai-juin, 0,45 (0,75)

Deschampsia

CANCHE CESPITEUSE

La canche cespiteuse vient de nos landes à bruyères. Il lui faut un lieu ensoleillé et un sol

Deschampsia cespitosa

sablonneux humide. Elle n'est pas spectaculaire dans les jardins, mais lorsque le soleil est bas, ses épis floraux prennent une jolie couleur. Cette plante est facilement reconnaissable à ses panicules d'épillets en vrilles sur le pédoncule. Pour les enclos, on utilisera les variétés *'Bonzeschleier'*, *'Goldschleier'* et *'Goldtau'*, moins connues.

D. cespitosa	f. vert, juin-juil., 0,50 (1)

Dryopteris

DRYOPTÈRE, POLYSTIC (ET FOUGÈRE-MÂLE)

D. austriaca (D. dilatata), la dryoptère d'Autriche, est l'une des plus grandes fougères communes des bois ; il lui faut un sol humifère et humide. *D. filix-mas*, la fougère-mâle, persistante, est souvent cultivée dans les jardins d'autrefois.

D. affinis	vert foncé, 1
D. a. 'Grandiceps'	sommets noueux, 0,80
D. austriaca	étalé, 0,90
D. erythrosora	vert foncé, 0,70
D. felix-mas	semi-persistant, 0,75
D. f. 'Cristata'	ramifié au sommet, 0,75
D. f. 'Linearis'	pennes étroites en houppe, 0,75
D. marginalis	bipenné, 0,60
D. wallichiana	f. coriace, 1

Dryopteris austriaca

Elymus

ÉLYME

Voir *Leymus*.

Fargesia

BAMBOU

Ce bambou est souvent appelé *Sinarundinaria*. C'est le plus utilisé pour créer des rideaux de séparation. C'est aussi le bambou le moins onéreux. Seule une faible part de ses feuilles persiste en hiver. Celles-ci se roulent quand le soleil est intense ; on placera donc la plante dans la mi-ombre.

F. muriliae	petites f., vert éclatant, 3
F. m. 'Simba'	touffu et large, 1,25
F. nitida	f. vert bleuté, 3
F. n. 'Nymphenburg'*	étalé, 2,50

Fargesia nitida

Festuca

FÉTUQUE

F. glauca, la fétuque bleue, et ses variétés sont les plus souvent plantées dans les jardins de rocaille et de bruyères. Ses touffes rondes sont aussi belles avec que sans fleurs. Il convient de la mettre en plein soleil pour que sa couleur vert bleuté ressorte au mieux.

F. gautieri	vert éclatant, mai-juil., 0,30
F. glauca	vert bleuté, mai-juin, 0,30

F. g. 'Blaufuchs'	vert bleuté, mai-juin, 0,30
F. g. 'Harz'	vert bleuté foncé, mai-juin, 0,30

Festuca glauca

Glyceria

GLYCÉRIE AQUATIQUE

Cette graminée pour sols humides et même imbibés prolifère beaucoup. Elle est remarquable plantée sur les rives des grandes pièces d'eau.

G. maxima 'Variegata'	juil.-août, 0,60 (1)

Helictotrichon

AVOINE ORNEMENTALE

Cette graminée solitaire peut être plantée entre les dalles, convient aux jardins des landes de sable et supporte les embruns marins, comme les fétuques. Il lui faut le plein soleil et un sol sableux, sec et perméable, pour que la couleur bleuâtre de ses feuilles s'épanouisse. Ses panicules sont jaune-violet.

H. sempervirens	vert bleuté, mai-juil., 0,50 (1,20)

Hibanobambusa

BAMBOU

Ce bambou de hauteur moyenne, très proliférant, a des feuilles fines et rayées. Il supporte bien la sécheresse et le gel. Il convient en plantation solitaire dans les jardins de surface moyenne. Il vaut mieux ne pas l'exposer au vent.

H. tranquillans f. *kimmei**	rayé jaune, 1,50
H. t. f. *shiroshima*	rayé de blanc jaunâtre, 1,75

Holcus

HOULQUE

Récemment encore, on la vendait sous le nom de *H. lanatus*, houlque laineuse. Elle croît sur sol sec ou humide. Indigène à l'état naturel, elle est plus ou moins buissonnante. Il convient de prélever ses graines, car elle se ressème largement. Il lui faut le soleil ou la mi-ombre, sur tous terrains.

H. mollis 'Albovariegatus'	juin-juil., 0,20 (0,30)

Holcus mollis

Indocalamus

BAMBOU

Ces bambous sont une exception : ils portent de grandes feuilles (atteignant 50 cm de long) et ont besoin d'ombre. *Sasa tsuboianus* est plus petit dans toutes ses parties que *I. tessellatus*. Ces deux espèces sont de bonnes plantes toujours vertes pour les jardins (de ville) plutôt petits. Voir aussi *Sasa*.

T. tessellatus	étalé, 1,50
I. tsuboianus	tige verte, 1

Juncus

Voir Plantes aquatiques.

Koeleria

Cette espèce est plus robuste que la fétuque bleue *(Fetuca glauca)*, mais elle est moins belle. Elle est buissonnante. Comme la plupart des graminées, il lui faut le plein soleil et un sol sec (de préférence calcaire).

K. glauca	vert grisâtre, mai-août, 0,20 (0,35)

Koeleria glauca

Leymus

ÉLYME DES SABLES

Le *Leymus*, naguère *Elymus*, peut croître sur les sols sableux les plus secs, en plein soleil et en plein vent. L'élyme constitue de belles combinaisons avec des buissons d'autres graminées à feuilles foncées. Elle croît rapidement, il vaut donc mieux ne pas lui apporter d'engrais.

Leymus arenarius

L. arenarius	bleu gris, mai-juil., 0,60 (1,20)

Luzula

LUZULE

Les luzules, comme les laîches *(Carex)*, croissent dans la mi-ombre ou l'ombre, sur sol humifère et humide. *L. pilosa* et *L. sylvatica* sont indigènes. Toutes portent de fines feuilles.

L. nivea	vert gris, juin-août, 0,30 (0,50)
L. pilosa	blanc, avril-juin, 0,30 (0,50)
L. sylvatica	vert franc, avril-juin, 0,30 (0,60)
L. s. 'Marginata'	jaune, avril-juin, 0,30 (0,60)
L. s. 'Tauernpass'	persistant, avril-juin, 0,30 (0,60)

Luzula nivea

Matteuccia

Souvent appelées fougères plume d'autruche, ces fougères évasées sont d'un vert clair éclatant. Elles conviennent aux sols humides et même imbibés. Sur sols secs, la marge de leurs frondes est souvent brune. Elles se développent mieux quand elles sont serrées les unes contre les autres. Leurs racines ressortent quelques mètres plus loin.

M. pennsylvanica	vert foncé, 1,50
M. struthiopteris ❧	vert clair, 1,00

Matteuccia struthiopteris

Melica

MÉLIQUE

Cette graminée ornementale, d'un beau vert franc, nous vient d'Europe centrale et méridionale. Ses épis floraux sont blancs à jaune roussâtre. Il lui faut un sol calcaire. *M. ciliata*, mélique ciliée, croît au soleil et dans la mi-ombre. *M. uniflora 'Variegata'* porte une bande blanche sur ses feuilles.

M. ciliata	épis blancs, mai-juin, 0,30 (0,60)

Melica ciliata

Miscanthus

EULALIE

Cette plante est parfois vendue comme bambou, mais bien que plus facile à cultiver, elle meurt en hiver. On ne se trompera donc pas. *M. floridulus* (syn. *M. sinensis* var. *gigantea*) et *M. sacchariflorus* sont décoratives et conviennent bien comme séparations d'enclos. Les pieds morts sont pleureurs en hiver. Les épis floraux apparaissent tard dans l'année et ne dépassent guère la plante. Celle-ci a besoin du plein soleil.

M. floridulus	f. étalé, sept.-oct., 3
M. sacchariflorus	grands épis, sept.-nov., 2,50
M. sinensis 'Gracillimus'	f. étroit, sept.-oct., 0,40
M. s. 'Silberfeder'	épis blancs, sept.-oct., 1,50
M. s. 'Strictus'	taches jaunes, août-sept., 1,75
M. s. 'Variegatus'	rayé blanc, août-sept., 1,75
M. s. 'Zebrinus'	rayures transversales jaunes, sept.-oct., 1,50

Miscanthus sacchariflorus

Molinia

MOLINIE

Les molinies sont des plantes indigènes poussant dans les landes humides. On tente d'empêcher la colonisation du sol par ces plantes, qui se ressèment largement, par les brûlis, le déracinement ou l'élevage de moutons.
On veillera également à ce que les molinies n'envahissent pas le jardin. Leurs touffes prennent de

belles couleurs automnales, surtout quand le soleil du solstice luit. Il leur faut le soleil ou la mi-ombre.

M. arundinaria	vert, juil., 1 (1,50)
M. a. 'Karl Foerster'	vert foncé, août-sept., 1 (1,50)
M. caerulea	vert, août-oct., 0,60 (1,20)
M. c. 'Moorhexe'	épis foncés, août-oct., 0,40 (0,80)
M. c. 'Variegata'	f. panaché blanc, août-oct., 0,30 (0,60)

Molinia caerulea 'Moorhexe'

Onoclea

ONOCLÉE

Cette fine fougère apprécie les lieux humides, car ses fragiles feuilles vert clair craignent beaucoup le dessèchement. Plus il y a d'humidité et de soleil, et mieux elle se porte.

O. sensibilis	vert clair, franc, 0,50

Onoclea sensibilis

Osmunda

OSMONDE ROYALE

L'osmonde royale croît dans les lieux humides, et aussi bien au soleil que dans l'ombre ou la mi-ombre. Ses frondes stériles sont vert clair. Les frondes centrales, fertiles, sont couvertes de sporanges brunes.

O. regalis	vert clair, 1
O. r. 'Purpurescens'	tiges rouges, 1

Osmunda regalis

Panicum

PANIC RAYÉ

Le panic rayé, graminée très raide, sans grand attrait, est plus beau à la fin de l'été. La variété 'Strictum' prend, en automne, une coloration jaune d'or. Cette plante croît en tous terrains, au soleil ou dans une ombre légère.

P. virgatum 'Rehbraun'	rouge-brun, juil.-août, 0,80 (1,25)
P. v. 'Strictum'	plus dressé, juil.-août, 0,90 (1,50)

Pennisetum

Les touffes de cette graminée conviennent à la culture en solitaire dans les jardins de bruyères ou les grandes rocailles. Ces plantes sont belles en association avec des rosiers couvrants ou d'autres espèces tapissantes. Il leur faut le plein soleil, sur un sol fertile et humide bien que perméable.

P. alopecuroides ❧	brunâtre, août-oct., 0,80 (1)
P. a. 'Hameln' ❧	floraison plus riche, juil.-sept., 0,50 (0,60)

Pennisetum alopecuroides 'Hameln'

Phalaris

ALPISTE ROSEAU

L'alpiste roseau est très vivace et s'adapte à tous les sols et toutes les expositions : il convient aux jardins où rien ne réussit. On ne le confondra pas avec *P. canariensis*, l'alpiste des Canaries, espèce annuelle venant des îles du même nom, très beau en bouquets secs. On peut rabattre l'alpiste roseau en été afin d'obtenir une seconde floraison.

P. arundinacea 'Picta'	rayé de blanc, juil.-août, 0,80

Phyllitis

LANGUE-DE-CERF OU SCOLOPENDRE

Les frondes de cette fougère, en forme de langues, les seules frondes de fougères de jardin qui ne soient ni lobées ni pennées, sortent directement du sol. Elles sont souvent ondulées.

P. scolopendrium	vert clair, 0,50
P. s. 'Angustifolia'	f. longues et étroites, 0,50
P. s. 'Cristata'	pectiné, 0,40
P. s. 'Furcatum'	pectiné, 0,40
P. s. 'Undulata'	vert foncé, 0,50

Phyllitis scolopendrium

Phyllostachys

BAMBOUS

Les noms d'espèces *aurea* et *nigra* de ce bambou toujours vert, convenant aux sols humides, ne traduisent pas la couleur des feuilles, qui sont vertes. Les *Phyllostachys* croissent au soleil ou dans la mi-ombre. *P. bissetii* est le plus beau des persistants et *P. bambusoides* est assez résistant au froid.

P. aurea	vert-jaune, petites f., 3,50
P. aureosulcata	vert franc, cannelures, 4,50
P. a. 'Aureocaulis'	tige verte, 5

Phalaris arundinacea 'Picta'

P. bambusoides	fûts assez épais, 5,50
P. bissetii	vert foncé, buissonnant, 4
P. flexuosa	tige vert clair, 3
P. nidularia	vert foncé, touffu, 2,50
P. nigra	vert foncé et petites, 4
P. n. 'Boryana' ❧	tiges à taches au soleil, 4,50
P. n. 'Hemonis'**	tiges vertes, 9
P. viridi-glaucescens	tiges vert foncé, 9

Pleioblastus

BAMBOUS

Chez ce genre de bambous bas et dense, *P. humilis* var. *pumilus* supporte les conditions extrêmes, à savoir la sécheresse et l'ombre profonde. Les autres croissent au soleil et à l'ombre.

P. chino 'Elegantissimum'	strié blanc, 0,75
P. c. f. *angustifolius*	petites f., 2
P. fortunei 'Variegata'	rayé blanc, 0,50
P. humilis var. *pumilus*	croissance large, 0,60
P. pygmaeus	fastigié, petites f., 0,30
P. simonii 'Variegatus'	
P. viridistriatus 'Auricoma'	panaché doré, 0,80

Pleioblastus viridi-striatus 'Auricoma'

Polypodium

POLYPODE

Cette fougère indigène croît très bien sur les vieilles souches d'arbres. Par comparaison avec les autres fougères, elle supporte parfaitement la sécheresse. Elle peut même pousser sur les vieilles tuiles, pourvu que les toits soient à l'ombre.

P. vulgare	vert éclatant, 30
P. v. 'Bifido Multifidum'	f. plissées, 30

Polystichum

POLYSTIC

Ces robustes fougères persistantes ne sont guère exigeantes, mais on ne les placera pas au soleil. *P. setiferum*, le polystic soyeux, convient en culture isolée.

P. aculeatum	grandes f., 0,75
P. minutum	vert foncé et coriace, 0,75
P. rigens	vert foncé et mate, 0,40
P. setiferum	f. très pennées, 0,40
P. s. 'Congestum'	étroitement fastigié, 0,30
P. s. 'Dahlem' ❧	vert éclatant et grande f., 1
P. s. 'Herrenhausen' ❧	large, 0,70
P. s. 'Proliferum'	vert foncé et f. aiguës, 0,50
P. s. 'Pr. Plumosum Densum' ❧	f. bipennées, 0,50
P. tsus-sinense	vert foncé et petite f., 0,30

Polystichum setiferum

Polypodium vulgare

Pseudosasa

BAMBOU

Ce bambou vert foncé a de jeunes pousses dressées qui se courbent au bout d'un an. La plante convient pour faire des rideaux et pour la culture en grands bacs. Elle supporte bien l'hiver, mais son feuillage peut devenir très laid lors des gelées, surtout dans les lieux venteux. Dans les endroits ensoleillés, ce bambou peut dépasser d'un bon mètre la hauteur indiquée ici.

P. japonica	grandes f. vertes, 2,50

Pseudosasa japonica

Pteridium

FOUGÈRE-AIGLE

On achètera la plante uniquement en pots ou en containers, car elle est difficile à transplanter. On ne doit plus la toucher lorsqu'elle a été plantée. Ses racines se développent sur plusieurs mètres chaque année et il faut donc les arracher. La fougère-aigle croît aussi bien au soleil qu'à l'ombre.

P. aquilinum

Sasa

BAMBOU

La marge, morte, des grandes feuilles âgées est de couleur crème, ce qui fait paraître la lame des feuilles comme panachée. Tout comme les *Pleioblastus*, les *Sasa* prolifèrent vigoureusement, étouffant alors les mauvaises herbes. *S. palmata*, assez haute, est également nommée *S. cernua* var. *nebulosa* ; elle convient seulement aux grands jardins. Certaines espèces à grandes feuilles appartiennent au genre *Indocalamus*. Les *Sasa* croissent au soleil ou dans la pénombre, sur tous sols.

S. kurilensis	f. arquées
S. palmata	f. palmées, 2,50
S. veitchii	f. larges à marge claire, 0,75
S. v. minor	f. à marge plus claire, 0,30

Sasa veitchii

Sasaella

BAMBOU

Les grandes feuilles des variétés des deux espèces citées ici sont panachées. Les *Sasaella* sont com-

Pteridium aquilinum

pactes et gardent une belle couleur en hiver. Elles ressemblent aux *Hibanobambusa*.

S. glabra 'Albovariegata'	panaché, 75
S. masamuneana	panaché, 150

Sesleria

SESLÉRIE BLEUE

Cette espèce croît au soleil ou dans la pénombre, sur sols calcaires et assez humides. Ses grandes touffes rondes conviennent aux jardins de bruyères et de rocaille.

S. caerulea	gris argenté, juil.-août, 20 (30)

Sinarundinaria

BAMBOU

Voir Fargesia.

Spartina

SPARTINE

Cette spartine veut un terrain humide ou même imbibé et supporte les sols salés. Ses racines ne pullulent pas. Ses épis verdâtres à étamines violacées se marient bien dans les bouquets secs.

S. pectinata 'Aureomarginata'	vert jaunâtre, 120 (150)

Spartina pectinata

Stipa

STIPE

Ces herbacées fines, élégantes et étalées sont des ornementales originaires du midi de l'Europe. Elles conviennent aux jardins d'hiver. Il leur faut le plein soleil et un sol qui ne soit pas trop acide.

S. capillata	panicules lâches, juil.-août, 0,80
S. pennata	panicules étroites, juin-juil., 0,50 (75)

Thelypteris

POLYSTIC DES MARÉCAGES

Cette fougère, qu'on trouve souvent parmi les plantes aquatiques, vient aussi bien sur des terrains plus secs. On la range également dans les genres *Dryopteris* et *Lastrea*. Il lui faut le soleil ou la mi-ombre. *Voir aussi* Plantes aquatiques.

T. palustris	vert franc, raide, 40

Woodsia

WOODSIE OBTUSE

Cette fougère fragile convient aux lieux raffinés, comme les jardins de rocaille. Elle fait de belles combinaisons avec des plantes à fleurs assez fines. Elle aime la mi-ombre.

W. obtusa	fine et vert éclatant, 40

Stipa pennata

Plantes à bulbes et tubercules

Dans ce chapitre, nous allons tenter de passer en revue les bulbes, tubercules et rhizomes proposés lors de leur période de repos. Les espèces sensibles au gel ont été omises, ou bien leur résistance a été mentionnée. Les plantes à bulbes à floraison estivale comme les dahlias et les glaïeuls sont également citées. Les espèces botaniques (naturelles) ont bien été étudiées, mais, pour les variétés de culture (races, hybrides-cultivars), nous renvoyons de préférence aux catalogues. Il existe des horticulteurs et des jardineries spécialisés en la matière, ainsi que des exportateurs dont les catalogues permettent de faire un choix à domicile.

Acidanthera (syn. Gladiolus)

GLAÏEUL D'AFRIQUE

On plante ces glaïeuls en mai et on en arrache les bulbes quand ils ont formé des « bourgeons », soit en octobre-novembre. Il leur faut un lieu ensoleillé et chaud. Ils font également de grandes fleurs en pots.

A. bicolor	crème, taches pourprées, août, 0,80
A. tubergenii	blanc à cœur foncé, juil., 0,80

Agapanthus

AGAPANTHE

Ces espèces surannées ont encore du succès pour la culture en bacs. Il arrive qu'elles ne puissent plus fleurir : on les laisse alors hiverner à l'abri du gel, et on les met dans un pot bien drainé qui ne soit pas trop grand. On peut les installer dehors, à partir de la mi-mai, en un lieu ensoleillé et chaud, en les arrosant beaucoup. Elles peuvent rester en terre, à condition de très bien les couvrir (*voir aussi* Plantes vivaces).

A. africanus	bleu, 1
A. a. 'Albidus'	blanc, août-sept., 0,70
A. (hybride-cultivar)	
'Blue Triumphator'	bleu, août-sept., 0,80
A. 'Donau' ('Danube')	bleu, juil.-août, 1,20
A. 'Lilliput'	bleu-violet, juil.-août, 0,45
A. orientalis	bleu, fl. assez petites, 0,50

Agapanthus 'Blue Triumphator'

Acidanthera tubergenii

Allium

AIL

Les ails sont les dernières plantes à fleurir au printemps ; certains fleurissent en été. On ne les plantera pas trop superficiellement en plein soleil. Le sol doit être calcaire ou neutre et pas trop humide. Leurs feuilles n'étant pas très belles, on associera les ails avec des plantes vivaces, pour les dissimuler quelque peu. Certaines espèces indigènes sont moins ornementales au jardin, sauf *A. ursinum*, l'ail des ours, remarquablement couvrant mais dont les feuilles meurent en juillet. *A cepa* var. *viviparum*, l'(ail) oignon en arbre ou oignon d'Égypte, est un beau sujet au potager. *A. schoenophrasum*, la ciboulette ou civette, est bien connue ; elle convient aux plates-bandes et bordures, et on en trouve maintenant dans le commerce une variété à fleurs rouge lilas. La ciboulette de Chine, à feuilles plates, pousse également dans le potager.

A. aflatunense	lilas, rose, mai, 0,75
A. albopilosum	lilas, mai, 0,50
A. atropurpureum	aubergine, mai, 0,70
A. caeruleum (A. azureum)	bleu ciel, juin, 0,50
A. caesium (A. urseolatum)	bleu-violet, 0,40
A. cernum	lilas, juil., 0,30
A. christophii	violet argenté, mai, 0,30
A. flavum	jaune d'or, juil.-août, 0,30
A. giganteum	violet, juil., 1,20
A. karataviense	vert, blanc, mai, 0,20
A. maximowiczii	rose, avril, 0,20
A. moly (A. luteum)	jaune, juin-juil., 0,20
*A. narcissiflorum**	violet, juin-juil., 0,30
A nigrum ❧	blanc au cœur vert, juin, 0,70
A. oreophilum	violet, juin-juil., 0,15
A. roseum	blanc, juin, 0,30
A. shoenoprasun	violet, mai-juil., 0,40
A. s. 'Forescate'	lilas rose foncé, mai-juil., 0,30
A. siculum	brun, vert, juin, 0,60-1
A. sphaerocephalon	rouge violacé, juil., 0,40
A. stipitatum	rose foncé, juil., 1,60
A. triquetrum	blanc, fl. pendantes, mai-juin, 0,50
A. unifolium	rose tendre, mai-juin, 0,50
A. ursinum	blanc, mai-juin, 0,30
A. zebdanense	blanc, avril, 0,25

Allium giganteum

Anemone

Nous faisons ici la différence entre les espèces à floraison printanière précoce, à partir d'un tubercule, et celles qui fleurissent plus tard, à fleurs simples ou doubles. Les plus grosses, variétés d'*A. coronaria*, fleurissent en avril-mai, lorsqu'elles ont été plantées à l'automne. Il est indispensable de les protéger des gelées. D'autres anémones, comme *A. nemorosa*, l'anémone des bois, ont des rhizomes fins, qu'on ne laissera pas se dessécher avant leur plantation. Les rhizomes, extrêmement durs, doivent être trempés durant une journée avant d'être plantés. *A. blanda* est la plupart du temps fournie en assortiment : on tâchera donc de les acheter « par couleur » en sachant que la taille et le rythme de croissance varient selon les couleurs, les fleurs blanches étant les plus prolifiques. Les variétés blanches d'*A. blanda* atteignent 0,20 m, les variétés à grosses fleurs sont un peu plus hautes ; les autres sont plus basses et fleurissent en avril.

Floraison au printemps, sur bulbes

*A. apennina**	bleu vif, mars-avril, 0,10
A. blanda 'Blue Shades'	divers tons de bleu, 0,10
A. b. 'Charmer'	rose foncé, 0,10
A. b. 'Pink Star'	rose violacé, 0,10
A. b. 'Radar'	rouge violacé, à cœur blanc, 0,10
A. b. 'Rosea'	cyclamen, 0,10
A. b. 'White Splendour'	blanc, grosse fl., 0,15

A coronaria type-De Caen, à grosses fleurs
à fleurs simples (avril-mai, 25)

A. c. 'The Bride'	blanc
A. c. 'Hollandia'	rouge
A. c. 'Mr. Fokker'	violet-bleu
A. c. 'Sylphide'	violet

Anemone coronaria, type De Caen à fleurs simples

A fleurs doubles (avril-mai, 25)

A. c. 'King of the Blues'	bleu foncé
A. c. 'Lord Derby'	violet-bleu
A. c. 'Lord Lieutenant'	bleu foncé (sd)
A. c. 'Mount Everest'	blanc (sd)
A. c. 'Surprise'	rouge
A. c. 'Queen of the Violets'	pourpré
A. fulgens	rouge écarlate (d), avril-mai, 25

Floraison au printemps, sur rhizomes

A. nemorosa	blanc à l'extérieur rose tendre, 0,10
A. n. 'Alba Plena'	blanc (d), 0,10
A. n. 'Robinsoniana'**	bleu clair, 0,10
A. ranunculoïdes	jaune foncé, 0,10

Anemone ranunculoïdes

Arisarum

Cette plante tapissante, qui a besoin d'ombre légère et d'un sol humifère, porte de petites feuilles vert foncé faisant penser à celles des arums. Elle produit des baies vertes en automne.

A. proboscideum	châtain, mars-avril, 0,20

Arisarum proboscideum

Arum

GOUET

La draconcule ou arum serpentaire (*voir Dracunculus vulgaris*), naguère classée avec les *Arum*, résistant bien à l'hiver, à feuilles sagittées, porte de grosses fleurs rouge foncé sur un pédoncule noir. Les arums ou gouets de jardin possèdent des rhizomes charnus. Leurs feuilles sortent en automne et meurent au printemps, cycle inhabituel qui leur permet de constituer d'excellentes combinaisons avec les hostas. En juillet apparaissent des baies orange éclatant entourées des restes des inflorescences, mais un peu plus tôt chez *A. maculatum* que chez *A. italicum*. Les arums supportent une ombre profonde sous les feuillus ; leurs fruits sont vénéneux.

A. italicum	blanc vert, avril-mai, 0,40
A. i. 'Marmoratum'	blanc vert, f. veiné vert clair, 0,40
A. maculatum	blanc vert, f. taché, 40

Arum italicum

Begonia

BÉGONIAS TUBÉREUX DITS À BULBES

Il existe plus de 1 000 espèces de bégonias, dont une seule supporte les gelées (voir ci-après). Tout le monde connaît les bégonias des jardins et ceux d'appartement. Les types mentionnés ici possèdent des rhizomes tubéreux. Ils doivent être traités comme des dahlias, mais on ne les plantera pas trop tôt, car les gelées nocturnes tardives peuvent les endommager gravement. Si les plantes sont déjà en terre on les buttera, de manière à ce que leurs feuilles soient enterrées, ou bien on les recouvrira de pots de fleurs renversés. Ceci devra être fait vers la mi-octobre, et on les laissera hiverner au frais dans de la tourbe pulvérulente. Le nombre de variétés ne cessant d'augmenter, nous ne citons ci-dessous que les différents groupes.

Begonia à grosses fleurs, mélange

Hybrides à grosses fleurs
à fleurs de camélias
à fleurs de rosiers
à fleurs frangées
à fleurs dentelées
à fleurs marbrées
à fleurs striées
Hybrides à petites fleurs

B. 'Bertinii'	orangé, fl. pendantes

Hybrides de *Multiflora maxima*

Begonia

BÉGONIA D'HIVER

Une seule espèce supporte les rigueurs de l'hiver, à condition d'être couverte lors des gelées : l'espèce *B. grandis*. Il faut à cette plante un endroit chaud, mais non le plein soleil, et un sol bien perméable afin de lui éviter le pourrissement hivernal. On peut multiplier ce bégonia à l'aide des boutures d'extrémités prélevées au point d'insertion des feuilles.

*B. grandis***	rose clair, juil.-sept., 0,30
B. g. 'Alba'**	blanc, juil.-sept., 0,30

Begonia grandis

Brodiaea

Cette fleur à couper rappelle les agapanthes. Il lui faut le plein soleil ou la mi-ombre, sur un sol perméable (voir aussi *Ipheion*).

B. californica	bleu-violet, juin, 0,70

Brodiaea californica

Camassia

Cette plante à bulbes convient aux plates-bandes de vivaces où elle s'acclimate parfaitement. Il lui faut le plein soleil, ainsi qu'un emplacement fertile et humide, voire imbibé. Elle fleurit en juin-juillet.

C. cusickii	bleu ciel, 0,60
C. c. 'Zwanenburg'	bleu clair, 0,60
C. Peichtlinii 'Caerulea'	bleu clair, 0,80
P. Peichtlinii 'Plena'	blanc (sd), 0,80
P. quamash (C. esculenta)	bleu clair, 0,40
C. q. 'Orion'*	bleu-violet foncé, 0,40

Camassia quamash (C. esculenta)

Chionodoxa

Ces espèces sont parmi les plantes fleurissant le plus précocement : il faut donc les planter à l'intérieur afin de pouvoir les admirer ensuite à l'extérieur. Elles s'acclimatent très bien, en sous-végétation, et au jardin de rocaille. Elles atteignent une hauteur de 15 cm et ont peu d'exigences.

*C. forbesii***	bleu vif au centre blanc
C. luciliae	bleu lavande/cœur blanc
C. l. 'Alba'	blanc éclatant
C. l. 'Blue Giant'	bleu
C. l. 'Pink Giant'	rose violacé tendre
C. l. 'Zwanenburg'	bleu vif au cœur blanc
C. sardensis	bleu gentiane éclatant

Chionodoxa luciliae

Colchicum

COLCHIQUE

Cette plante à bulbes fleurit en septembre. Le colchique peut aussi fleurir « à sec », c'est-à-dire sans terre, par exemple sur les appuis de fenêtres. La hauteur des espèces est facile à retenir : les fleurs, assez molles, atteignent une hauteur de 15 à 20 cm. Les feuilles vert foncé brillant, qui pointent au printemps et meurent en juin, sont hautes de 40 à 60 cm. *Colchicum automnale*, le colchique d'automne, est souvent par erreur confondu avec *Crocus nudiflorus*, le crocus d'automne. On peut faire des massifs de colchiques parmi les sous-arbrisseaux à feuilles persistantes. Tous sont très vénéneux.

C. agrippinum	rouge violacé et tacheté, sept.-oct.
C. autumnale	rose violacé clair, début sept.
C. a. 'Album'*	blanc, août-sept.
C. a. 'Album Plenum'**	blanc (d), août-sept.
C. a. 'Roseum Plenum'**	violet, oct.
C. byzantinum	rose violacé, sept.
C. b. 'Album'*	blanc, sept.
C. cilicicum	rose violacé clair, fin sept.

*C. luteum**	jaune orangé, jan.-mars
C. hybr. 'Waterlily'	rose violacé, sept.-oct.
C. speciosum	rose violacé vif, sept.-oct.
C. s. 'Album'**	blanc, sept.-oct.
C. 'Waterlily'	lilas rose (d), sept.-oct.

Colchicum byzantinum

Corydalis

CORYDALE

C. bulbosus, la corydale à bulbes, et *C. solida*, la corydale dense ou compacte, se ressemblent beaucoup. La première se multiplie facilement par semis, et la seconde par division des bulbilles ronds. Ces espèces sont particulièrement appropriées pour se développer sous les arbres et les arbrisseaux, formant au bout de quelques années un tapis de fleurs. Il leur faut un sol humifère. Toutes les espèces fleurissent précocement (*voir aussi* Plantes vivaces).

Corydalis solida

*C. angustifolia**	blanc, mars-avril, 0,20
C. bulbosa ❧ *(C. cava)*	rose-violet/ blanc, avril, 0,30
*C. diphyla**	blanc, pourpre, avril, 0,10
C. solida ❧	lilas, mars-avril, 0,25

Crinum

Cette plante à bulbes doit être mise en pleine terre dans une serre froide, mais, bien couverte, elle peut également hiverner dehors. Elle aime les lieux abrités, et un sol perméable. On plantera les bulbes à 40 cm les uns des autres, la partie supérieure, longue, au-dessus du sol.

C. powellii	rose, août-sept., 1
C. p. 'Album'	blanc, août-sept., 1

Crinum powelii

Crocosmia

MONTBRÉTIA

Ces plantes ressemblent aux freesias, mais elles sont plus hautes. Certaines d'entre elles résistent aux gelées, mais il faut quand même les pailler pour l'hiver. On plantera les nouveaux bulbes à partir de la fin mars. Les montbrétias peuvent rester en place durant plusieurs années. On les multiplie par les bulbes adventices.

C. masoniorum	orangé, août, 1
C. x *crocosmiiflora*	orangé, 0,70-0,90
C. x *c.* 'Aurora'	orangé pur
C. x *c.* 'Carmin Brilliant'	rouge carmin (petite fl.)
C. x *c.* 'Lady Wilson'	orangé
C. x *c.* 'Lucifer'	rouge, assez résistant

Crocus

Certains crocus fleurissent en automne et d'autres fleurissent au printemps. Certains se ressèment abondamment, comme *C. speciosus*, fleurissant en automne, et *C. tommassinianus*, fleurissant au printemps. *C. vernus*, le crocus de printemps ou printanier, d'aspect « commun », se ressème un peu moins. On achètera les crocus par grandes quantités, on les plantera par couleurs en les mélangeant. On tachera de créer des variations progressives de couleurs, par exemple en passant du foncé près d'un tronc d'arbre au plus clair à mesure qu'on s'éloigne ; on sèmera par couleur et on alternera les tons à la limite des zones de couleur afin d'obtenir une transition graduelle des tons.
C. sativus, le crocus cultivé ou safran, peut figurer au potager : le safran provient du pollen des stigmates de ses fleurs. Les crocus à floraison automnale doivent être plantés en juillet. La plupart des espèces et variétés sont disponibles chez les fournisseurs spécialistes des bulbes.

Espèces et variétés à petites fleurs

Crocus chrysanthus 'Blue Bird'	blanc, extérieur gris bleu
C. c. 'Blue Pearl'	bleu argenté extérieur bleu tendre
C. c. 'Blue Peter'	bleu pourpré à gorge jaune
C. c. 'Buttercup'	jaune d'or à l'intérieur brun
C. c. 'Cream Beauty'	jaune crème à stries pourpres
C. c. 'E.P. Bowles'	jaune citron
C. c. 'Ladykiller'	violet-pourpre à marge blanche
C. c. 'SnowBunting'	blanc à l'extérieur strié pourpre
C. c 'Zwanenburg Bronze'	bronze à l'intérieur jaune
C. corsicus	lilas foncé à l'extérieur strié
C. tommasinianus	bleu lavande clair
C. t. 'Albus'**	blanc pur
C. t. 'Pictus'**	lavande taché pourpre
C. t. 'Barr's Purple'	rose violacé
C. t. 'Ruby Giant'	rubis pourpré
C. t. 'Whitewell Purple'	rouge violet
C. vernus	toutes couleurs
C. versicolor 'Picturatus'	blanc rayé violet

Crocosmia x *crocosmiiflora*

Variétés à grosses fleurs

C. 'Blue Pearl'	bleu
C. 'Jeanne-d'Arc'	blanc
C. 'King of the Striped'	bleu avec raies
C. 'Pickwick'	gris argenté à bandes lilas bleu
C. 'Purpureus Grandiflorus'	bleu-violet
C. 'Remembrance'	bleu pourpré
C. 'Yellow Mammoth' (*'grosse jaune'*)	jaune foncé

Espèces et variétés fleurissant en automne

*C. goulimyi**	lilas tendre, 0,15
*C. karduchorum***	rose lavande clair, 0,10
*C. pulchellus***	lilas clair à bandes violettes, 0,10
*C. sativus**	lilas, 0,10
*C. speciosus**	bleu-violet foncé, 0,15

Crocus tommasinianus 'Whitewell Purple'

Cyclamen

Les cyclamens, plantes d'appartement bien connues, le sont beaucoup moins comme plantes de jardin et pourtant elles sont peu onéreuses. Le semis est très facile, directement sur place : les graines doivent être très fraîches et semées dans le sol où la plante s'installera en un lieu humide et à mi-ombre. Lorsque les cyclamens sont restés au même endroit pendant plusieurs années, les fleurs apparaissent en abondance. En achetant les bulbes, il faut veiller à ce qu'ils proviennent de chez un horticulteur et qu'ils n'aient pas été prélevés dans la nature en Turquie ou en Grèce. Les cyclamens sont parfaits pour les jardins de rocaille. *C. coum* fleurit au printemps, mais parfois à partir de janvier quand l'hiver est doux. *C. cilicium* n'est guère résistant à la gelée.

C. cilicium	vieux rose, sept.-nov., 0,5
C. coum	rose violacé, déc.-mars, 0,5
C. hederifolium (*C. neapolitanum*)	rose, sept.-nov., 0,10
C. h. *'Album'**	blanc, sept.-nov., 0,10
C. persicum	blanc, éclat rose, déc.-mars, 0,5

Cyclamen persicum

Dahlia

Les dahlias sont vendus le plus souvent en sachets. Lors de l'achat, plutôt que de vous laisser abuser par la couleur, intéressez-vous à la grosseur des tubercules, qui est variable. On plantera les dahlias en même temps que les pommes de terre, à partir du 1er mai. Lorsque la plante sera bien sortie de terre, si il y a encore des gelées nocturnes, il conviendra de la protéger avec un pot de fleurs retourné. On taillera et on déterrera les dahlias en novembre, pour les conserver en un lieu frais à l'abri du gel. On ne laissera pas les tubercules se dessécher, en les plaçant, par exemple, dans des caisses emplies de sable ou de tourbe pulvérulente ; on ne les arrosera pas, pour éviter qu'ils ne pourrissent. En éliminant les ramifications supérieures des tubercules, on obtiendra une grosse fleur sur une tige bien droite. Les dahlias ont besoin d'une bonne fumure. Le nombre de variétés étant important, nous ne citons ci-dessous que les différents groupes.

dahlia à fleur d'anémone	0,30-0,40
dahlia nain	0,40-0,70
dahlia miniature	0,30
dahlia à collerette	0,30-0,40
dahlia cactus et semi-cactus	0,80-1,20
dahlia ornemental	0,80-1,20
dahlia pompon	1-1,20
dahlia nénuphar	0,70-1

Dahlia à fleur d'anémone 'D. Guinea'

Dahlia cactus 'Red Pygmy'

Dahlia pompon 'Golden Scepter'

Dracunculus

DRACONCULE, ARUM SERPENTAIRE

Bien que les rhizomes de la draconcule résistent au froid, il est bon de les couvrir en hiver. Mais nous conseillons de les conserver à l'abri du gel. La draconcule pousse en solitaire, dans les coins boisés, et peut être cultivée en bacs. Elle est souvent encore vendue sous la dénomination d'*Arum*, genre auquel elle ressemble, en étant toutefois plus grande. Il lui faut la mi-ombre. Ses rhizomes seront plantés de préférence au printemps.

*D. vulgaris**	rouge, noir, mai-juin, 80

Dracunculus vulgaris

Endymion

JACINTHE DES BOIS

Voir Hyacinthoides.

Eranthis

HÉLLÉBORINE

Les *eranthis* fleurissent très tôt. Ils ne souffrent guère du gel ni de la neige. Ils conviennent parfaitement, comme plantes à bulbes, dans les gazons ; sur sol argileux, ils peuvent se ressemer massivement ; enfin, ils arrivent à croître même sur les chemins de cailloutis. On les sèmera directement en place. Leurs souches « informes » doivent être cultivées préalablement avant d'être mises en terre assez profondément (à 15 cm).

E. cilicica	jaune, mars, 0,10
E. hyemalis	jaune, fév., 0,10

Eremurus

QUENOUILLE DE CLÉOPÂTRE

Les jeunes pieds d'*Eremurus* sont sensibles au gel. On les couvrira donc en hiver, et on les plantera en un lieu sablonneux et ensoleillé. Ces plantes possèdent de longs rhizomes charnus qu'on ne négligera jamais. On les plantera de préférence parmi des plantes vivaces de hauteur moyenne, afin de dissimuler leur feuillage peu attrayant.

E. aitchisonii	rose clair, mai-juin, 2
E. 'Cleopatra'	orange, rouge foncé, juin, 1,40
E. himalaicus	blanc, mai-juin, 0,90
*E. olgae**	rose tendre, juil.-août, 1
E. robustus	rose tendre, août, 2,50

Eremurus 'Rexona'

Eranthis hyemalis

Erythronium

Ces plantes à rhizomes méritent plus d'attention. On les plantera assez profondément et on les couvrira en hiver. Il ne faudra pas les laisser se dessécher : on les plantera immédiatement ou on les conservera dans de la tourbe pulvérulente humide. Leurs feuilles vert éclatant sont joliment tachetées ou veinées.

E. californicum 'White Beauty'	blanc, avril-mai, 20
E. dens-canis	blanc, rose ou violacé, mars, 3
*E. hendersonii***	bleu violet, avril, 30
E. 'Pagoda'	jaune soufre, avril-mai, 30
E. tuolumnense	jaune d'or, avril-mai, 30

Erythronium tuolumnense

Eucharis grandiflora

Eucharis

Cette plante de luxe, qui aime la serre chaude en pleine terre, avec un chauffage artificiel provenant du sol, croît moins bien en pots. Les fleurs étalées de cette sorte de narcisse servent à faire des bouquets de mariées élaborés. Cette *Eucharis* est destinée aux amateurs exigeants.

*E. grandiflora***	blanc, printemps, automne, 0,70

Eucomis

Avec des grappes de fleurs dotées d'une petite touffe de feuilles à leur sommet, ces plantes ressemblent à des ananas. Les gros bulbes sont souvent vendus sur les marchés aux fleurs, au printemps.
Ces espèces, attrayantes surtout par la forme, n'ont pas connu un plein succès, à cause de leur teinte vert brunâtre. On les multiplie par semis et elles fleurissent au bout de trois ans. On les fait hiverner au frais, mais non en dessous de 8 °C.

E. autumnalis	blanc éclatant, août, 0,30
E. bicolor	vert clair à marge pourprée, août, 0,50
E. b. 'Alba'	blanc sale, août, 0,50
E. comosa	blanc au cœur lilas, août, 0,50

Au premier plan : *Eucomis bicolor*

Freesia

Bien que les freesias soient mieux en serre, certains d'entre eux conviennent aux jardins. On doit leur assurer une température de 20 °C, voire 30 °C, les derniers mois de l'année. Il n'est guère possible d'échapper à cette contrainte. Les horticulteurs fournissent au printemps des rhizomes tout prêts qui exigent un lieu sec, ensoleillé et chaud, à condition que l'été soit beau. Malheureusement, les freesias sont généralement fournis en mélanges (simples ou doubles).

Freesia

Fritillaria

FRITILLLAIRE

Presque toutes les fritillaires fleurissent en avril ou en mai. Il leur faut des lieux humides. Leurs bulbes ne doivent pas se dessécher, donc on les plantera immédiatement. *F. imperialis*, ou couronne impériale, convient aux corbeilles. Elles ont une particularité : bien que leurs fleurs soient pendantes, leurs fruits capsulaires sont dressés, formant une couronne. Certes, les taupes restent à quelques mètres de leurs bulbes, mais il n'est pas vrai que ceux-ci les chassent malgré l'odeur caractéristique et pénétrante des bulbes et des fleurs perceptible à grande distance. On plantera les bulbes profondément (à 20 cm), pour que des fleurs d'été puissent être plantées par-dessus. En automne, il est possible d'installer des violettes dans la même corbeille, qui sera donc fleurie en été et en hiver. *F. meleagris*, la fritillaire œuf de vanneau, peut être plantée sur les bords des fossés en eau ou dans les gazons très humides tondus une première fois tard dans le printemps. Certaines fritillaires sont susceptibles de présenter des stries : c'est pour cela que la variété *'Fasciata'*, à fleurs brun-rouge, est cultivée. Les variétés *'Argenteovariegata'* et *'Aureomarginata'* sont panachées d'argent et d'or.

*F. assyriaca**	brun marge jaune, 0,40
F. camschatcensis	presque noir, 0,25
F. imperialis 'Lutea Maxima'	jaune, 1
F. i. 'Rubra Maxima'	rouge, 1
F. meleagris	couleurs mélangées, 0,20
F. meleagris 'Alba'	blanc, 0,20
F. persica	violet foncé, 1
*F. pontica**	vert taché brun clair, 0,30
*F. verticillata**	crème, nervure verte, 0,60

Fritillaria persica

Gagea

GAGÉE

Toutes sont indigènes, et pourtant elles sont difficiles à trouver chez les horticulteurs. Elles conviennent seulement aux sols argileux, et plus particulièrement à argile grasse. On les trouve souvent en masses sur les gazons et les prairies, dans la nature ainsi que dans les parcs et jardins publics, qu'elles parsèment de leurs touffes herbacées et assez hautes. Leurs fleurs étoilées apparaissent lorsque la plante commence à mourir.

*G. lutea***	jaune, mars-mai, 0,20
G. pratensis	jaune, mars-avril, 0,10

*G. spathacea***	jaune, avril-mai, 0,20
*G. villosa***	jaune, mars-avril, 0,20

Gagea lutea

Galanthus

GALANTHES OU PERCE-NEIGE

Les galanthes doivent être plantés à 15 cm, afin d'éviter que les bulbes ne se dessèchent en été. Ils préfèrent la mi-ombre et se ressèment massivement en certains endroits, fleurissant dès la deuxième année. On les multiplie par division des touffes au moment de la floraison. Il en existe des dizaines d'espèces et variétés ; nous mentionnons ici les plus courantes. *G. reginae-olgae*, qui fleurit en automne, veut un endroit assez ensoleillé et assez sec.

G. elwesii	blanc, fév.-mars, 0,30
*G. ikariae**	blanc, mars, 0,35
G. nivalis	blanc, mars, 0,20
G. n. 'Flore Pleno'	blanc, fév.-mars, 0,20
G. reginae-olgae	blanc, oct.-nov., 0,20

Galanthus elwesii

Galtonia

JACINTHE DU CAP, JACINTHE D'ÉTÉ

G. candicans, la jacinthe du Cap, et *G. viridiflora*, la jacinthe d'été, portent des fleurs campanulées pendant à un long pédoncule. Elles ne sont pas résistantes en hiver. Elles conviennent bien comme plantes en bacs. On les fait hiverner à l'intérieur, au frais et à l'ombre. On les plante en avril et on les déterre en octobre.

G. candidans	blanc, juil.-août, 1,50
*G. viridiflora**	blanc, vert, août-sept., 0,70

Galtonia candidans

Geranium

On plantera les rhizomes charnus des géraniums dans un sol bien perméable, peu humide, et dans la mi-ombre. Le genre comprend des centaines d'espèces et variétés, dont la plupart font partie des plantes vivaces ; certains géraniums sont indigènes.

G. malviflorum	lilas foncé, juin, 0,30
G. tuberosum	rose-violet clair, avril-juin, 0,25

x *Gladanthera***

Il s'agit ici d'un croisement entre un glaïeul *(Gladiolus)* et un glaïeul d'Afrique *(Acidanthera)*, c'est-à-dire d'un hybride bigénérique (= de deux genres). Les fleurs sont similaires à celles des

Geranium tuberosum

glaïeuls, et l'odeur rappelle celle des *Acidanthera*. Cette rareté botanique a été créée en 1955 en Nouvelle-Zélande.

Gladiolus

GLAÏEUL

Les glaïeuls à couper, à grosses fleurs, sont bien connus ; leurs rhizomes doivent être déterrés chaque année. Ils nécessitent les mêmes soins que les dahlias. Ils sont vendus généralement non sous le nom de la variété, mais par couleurs ou mélanges. Les glaïeuls ont besoin du plein soleil et de tuteurs. Pour la plantation à demeure dans les jardins, on utilise les glaïeuls d'origine sauvage, plus petits, moins connus, et résistant plus ou moins aux gelées. Ceux-ci viennent d'Afrique du Sud, des régions côtières de la Méditerranée et d'Europe centrale, où ils croissent à l'état naturel. Il existe d'innombrables variétés qu'on peut classer en groupes : nains, miniatures, à petites fleurs, à fleurs moyennes, à grosses fleurs, à très grosses fleurs et botaniques.

G. carneus	blanc, rose tendre-violacé, avril-mai, 0,60
G. communis	rose violacé, rouge, mai-juin, 0,50
*G. imbricatus***	violet foncé, juin-juil., 0,75
*G. italicus***	rouge carmin, juin, 0,80

Variétés à grosses fleurs

G. 'Groene Specht'	vert jaunâtre
G. 'Green Bird'	vert crémeux
G. 'Invitation'	rose violacé ombré
G. 'Memorial Day'	vert pourpré
G. 'My Love'	crème à frange rose
G. 'White Friendship'	blanc pur

Gladiolus 'Green Bird'

Gloriosa

Ces fleurs conviennent seulement pour la culture en serre. Elles peuvent atteindre 3 m de haut. On les coupe en automne et on les fait hiverner en un lieu chaud. Ces plantes ne sont pas exigeantes, à condition que la température soit toujours suffisamment élevée. En été, elles sont souvent vendues comme plantes d'appartement.

G. rothschildiana	jaune, rouge, juil.-sept., 3

Gloriosa rothschildiana

Hermodactylus

Ce genre à rhizomes tubéreux ressemble à des iris et se répand rapidement. On les plante dans un sol sablonneux, perméable et au soleil.

*H. tuberosus** ❧	violet foncé, brun, avril-mai, 30

Hermodactylus tuberosus

Hyacinthoides

JACINTHE SAUVAGE

On ne peut se douter, en voyant leurs tubercules semblables à des pommes de terre, ce que sera la partie aérienne des jacinthes sauvages. Ces plantes sont souvent vendues sous le nom de *Scilla campanulata*. La plupart des vraies jacinthes des bois sont de l'espèce *H. non-scripta*, reconnaissable à fleurs pendantes d'un côté du pédoncule. Il y a souvent des croisements entre espèces. Ces remarquables plantes à bulbes peuvent être plantées en parterres étant donné leur floraison tardive (mai-juin) ; mais il vaut mieux ne pas les placer sur les gazons à cause du passage de la tondeuse, quoique leurs pédoncules floraux dépassent largement, avec une hauteur qui atteint 40 cm, les herbes hautes. Il leur faut un endroit humide et ombragé. On les vend souvent en mélanges ; les lots de couleurs permettent quand même des combinaisons.

Hyacinthoides hispanica 'Danube'

H. hispanica 'Blue Queen'	bleu lavande
H. h. 'Dainty Maid'	rose violacé
H. h. 'Danube' ('Donau')	bleu foncé
H. h. 'Rosabella'	rose tendre
H. h. 'Rose Queen'	rose foncé
H. h. 'White City'	blanc pur
H. h. 'White Queen'	blanc, petites fl.
H. non-scripta	bleu, mai, 20-40

Hyacinthus

JACINTHE

Les jacinthes conviennent, comme plantes à bulbe, pour les parterres et les bordures. On plantera environ 50 bulbes par mètre carré, à une profondeur de 10 cm. Avant la plantation, on les maintiendra à la température ambiante, et on les mettra en terre avec des gants de jardin, car leur contact provoque des démangeaisons. Il en existe quelque 2 000 variétés, dont la plupart sont tombées dans l'oubli. On pourra les multiplier en pratiquant sur le dessus des bulbes une entaille superficielle en étoile, à l'aide d'un tranchet affilé : de nouveaux bulbes apparaîtront ainsi sur le côté, qui pourront fleurir au bout de trois ans. Les jacinthes dites multiflores (❧) produisent de nombreuses tiges en même temps ; elles peuvent rester en terre. Les variétés ci-après marquées d'une croix (+) conviennent pour le forçage à l'intérieur (= floraison à l'intérieur, avec précautions).

H. 'Anna Marie'	rose tendre, précoce, +
H. 'Blue Jacket'	bleu foncé, strié pourpre, +
H. 'Carnegie'	blanc, précoce, +
H. 'City of Haarlem'	jaune clair, semi-précoce
H. 'Delft Blue'	bleu clair, précoce, +
H. 'Fürst Bismarck'	bleu clair, très précoces
H. 'Jan Bos'	rouge au cœur blanc, +
H. 'Lady Derby'	rose, tardive
H. 'L'Innocence'	blanc, +
H. 'Lord Balfour'	violet, tardives
H. 'Maria Christina'	abricot

H. 'Mulberry Rose'	rose
H. 'Ostara'	bleu, violet, précoce, +
H. 'Pink Pearl'	rose, +
H. 'Prins Hendrik'	jaune clair, précoce

Hyacinthus 'Ostara'

Hymenocallis

ISMÈNE

Les ismènes doivent être plantées en pots, à l'intérieur, de préférence en février, pour être sorties ensuite en été. On peut aussi les mettre en place directement à l'extérieur, en mai, en pleine terre. Il faut les rentrer en octobre.

H. festalis	blanc, juin-juil., 0,60
*H. longipetala**	blanc, juin, 0,50

Hymenocallis festalis

Incarvillea

INCARVILLÉE

Cette plante a besoin d'un emplacement ensoleillé et chaud, et qui ne soit pas trop humide, à cause du gel. Il faut donc la couvrir en hiver. Elle convient également comme plante en bacs et est souvent vendue comme vivace. On conservera les rhizomes à l'humidité ; on peut les forcer en serre.

I. delavayi	rose, juin, 0,60

Incarvillea delavayi

Ipheion

Ces petites bulbeuses, pourtant parmi les moins chères, sont hélas peu utilisées. Elles sont de petite taille et leurs feuilles, proches de la base et vert clair, sont odorantes. Leurs fleurs paraissent d'un bleu lumineux. On les vend aussi sous la dénomination *Brodiaea*.

I. uniflorum	bleu-violet, mai-juin, 0,25
I. u. 'Rolf Fiedler'**	bleu foncé, avril, 0,15
I. u. 'Wisley Blue'	bleu clair, mai, 0,20

Ipheion uniflorum

Iris

Les iris sont, selon les espèces, des plantes à rhizomes (*voir* Plantes vivaces), ou à bulbe qui fleurissent au printemps ou en été. Parmi ceux qui fleurissent au printemps, *I. danfordiae* et *I. reticulata* sont extrêmement précoces, et mesurent jusqu'à 20 cm de haut. On plantera les iris assez serrés, pour que les plantules puissent bien venir : les feuilles restent ainsi joliment droites et ne s'abîment pas.

À floraison précoce	
I. danfordiae	jaune éclatant, fév., 0,15
*I. histrioïdes**	bleu foncé, fév., 0,15
I. h. 'George'	violet avec marque foncée
I. h. 'Major'*	bleu profond
I. reticulata 'Alba'*	blanc, fév., 0,15
I. r. 'Cantab'	bleu de lin/orangé
I. r. 'Clairette'	bleu ciel, lèvre pourpre foncé
I. r. 'Harmony'	bleu bleuet, lèvre plus foncée
I. r. 'Hercules'	violet velouté à marque orangée
I. r. 'Joyce'	bleu vif à marque orangée
I. r. 'Royal Blue'*	bleu pourpré foncé à marque jaune
I. r. 'Violet Beauty'	violet, lèvre foncée à marque orangée
À floraison printanière	
*I. bucharica**	crème tache jaune, mai, 0,30
*I. hoogiana**	bleu lavande, mai, 0,60
I. h. 'Alba'*	blanc, mai, 0,50
*I. magnifica**	lilas tendre, mai, 0,60

Iris reticulata 'Harmony'

Ismene

Voir Hymenocallis.

Ixia

IXIE

Ces espèces conviennent très bien aux sols fertiles et perméables. On les plante tard (décembre), afin d'éviter les dégâts dus au gel, et bien serrées (à raison de 10 sur une surface grande comme une soucoupe). Elles ont besoin d'être bien couvertes en hiver. On les déterre après la floraison et on les conserve à une chaleur estivale pour recréer les étés secs d'Afrique du Sud, région dont elles sont originaires. Ils sont souvent cultivés comme fleurs à couper. Malheureusement ils sont vendus la plupart du temps en mélanges de couleurs criardes, rouge, rose, jaune, orange et crème, toujours avec un cœur nettement plus foncé. On multiplie les ixias par les rhizomes et les yeux.

I. hybride 'Giant'	blanc à cœur rouge, juin-août, 0,70
I. 'Mabel'	rouge carmin, juil., 0,40
I. h. 'Roze Emperor'	rose tendre, juil., 0,60
I. paniculata	rose crème, août-sept., 0,40
*I. speciosa**	rouge, août, 0,50
*I. viridiflora***	vert, août, 0,50

Ixia 'Mabel'

Ixiolirion

Ces bulbes, sensibles aux gelées, veulent un endroit chaud. Voir *Ixia* pour le mode de plantation et les soins à leur donner.

I. montanum (pallasii)	bleu vif, mai-juin, 0,40
*I. tataricum**	bleu foncé, mai-juin, 0,30

Ixiolirion montanum (palasii)

Leucojum

NIVÉOLE

L. vernum, la nivéole du printemps, fleurit avant le perce-neige. Ses feuilles vert foncé brillant sont très belles. Comme *L. aestivum*, la nivéole d'été, elle, a besoin de la mi-ombre, et d'un sol fertile et humide. Les nivéoles portent des feuilles en hiver.

L. aestivum	blanc, vert, avril-mai, 0,25-0,35
L. a. 'Gravetye Giant'	blanc, vert, mai-juin, 0,40
L. vernum	blanc, fév.-mars, 0,20

Leujocum aestivum

Liatris

Ce genre, à bulbes, fleurissant en été, est rangé généralement parmi les plantes vivaces. C'est une très bonne fleur à couper, dont l'épi floral a la particularité de s'épanouir de haut en bas.

L. spicata	rose pourpré, juil.-août, 0,70
L. s. 'Floristan Weiss'	blanc, juil.-août, 0,90
L. s. 'Kobold'	lilas violet et raide, juin-sept., 0,50

Liatris spicata

Lilium

LIS

Les espèces mentionnées ci-dessous sont assez résistantes aux rigueurs de l'hiver, mais leurs nombreux hybrides le sont moins. Pour ces derniers, on se reportera aux catalogues. Il ne faut pas laisser les bulbes charnus se dessécher : on les conserve dans de la tourbe pulvérulente humide ou bien on les plante immédiatement dans un sol bien drainé. La plantation se fait en mars. On plantera peu profondément les lis qui portent des racines seulement à la partie inférieure des bulbes, comme *L. candidum*, et à une profondeur normale (soit 10 cm) ceux qui portent des racines également sur les tiges florales (de loin les plus nombreux).

L. auratum	blanc/rouge, juil., 0,80
L. candidum	blanc, juin, 1
L. cernuum	lilas tendre, juil., 0,50

L. martagon	brun pourpré, juin, 1
L. m. var. *album***	blanc, juin-juil., 1
L. pumilum	rouge feu, juil., 0,6
L. regale	blanc à cœur jaune, juil., 1
L. tigrinum	rouge orangé tacheté, juil.-sept., 1,25

Lilium regale

Muscari

Ces plantes à bulbes sont, à tort, parmi les plus prisées pour les jardins : leurs fleurs sont jolies, mais leurs feuilles, qui persistent longtemps, sont désordonnées. *M. armeniacum* et *M. botryoïdes* sont très bon marché. Les lots promotionnels sont emplis pour une bonne part de muscaris bleus. Les plus beaux sont *M. latifolium** et *M. neglectum***.

M. armeniacum	bleu, mars-avril, 20
M. a. 'Blue Spike'	bleu (d), avril-mai, 20
M. a. 'Saffier'	bleu foncé, avr.-mai, 20
M. azureum	bleu azur, mars-avril, 15
M. a. 'Album'	blanc, mars-avril, 15
M. botryoïdes 'Album'	blanc, avr.-mai, 20
M. comosum	bleu violet tendre, mai-juil., 40
M. c. 'Plumosum'	bleu violet, mai-juil., 40
*M. latifolium** ❧	bleu clair, bleu foncé, avril, 25
M. neglectum ❧	noir, bleu clair, mars-avril, 25

Muscari azureum

Narcissus

NARCISSE

Deux livres anglais font autorité : le *Classified List and International Register of Daffodil Names*, qui cite plus de 10 000 variétés de narcisses, et le *Handbook of Narcissus*, de E. A. Bowles (1934), toujours réédité.

Les meilleurs narcisses de peuplement sont les variétés de *poeticus* : 'Pheasant's Eye', 'Keats'** et 'Actaea' ; tous ont des fleurs simples, à longue tige, blanc pur, avec une très petite couronne. Les narcisses botaniques conviennent mieux aux petits jardins et aux rocailles.

Le moins typique des narcisses, *N. bulbocodium sp. vulgaris* var. *conspicuus*, veut un terrain ensoleillé sans excès de sécheresse. La plupart des autres narcisses aiment l'ombre des feuillus, où le sol est encore humide au printemps. Les espèces et variétés assez basses, à petites fleurs, conviennent pour la culture en bacs.

Narcisses botaniques

N. canaliculatus	blanc à coronule jaune, 0,10
N. minor	jaune, mars, 0,5
N. nanus (N. lobularis)	jaune, mars, 0,20
N. odorus	jaune éclatant, avril-mai, 0,30
N. poeticus var. *recurvus* 'Pheasant's Eye' ❧	0,40

Narcissus triandus 'Albus'

Narcissus 'Barrett Browning'

Narcissus 'Texas'

Narcissus 'Peeping Tom'

N. p. 'Actaea' ❧	blanc à couronne jaune, marge orange, 0,40
N. p. 'Keats'** ❧	blanc et fines, à couronne jaune, marge orange, 0,40
N. p. 'Sinopel'	blanc à couronne jaune, marge jaune, 0,40
N. triandrus 'Albus'	blanc, 0,20
N. t. 'Hawera'	jaune, 0,20
N. t. 'Thalia'	blanc, 0,40
N. 'W.P. Milner'	blanc, jaune, 0,20
Narcisses trompette	
N. 'Golden Harvest'	jaune
N. 'King Alfred'	jaune
N. 'Mount Hood'	crème
Narcisses à grande couronne	
N. 'Carlton'	jaune
N. 'Flower Record'	blanc à couronne jaune foncé
N. 'Fortune'	jaune d'or à couronne rouge orangé
N. 'Ice Follies'	jaune clair à couronne jaune éclatant
Narcisses à couronne courte	
N. 'Barrett Browning'	blanc à couronne orangée
N. 'Quirinus'	jaune citron à couronne jaune orangé
N. 'Verger'	blanc à couronne rouge foncé
Narcisses doubles	
N. Dick Wilden'	jaune
N. 'Petit Four'	blanc abricot
N. 'Texas' ❧	jaune orangé
N. 'White Lion'	blanc, jaune tendre
Narcisses cyclamen	
N. 'February Gold' ❧	jaune éclatant, 0,25
N. 'February Silver'	blanc crème, 0,25
N. 'Jack Snipe'	blanc à coronule jaune, 0,20
N. 'Peeping Tom'	jaune foncé, 0,35
N. 'Tête-à-Tête'	jaune à coronule plus foncée, 0,20
Jonquilles ou narcisses-jonquilles (forte odeur)	
N. 'Baby Moon'	jaune tendre, 0,25
N. 'Bellsong'	jaune à couronne rose, 0,30
N. 'Sundial' ❧	jaune foncé à cœur vert, 0,25
Narcisses Tazette ou à bouquet	
'Cragford'	blanc à couronne orangée, 0,40
'Geranium'	blanc à couronne orangée, 0,40

Nectarascordum

Cette plante ressemble à l'*allium*. Elle possède des fleurs et des capsules remarquables. Il lui faut un endroit chaud et un sol suffisamment perméable.

Son ancienne dénomination était *Allium bulgaricum*.

N. siculum	vert, violet à marge blanche, juin, 0,50

Nectarascordum siculum

Nerine

Comme *Vallota* et *Zephyranthes*, cette plante doit être traitée de la même façon que les plantes en pots. On fera hiverner les nérines à une température d'au moins 5 °C, et on les protégera contre le dessèchement. *N. undulata* est l'espèce qui convient le mieux aux jardins ; il faut la cultiver comme les balisiers ou cannas : on la déterrera en automne et on ne la replantera pas trop tôt dehors. Sa période de floraison dépend beaucoup de la température durant l'été.

N. bowdenii	rose, sept.-oct., 0,50
N. flexuosa 'Alba'*	blanc, sept.-oct., 0,40
*N. undulata**	rose foncé, août-sept., 0,40-0,50

Ornithogalum

ORNITHOGALE

Ces remarquables plantes à bulbes sont de bonnes fleurs à couper, exception faite de *O. umbellatum*, la dame de onze heures. *O. thyrsoides* est une espèce d'Afrique du Sud qui ne supporte pas l'hiver. Les espèces citées ci-dessous doivent être placées dans la mi-ombre en un endroit qui ne soit pas trop sec. *O. nutans*, l'étoile de Bethléem, peut être mise à l'ombre.

O. arabicum	blanc, mai-juin, 0,60
*O. balansae**	blanc, vert, mars-avril, 0,15
*O. magnum**	blanc, mai-juin, 0,60
O. nutans ❧	blanc, avril, 0,30
O. pyramidale	blanc, juin, 1,20
*O. sintenisii***	blanc rayé vert, avril, 0,10
O. umbellatum	blanc, avril, 0,15

Ornithogalum arabicum

Nerine undulata

Oxalis

OXALIDE

O. adenophylla, qui provient d'Amérique du Sud, est une plante de rocailles, à floraison abondante et résistante en hiver, à condition d'être plantée dans un sol bien drainé. *O. deppei*, le trèfle à quatre feuilles, ne supporte pas le gel ; il est souvent vendu au printemps comme plante d'appartement. Les autres espèces conviennent également pour la culture en serre froide à l'abri du gel.

O. adenophylla	rose, été, 0,20

Oxalis adenophylla

Puschkinia

Pour le profane, ces plantes sont difficiles à différencier des scilles basses et des *Chionodoxa*, également basses. Bien que les *Puschkinia* différent botaniquement, on aura autant de plaisir pour l'aspect et les couleurs. Leur culture est semblable à celle des deux autres genres cités.

P. scilloïdes var. *libanotica*	bleu porcelaine, mars, 0,20
P. s. var. *libatonica* 'Alba'	blanc pur, mars, 0,20

Puschkinia scilloïdes var. *libanotica*

Ranunculus

RENONCULE

Ces plantes de jardin semblent n'être pas assez employées, peut-être parce qu'elles sont surannées. Les renoncules de Turquie et celles de Perse doivent être différenciées : les premières sont plantées en novembre-décembre, et les secondes en février-mars. Il convient de les couvrir de tourbe pulvérulente ou de les pailler. On peut éventuellement les semer sous châssis dans la seconde moitié de septembre. Comme leurs variétés sont infinies, elles sont généralement fournies en mélanges. Elles ne conviennent pas aux sols d'argile lourde : il faut en ce cas faire un apport de sable fin et de tourbe. Un terrain sablonneux et humifère est parfait. On plantera leurs « griffes » en mars, leur floraison ayant lieu de juin à août, et on les déterrera en automne.

Renoncules de Turquie	
R. 'Boule d'Or'	jaune d'or, précoces
R. 'Hercules'	blanc
R. 'Romano'	rouge
R. 'Merveilleuse'*	jaune cuivré
Renoncules françaises	
R. 'Primrose Beauty'*	jaune
R. 'Mathilde Christina'*	blanc
R. 'Orange Queen'*	orangé
R. 'Veronica'*	rouge
Renoncules pivoines	
R. 'Brilliant Star'*	rouge
R. 'Champagne'	jaune clair
R. 'Flora'*	carmin à centre noir
R. 'Golden Ball'*	jaune
Renoncules de Perse	
R. 'Barbaroux'	rouge
R. 'Jaune Suprême'	jaune
R. 'Fire Ball'	rouge foncé
R. 'Pink Perfection'	rose

Renoncules en mélange

Scilla

SCILLE

Certaines espèces qui entraient naguère dans le genre *Scilla* sont maintenant classées dans le genre *Hyacinthoides*. On plantera les scilles de préférence dans un sol sablonneux ou argileux, riche en calcaire, peu humifère et humide. *S. peruviana** ne supporte pas l'hiver. *S. sibirica*, la jacinthe des bois, est l'une des plantes à bulbes qui se naturalise le mieux ; étant donné son cycle précoce de croissance, elle convient au gazon.

S. bifolia	bleu gentiane, mars, 0,10
S. mischtschenkoana	bleu très clair, fév.-mars, 0,10
S. siberica	bleu éclatant, mars-avril, 0,15
S. s. 'Alba'	blanc, mars-avril, 0,15
S. s. 'Spring Beauty'	bleu foncé, mars-avril, 0,20

Scilla bifolia 'Rosea'

Sternbergia

Cette espèce est la plus représentative des quelques plantes à bulbes qui fleurissent en automne. On la placera en un lieu chaud et ensoleillé.

S. lutea	jaune, sept.-nov., 0,15

Trillium

Les *Trillium* sont facilement reconnaissables à leurs trois pétales en haut d'un pédicelle chauve. On les plante dans un sol humifère, dans la mi-ombre, par exemple un coin boisé.

T. ozarkianum	blanc, mai-juin, 0,20
T. sessile	vert brun, mai-juin, 0,20
T. s. 'Californicum'	brun-rouge, mai-juin, 0,20

Trillium sessile 'Californicum'

Triteleia

La floraison suit la mort des feuilles chez ces plantes à bulbes similaires aux *Brodiaea* dont la dénomination leur est souvent appliquée. Il leur faut un lieu ensoleillé.

*T. hendersonii**	jaune, juin-juil., 0,30
T. ixioïdes 'Splendens'**	jaune, juin, 0,50
T. laxa 'Koningin Fabiola'	violacé, juin, 0,50

Sternbergia lutea

Triteleia laxa 'Koningin Fabiola'

Tritonia

Cette plante à bulbes à floraison prolongée, destinée aux serres froides mais à l'abri du gel, peut très bien être mise au jardin en un lieu chaud, à condition qu'elle soit bien protégée. Elle est fournie seulement en mélanges de tons jaunes à orangés.

T. crocata	mélange, juin-juil., 25

Tritonia crocata

Tulipa

TULIPE

Que peut-on encore apprendre sur les tulipes ? Tout à été dit. Pourtant les espèces botaniques sont peu représentées dans les jardineries, et seules les tulipes les plus connues figurent dans les rocailles et les petits jardins. On observe depuis quelque temps un regain d'intérêt pour ces fleurs, y compris les anciennes tulipes marbrées, telles qu'on peut les voir sur les peintures du XVIIe siècle. Cette tendance s'est encore accentuée, ce qui fait que, comme au temps de la « tulipomanie », ces tulipes redeviennent onéreuses. On évitera d'acheter les espèces à grosses fleurs en mélanges, car ceux-ci ont pour inconvénient non seulement des différences de couleurs, mais aussi des différences de période de floraison. Il vaut mieux effectuer les compositions et choisir les dates de floraison soi-même.

Tulipes botaniques

T. acuminata	rouge, jaune, avril, 0,50
T. aucheriana	rose foncé, avril, 0,5
*T. batalinii**	jaune, avril, 0,15
T. biflora	blanc, vert, avril, 0,15-0,25
*T. celciana**	rouge, mai, 0,10
T. clusiana	blanc, rouge, avril-mai, 0,30
*T. ferganica***	jaune, rosâtre, avril, 0,15
T. hageri	rouge, avril, 0,15
T. kolpakowskiana	jaune, verdâtre, avril, 0,15
*T. lanata**	rouge orangé à marge jaune, avril, 0,25
T. linifolia	rouge écarlate, avril-mai, 0,15
T. marjoletii	jaune tendre à marge rose, mai, 0,50
*T. polychroma**	blanc à cœur jaune, avril, 0,10
T. praestans	rouge, avril, 0,25
T. pulchella var. *'humilis'*	violet, rose, fév.-mars, 0,10

Tulipa hageri

Tulipa urumiensis, une tulipe botanique

Tulipa 'Lustige Witwe', une tulipe Triomphe

T. saxatilis	rose, rose violacé, mars-avril, 0,30
T. sylvestris	jaune, avril, 0,25
T. tarda	jaune, blanc, avril, 0,10
T. turkestanica	blanc à cœur jaune, mars, 0,25
T. urumiensis	jaune d'or, à points rouges, avril-mai, 0,20

T. gregii, T. fosteriana et *T. kaufmanniana* et leurs hybrides ne sont pas classées parmi les tulipes botaniques. Pour les hybrides, on se reportera aux catalogues ; il est impossible de mentionner les milliers de variétés qui changent chaque année. On fera son choix parmi les groupes suivants :

Tulipes à floraison précoce
précoces simples
précoces doubles

Tulipes à floraison semi-précoce
tulipes Mendel
tulipes Triomphe
hybrides Darwin

Tulipes à floraison tardive
tulipes Darwin
tulipes à fleurs de lis
tulipes Cottage (tardives simples)
tulipes Rembrandt
tulipes Perroquet
tulipes à fleurs de pivoine (doubles)

Tulipa 'Brilliant Star' : simple et précoce

Tulipa 'Lilac Perfection' : double, à fleurs de lis

Urginea

URGINÉE, SCILLE MARITIME

L'urginée, dite scille maritime *(U. maritima)*, est la plus grande (mais non la plus belle) des plantes à bulbes, aussi bien par le volume des bulbes que par la hauteur de la fleur, soit 1,20 m. Elle craint le gel. On la plantera en un lieu ensoleillé sur un sol sablonneux, en l'arrosant bien régulièrement lors de la pousse. On la déterrera en même temps que les dahlias. Elle convient aussi en grands pots.

*U. maritima**	blanc, août-sept., 1,20

Vallota

Cette espèce porte des fleurs similaires à celles des amaryllis ; elle supporte les faibles gelées, mais il vaut mieux la faire hiverner au frais.

V. speciosa	rouge orangé, juil., 0,50

Vallota speciosa

Zephyranthes

On apportera à ces plantes les mêmes soins qu'aux *Vallota*. Seule *Z. candida* peut passer l'hiver dehors, à condition d'être convenablement couverte. Les autres espèces doivent être mises hors gel.

Z. candida	blanc, sept.-oct., 0,20
Z. grandiflora	rose vif, mai-juin, 0,30
*Z. rosea**	rose, sept.-oct., 0,20

Zephyranthes grandiflora

Les plantes aquatiques

Le choix des plantes aquatiques est très vaste et la plupart des plantes référencées ici se trouvent chez les spécialistes. Les plantes aquatiques doivent être plantées impérativement à la bonne profondeur ; c'est pourquoi, dans ce chapitre, nous mentionnons en premier la profondeur de plantation, suivie de la hauteur de la plante au-dessus de la surface de l'eau (chiffre précédé du signe +). Suivent la couleur des fleurs, la période de floraison, et enfin, lorsqu'il y a lieu, la hauteur (en centimètres) que les tiges sont susceptibles d'atteindre au-dessus du niveau de l'eau.

Acorus calamus 'Variegatus'

Acorus

ACORE

Ces plantes indigènes, ressemblant à des iris, atteignent une hauteur de 1 m. Leurs inflorescences ne sont pas spectaculaires.

A. calamus	0-20, blanc, juin-août, 70
A. c. 'Variegatus'	0-20, stries jaunes, juin-août, 70
A. gramineus	10, stries jaune clair, 30

Alisma

PLANTAIN D'EAU

Les plantains d'eau sont plus grands et plus rigides que les plantains communs bien connus dans nos campagnes comme mauvaise herbe. Leurs fleurs, atteignant une hauteur maximale de 1,50 m, sont étagées le long des pédoncules.

A. natans	flottant, blanc, mai-août, 40
A. plantago-aquatica	30 +10, blanc, juil.-août, 70

Ci-contre : *Sagittaria latifolia*

Aponogeton

APONOGÉTON

Les aponogétons, plantes aquatiques enracinées dans le fond, comprennent aussi des espèces indigènes. Ils ont une prédilection pour les eaux cou-

Alisma plantago-aquatica

rantes. Cette espèce sud-africaine doit être plantée assez profond pour que ses racines ne gèlent pas en hiver. Les fleurs, cireuses, reposent sur l'eau.

A. distachyos 30-50, blanc, juin-oct., 5

Aponogeton distachyos

Azolla

FOUGÈRE D'EAU

Les fougères d'eau, flottantes et ornementales, ressemblent à la lentille d'eau ordinaire dont elles ont la même capacité de pullulement. Elles ont aussi une plus jolie forme et de belles couleurs.

A. caroliniana flottante, vert, rouge-brun

Azolla caroliniana

Baldellia (Echinodorus)

FLÛTEAU FAUSSE-RENONCULE

Le flûteau fausse-renoncule est une plante palustre, à feuilles graminées et à inflorescences éclatantes. Les dénominations *Alisma*, *Luronium* et *Echinodorus* ont été regroupées sous le nom d'*Alisma* (les flûteaux). Cette fluctuation dans les noms entraîne une grande confusion (*voir aussi Alisma*).

B. ranunculoïdes 5+5, blanc, juin-sept., 20

Baldellia ranunculoïdes

Butomus

BUTOME EN OMBELLE

Cette espèce indigène protégée a besoin d'une profondeur d'eau de 50 cm. Il lui faut du soleil. Ses ombelles roses sont particulièrement belles en juillet.

B. umbellatus 30-0, rose, juil.-août, 100

Butomus umbellatus

Calla

CALLA DES MARAIS

Le calla des marais, indigène, se trouve bien dans l'ombre et la mi-ombre, donc dans les étangs des bois.

C. palustris	15-0, blanc, juin-juil., 20

Calla palustris

Caltha

POPULAGE

Les populages sont de remarquables plantes de rivages, et dès le printemps leurs grosses fleurs jaunes attirent le regard alors que les autres végétaux n'ont pas encore de feuilles. Malheureusement, la variété 'Multiplex' est la plus vendue et la moins belle. *C. palustris*, le populage des marais, est indigène.

C. palustris	10-0, jaune, avril-mai, 30
C. p. 'Alba'	10-0, blanc, mai-juin, 20
C. p. 'Multiplex'	10-0, jaune (d), avril-mai, 30
*C. polypetala** ❧	10-0, mai-juin, 60

Caltha palustris 'Alba'

Carex

LAÎCHE

La beauté des laîches qui peuplent les marais et les rivages réside en leurs jolis épis floraux bruns, mais leur verdeur hivernale est prédominante.

C. otrubae	10-0, brun, mai-juin, 60
C. paniculata	10-0, vert, mai-juin, 100
C. pendula ❧	10-0, brun, juin-juil., 150
C. pseudocyperus	20-0, brun, juin-juil., 100
C. riparia	10+10, brun, juin-juil., 100

Carex pendula

Ceratophyllum

CORNIFLE NAGEANT

Cette bonne espèce oxygénante parasite prolifère au fond et en surface. Ses fleurs sont insignifiantes.

C. demersum	100-30, vert

Ceratophyllum demersum

Chrysoplenium

DORINE

Cette petite plante se trouve bien dans l'eau. Lorsque celle-ci est légèrement courante et bien claire, sa croissance est également subaquatique. Bien que la dorine à feuilles alternées soit indigène, elle est trop rarement vendue.

*C. alternifolium** 10+10, jaune, juil.-sept., 10

Chrysoplenium alternifolium

Cicuta

CIGUË AQUATIQUE

C'est la ciguë aquatique qui a été donnée à Socrate dans la coupe empoisonnée. Elle ressemble à diverses ombellifères. On la reconnaît à ses rhizomes divisés en compartiments par des cloisons transversales. Elle est extrêmement vénéneuse.

C. virosa 10-0, blanc, juil.-sept., 100

Cicuta virosa

Cladium

MARISQUE À FEUILLES EN SCIE

La marisque, indigène, croît dans les tourbières, les bois marécageux et les vallons des dunes humides. Elle supporte les variations du niveau de l'eau. Sa floraison convient aux bouquets secs.

*C. mariscus** 30-10, vert, juin-juil., 150

Cladium mariscus

Cochlearia

CRANSON

Différentes espèces de cransons sont indigènes. *C. officinalis*, le cranson officinal, supporte les eaux saumâtres, ce qui explique ses feuilles adipeuses.

C. officinalis 5, blanc, avril-mai, 25

Colocasia

Cette plante aquatique est appréciée pour ses belles feuilles ressemblant à celles des sagittaires.

*C. esculenta*** 50-20, août-nov., 100

Comarum

COMARET, POTENTILLE DES MARAIS

Voir Potentilla.

Cotula

COTULE

C. squalida (*voir* Plantes vivaces) convient aux berges, surtout celles des pièces d'eau artificielles

Colocasia esculenta

dont il faut camoufler les bords. *C. coronopifolia*, la cotule à feuilles de senebière, mentionnée ici, possède des fleurs plus ornementales que celles des autres espèces.

*C. coronopifolia**	5-0, jaune, mai-juin, 20

Cyperus

SOUCHET

Bien qu'il existe nombre d'espèces indigènes, ceux que nous mentionnons ici sont particulièrement adaptés aux marais enclos.

Cyperus alternifolius

C. alternifolius	10-0, vert clair, 70
C. longus	20-0, vert brunâtre, juil.-sept., 100

Dactylorhiza

L'orchis oublié, décrit ici, est l'une des quelques orchidées indigènes à être cultivées. On peut le trouver chez certains producteurs. Il lui faut un sol pauvre et non fumé. Dans la nature, cette orchidée s'installe facilement sur les terrains récemment asséchés. Plutôt rare, on la rencontre à l'état sauvage.

*D. praetermissa**	+5+20, couleur chair, mai-juin, 40

Dactylorhiza praetermissa

Echinodorus

FLÛTEAU FAUSSE-RENONCULE

Voir Baldellia.

Egeria

PESTE D'EAU

Les *Egeria*, oxygénantes et submergées, peuvent s'enraciner dans le sol, mais aussi flotter librement. *E. densa* est la peste d'eau d'Argentine. Comme *Elodea eanadensis*, elle est naturalisée chez nous. Ses fleurs sont peu visibles.

E. densa	100-20, vert

Eichhornia

JACINTHE D'EAU

Voir Plantes en pots.

Eleocharis

HELEOCHARIS

Ces espèces indigènes ne sont guère spectaculaires, mais conviennent cependant aux pièces d'eau naturelles. Leurs fleurs en épis ne sont pas remarquables.

E. acicularis	30-0, vert, 30
E. palustris	0+20, vert, 30

Elodea

ÉLODÉE, PESTE D'EAU

Cette plante parasite, importée, est devenue assez commune dans nos lacs et étangs fertiles. Elle est flottante, mais elle peut aussi s'enraciner.

C. canadensis	100-20, vert, mai-août

Elodea canadensis

Epilobium

ÉPILOBE

Souvent considérés comme de mauvaises herbes à arracher, ils conviennent aux jardins sauvages. *E. angustifolium*, l'épilobe en épi ou laurier de Saint-Antoine, et *E. hirsutum* sont indigènes.

E. angustifolium	0+10, rose, juil.-oct., 100
E. hirsutum	0+10, rose, juil.-nov., 120

Epilobium hirsutum

Epipactis

Cette orchidée croît comme les *Dactylorhiza*, dans des sols humides et peu fertiles, sableux ou caillouteux.

E. palustris	+10, brun, blanc, juin-août, 40

Equisetum

PRÊLE

E. fluviatile, la prêle des bourbiers, et *E. palustre*, la prêle des marais, sont indigènes. Elles portent non des fleurs, mais des sporanges. Les prêles sont des plantes sans fleurs, comme les Fougères.

E. fluviatile	30+10, gaine blanche, mai-juin, 50
E. japonicum	30+10, gaine brune, 80
E. palustre	10+5, gaine verte, mai-juin, 40
E. scirpoides	10-0, gaine brune, 20

Eriophorum

LINAIGRETTE

Ces plantes herbacées conviennent aux marais tourbeux ; elles peuvent très bien être dans l'eau.

Equisetum japonicum

Leurs fruits portant des soies plumeuses, le long de la plante, ont une grande valeur ornementale.

E. angustifolium	0+10, soies blanches, avril-mai, 30
E. latifolium	0+10, soies blanches, avril-mai, 60
E. vaginatum	0+10, soies blanches, avril-mai, 40

Eriophorum vaginatum

Euphorbia

EUPHORBE DES MARAIS

Comme nombre de plantes aquatiques, l'euphorbe des marais est indigène. Elle peut vivre dans l'eau. Elle porte des jolies fleurs et prend une belle couleur automnale.

E. palustris	0+10, jaune, mai-juin, 120

Filipendula

SPIRÉE DES MARAIS

Cette plante convient aux rives humides et prospère aussi bien à l'ombre que dans la mi-ombre, mais elle ne peut pas croître dans des endroits sans soleil. *F. vulgaris*, la spirée filipendule, préfère des lieux plus secs.

F. ulmaria	0+10, crème, août-sept., 80
F. u. 'Plena'	0+10, blanc (d), juil.-août, 70
F. u. 'Variegata'	0+10, blanc, f. panaché, juil.-août, 70
F. vulgaris	+10+20, blanc, juin-juil., 50
F. v. 'Plena'	+10+20, blanc (d), juin-juil., 40

Filipendula vulgaris 'Plena'

Fritillaria

Voir Plantes à bulbes et tubercules.

Glyceria

CLYCÉRIE AQUATIQUE

Cette plante croît comme un roseau : elle parvient à couvrir les rives. Elle supporte les variations du niveau de l'eau. Il lui arrive de subir une mutation : ses feuilles vertes s'élargissent alors au point de devenir envahissantes.

G. maxima 'Variegata' 10-+10, juil.-sept., 40

Glyceria maxima

Groenlandia

POTAMOT DENSE

Les fleurs de cette plante subaquatique restent également sous l'eau. Le potamot dense s'enracine ; il convient aux eaux peu profondes. Le genre *Groenlandia* a été séparé du genre *Potamogeton*.

G. densa 10-40, juin-sept.

Hippuris

PESSE D'EAU

Cette espèce parasite veut la mi-ombre. Ses fleurs ne sont guère visibles, mais ses tiges articulées, qui font penser à celles des prêles *(Equisetum)*, sont très décoratives.

H. vulgaris 60-20, vert, 30

Hottonia

HOTTONIE DES MARAIS

Les feuilles très finement pennées de cette plante indigène sont pour partie en dessous et pour partie au-dessus du niveau de l'eau. Cette hottonie supporte la mi-ombre.

H. palustris 80-10, rose, mai-juin, 40

Hottonia palustris

Houttuynia

Voir Plantes vivaces.

Hydrocharis

Cette plante flottante, indigène, s'enracine dans le substratum. Elle convient aux eaux peu profondes.

H. morsus-ranae flottant, blanc, juil-août, 5

Hippuris vulgaris

Hydrocotyle

Les hydrocotyles sont des plantes palustres qui conviennent aux terres à bruyères et aux dunes. Elles supportent des variations du niveau de l'eau. *H. vulgaris* ou écuelle est indigène.

H. leucocephala	10+10, blanc, juin-août, 20
H. vulgaris	20+5, blanc à rouge, juin-sept., 10

Hydrocotyle vulgaris

Inula

AUNÉE

Voir Plantes vivaces.

Iris

Un jardin d'iris, un iridarium, doit comprendre un marais ou un étang, afin de recréer les conditions naturelles. On veillera bien à l'humidité du sol (*voir* Plantes vivaces).

I. laevigata	0+10, bleu-violet, grosses fl., juin-juil., 80
I. l. 'Rose Queen'	lilas rose éclatant, juin-juil., 70
I. l. 'Snowdrift'	blanc pur, juin-juil., 70
I. setosa	
I. pseudacorus	20-0, jaune, juin, 100
I. p. 'Flore Pleno'	20-0, jaune (d), juin, 100
I. p. 'Variegata'	20-0, jaune et panaché, juin, 80
I. versicolor	0+20, bleu-violet, mai-juin, 70

Juncus

JONC

Les joncs conviennent aux pièces d'eau, où l'on ne désire pas avoir de fleurs, et aux jardins sauvages. Ils peuplent les marais et le bord des étangs.

J. effusus	10-0, brun, juil.-août, 60
I. e. 'Spiralis'	10-0, vert foncé, 30
I. ensifolius	5-0, brun foncé, juil.-août, 20
I. inflexus	10-0, brun, juil.-août, 60

Juncus effusus 'Spiralis'

Jussiaea

La jussie à grandes fleurs porte des fleurs jaunes de 5 cm de diamètre, parmi un feuillage vert foncé.

Iris versicolor

Partant de la rive, la plante « tend » vers le milieu de la pièce d'eau. On peut la multiplier par repiquage. Bien que naturalisée, elle provient de l'Asie du Sud-Est.

J. grandiflora	50-30, jaune, juin, 30

Jussiaea grandiflora

Lemna

LENTILLE D'EAU

Lemna gibba, la lentille d'eau bossue, indigène, doit de préférence être éliminée des pièces d'eau. Les lentilles d'eau sont souvent introduites en même temps que d'autres plantes aquatiques, même lorsque l'on prend beaucoup de précautions.

L. trisulca	plante flottante, vert

Lobelia

LOBÉLIE

Les lobélies croissent dans les mêmes lieux que la plupart des primevères, auxquelles elles peuvent se combiner très bien. *L. fulgens* à feuillage rouge foncé, ne supporte pas bien l'hiver : on la fait donc hiverner à l'intérieur, à l'abri du gel. Les autres espèces doivent être préférées.

L. cardinalis ❧	10-0, rouge, juil.-nov., 70
L. fulgens 'Queen Victoria'	10-0, rouge, juil.-nov., 70
L. sessilifolia	10-0, violet, juil.-nov., 70
L. siphilitica ❧	10-+20, bleu, août-nov., 80

Lotus

LOTIER DES MARAIS

Le nom savant, *Lotus*, ne doit pas faire penser aux lotus du genre *Nelumbo* (*voir* Plantes en pots). Il s'agit ici de la plante pour enclos qui, dans la nature, habite les herbages et les dunes. Le lotier des marais possède des stolons souterrains et a besoin du plein soleil.

L. uliginosus	0- +20, jaune, juin-août, 20

Ludwigia

Voir Jussiaea.

Luronium

Voir Alisma natans.

Lysichiton

L'illustration page suivante est quelque peu trompeuse : les feuilles sont en réalité nettement plus grandes que les fleurs. Ces plantes, assez onéreuses, sont un peu sensible aux gelées, et valent la peine d'être cultivées.

L. americanus	10+10, jaune, avril-mai, 100
L. camtschatcensis	10+10, blanc, avril-mai, 90

Lobelia cardinalis

Lysichiton americanus

Lysimachia

LYSIMAQUE

Les lysimaques sont de jolies plantes couvrantes. Elles peuvent croître dans un sol aussi bien humifère et humide que sec. Elles tapissent bien les rives mais sont malheureusement dénudées en hiver.

L. nummularia	5+10, jaune, mai-juil., 5
L. n. 'Aurea'	5+10, jaune, mai-juil., 5
L. thyrsiflora	10-0, jaune, juin-sept., 30

Lysimachia nummularia 'Aurea'

Lythrum

SALICAIRE

Voir Plantes vivaces.

Mentha

MENTHE AQUATIQUE

Les fleurs de la menthe aquatique ne sont guère imposantes, mais l'odeur de menthe verte qu'elles exhalent quand on touche la plante compense. Elle a besoin du soleil ou de la mi-ombre.

M. aquatica	10-0, violacé, juin-sept., 30

Mentha aquatica

Menyanthus

TRÈFLE D'EAU

Les belles feuilles du trèfle d'eau sont grandes, coriaces et vert bleuté. Ses fleurs, cireuses, font penser aux inflorescences du marronnier d'Inde. Cette plante a besoin du plein soleil.

M. trifoliata	30-0, blanc, juin-sept., 20

Menyanthus trifoliata

Mimulus

MIMULE

Dans la nature, les mimules croissent dans les eaux courantes peu profondes, mais elles peuvent supporter un peu de sécheresse. Il leur faut le soleil ou la mi-ombre.

M. guttatus	5+5, jaune, juin-nov., 20
M. luteus	5+5, jaune orangé, juin-nov., 20
*M. ringens**	5+5, violet, juin-août, 30

Mimulus guttatus

Molinia

MOLINIE

À la différence de *M. caerulea*, la molinie bleue (*voir* Bambous, fougères et graminées), la présente espèce palustre n'est pas indigène.

M. altissima	+5+10, brun, juil.-nov., 80

Myosotis

MYOSOTIS DES MARAIS

Cette plante aquatique, indigène, s'accommode bien des rives parmi d'autres espèces aquatiques. Sa floraison n'est pas aussi exubérante que celle des autres myosotis, mais elle est plus prolongée.

M. palustris	5+10, bleu, mai-juil., 30

Myriophyllum

MYRIOPHYLLE

Les feuilles de ces plantes subaquatiques ressemblent à celles, submergées, de la renoncule aquatique *(Ranunculus aquatilis)*. Ces espèces proliférantes passent l'hiver au fond et croissent au fur et à mesure que l'ensoleillement s'accentue.

M. aquaticum	100-30, vert, f. fin
M. brasiliense	70-30, vert, f. fin
M. spicatum	100-30, vert, f. fin

Myriophyllum aquaticum

Nasturtium

CRESSON DE FONTAINE

Cette plante indigène est commune à l'état naturel. Sa croissance est abondante dans les pièces d'eau et les marais de faible profondeur.

N. officinale ❧	10-0, blanc, mai-oct., 10

Nuphar pumila pumila variegata

Nuphar

NÉNUPHAR JAUNE

N. lutea, le nénuphar jaune, ressemble à un grand nénuphar blanc *(Nymphaea alba)*. Ses fleurs jaunes, à pétales plus courts que les sépales, semblent restées dans les boutons. Il prolifère et est adapté aux plus grandes pièces d'eau. *N. pumila*, le nénuphar nain, convient aux petits étangs.

N. lutea	100-50, jaune, juin-sept., 20
N. pumila variegata ❧	80-40, jaune, mai-août, 10

Nymphaea

NÉNUPHAR BLANC OU NYMPHÉA

On ne conçoit pas un étang sans nénuphars. Mais il convient de choisir l'espèce adaptée à la taille de la pièce d'eau : le nénuphar blanc a des variétés non seulement de toutes les couleurs, mais aussi de toutes les tailles. La profondeur de l'eau doit être de 30 à 150 cm. Seul le type « naturel » blanc supporte une plus grande profondeur. Les petites variétés conviennent aux bassins et vasques, à condition de les mettre à l'abri du gel. Les profondeurs mentionnées ici indiquent la taille des plantes.

Nymphaea 'Attraction'

Nymphaea 'Laydekeri Purpurata'

Nymphaea 'Pygmaea Helvola'

N. alba	250-100, blanc
N. 'Atropurpurea'	40, carmin foncé
N. 'Attraction'	120-60, rouge avec rose
N. 'Aurora'	120-60, rouge orangé
N. 'Cardinal'	70, rouge à cœur plus clair
N. 'Charles de Meurville'	80, lie-de-vin plus clair
N. 'Chrysantha'	30, abricot
N. 'Colonel A.J. Welch'	120-60, jaune canari, tardif
N. 'Colossea'	70, chair/blanc.
N. 'Comanche'	50, jaunâtre puis plus foncé
N. 'Conqueror'	60, rouge foncé
N. 'Ellisiana'	60, pêche
N. 'Escarboucle'	120-60, rouge foncé
N. 'Gladstoneana'	100-50, blanc éclatant
N. 'gloriosa'	60-40, strié à cœur rouge
N. 'Helvola'	20, jaune soufre
N. 'Hermine'	80-50, blanc pur et en tulipe
N. 'James Brydon'	120-60, cerise
N. 'King of the Blues'	50-20, lilas
N. 'Laydekeri Lilacea'	60-30, lilas rose, points rouges
N. 'Laydekeri Purpurata'	60-30, lilas rose
N. 'Mme Wilfon Gonnère'	80-50, rose (d)
N. 'Marliacea Albida'	100-60, blanc, étamines jaunes
N. 'Marliacea Carnea'	120-60, rose éclatant
N. 'Marliacea Chromatella'	120-60, jaune
N. 'Marliacea Rosea'	120-60, rose foncé éclatant
N. 'Maurice Laydeker'	60-30, orangé à rouge
N. 'Moorei'	120-60, f. marbré jaune
N. 'Newton'	60, rose et au-dessus du niveau de l'eau

N. 'Odorata Alba'	50-30, blanc
N. 'Paul Hariot'	50-30, chair
N. 'Pink Sensation'	60, rose
N. 'Princess Elizabeth'	40-30
N. 'Pygmaea Alba'	60-30, blanc
N. 'Pygmaea Helvola'	60-30, jaune clair
N. 'Pygmaea Rubra'	60-30, rouge
N. 'René Gérard'	60-30, rose tendre avec saumon
N. 'Richardsonii'	100-50, blanc, floraison abondante
N. 'Rose Arey'	60-30, rose
N. 'Rosennymphe'	70-40, rose
N. 'Sioux'	60-50, rose
N. 'Sulphurea'	120-60, jaune clair
N. tetragona	30-10, blanc

Nymphaea tetragona

Nymphoides

PETIT NÉNUPHAR

Les fleurs jaunes de cette espèce rappellent celles du nénuphar jaune *(Nuphar lutea)* et ses feuilles celles d'un jeune nénuphar blanc *(Nymphaea alba)*, avec lequel il peut être confondu hors floraison. Or, le petit nénuphar fait partie de la famille des gentianacées. Il croît rapidement. Il s'enracine dans le fond, mais il est également flottant.

N. peltata	80-20, jaune, juin-août, 10

Œnanthe

O. aquatica, l'œnanthe aquatique, indigène, ressemble au cerfeuil. Elle croît à l'état naturel dans les fossés et les marais ; elle convient aux enclos et aux jardins sauvages. *O. fistulosa* 'Flamingo' est la plus belle plante cultivée pour vivier.

O. aquatica	10-0, blanc, juin-août, 100
O. fistulosa	10-0, crème, juin-août, 40
O. f. 'Flamingo'	10-0, rose, juin-août, 40

Orontium

Cette plante subaquatique s'enracine dans le fond. Ses épis floraux jaune intense sortent au-dessus du niveau de l'eau. Elle supporte un peu d'ombre.

O. aquaticum ❧	20-0, jaunâtre, mai-août

Orontium aquaticum

Nymphoides peltata

Persicaria

PERSICAIRE

Voir Polygonum.

Petasites

PÉTASITE

Voir Plantes vivaces.

Phragmites

ROSEAU

Le roseau commun peut être planté dans un grand étang naturel. Pour le peuplement d'un bassin de jardin, les *Typha* sont préférables. Mais aucun de ces végétaux ne convient aux bassins d'agrément, car leurs racines puissantes et forantes risquent de traverser le fond artificiel.

P. australis (communis)	30+10, brun, août-sept., 150
P. a. 'Variegatus'	20+10, f. panaché, 100

Pistia

Il convient de récupérer quelques spécimens des plantes flottantes de ce genre pour les conserver à l'intérieur. Vous les remettrez dans les pièces d'eau à partir de la mi-mai. Elles ne supportent pas les gelées et ont besoin du plein soleil.

P. stratiotes	plante flottante, vert clair

Pistia stratiotes

Polygonum

RENOUÉE

Comme la plupart des *Polygonum*, les deux espèces palustres mentionnées ici se répandent largement. Elles portent de remarquables épis floraux. Il leur faut le plein soleil ou la mi-ombre. *P. amphibium* porte ce nom parce que, dans l'eau, elle porte d'autres feuilles qu'en terrain sec. Elles supporte donc les variations du niveau de l'eau.

P. amphibium	30-0, rose, juin-juil., 5
P. bistorta	0+10, rose, mai-juil., 30

Polygonum amphibium

Pontederia ❧

Les fleurs des pontédéries sont semblables à celles des jacinthes. Leur jolie couleur bleue les rend in-

Pontederia lanceolata

dispensables dans les pièces d'eau. Ces plantes aquatiques, dont la floraison est très longue, ne peuvent se trouver trop haut sur les rives, à cause de leur faible résistance au gel. Leurs feuilles sont remarquables.

P. cordata	40-10, bleu gentiane, juin-sept., 70
P. c. 'Alba'	40-10, blanc, juin-sept., 70
*P. lanceolata** ❧	60-40, bleu, juin-oct., 140

Potamogeton

POTAMOT

Les plantes subaquatiques de ce genre, à feuillage ornemental, s'enracinent dans le fond et ont besoin d'eau claire. *P. crispus* et *P. pectinatus* peuvent prospérer dans des pièces d'eau assez petites et ils supportent l'ombre. *P. natans*, à épis floraux vert brunâtre et feuilles flottantes, est le plus commun.

P. crispus	60
P. lucens	200
P. natans	jusqu'à 100
P. pectinatus	jusqu'à 150

Potamogeton natans

Potentilla

POTENTILLE DES MARAIS, COMARET

Cette plante n'est pas spectaculaire, mais elle est robuste et convient aux endroits peu profonds. Le nom de genre, pour cette espèce, était *Comarum* avant d'être *Potentilla*.

P. palustris	5-+5, brun, juin-août, 20

Ranunculus

RENONCULE AQUATIQUE

R. aquaticus, la renoncule aquatique, porte deux sortes de feuilles : celles qui sont immergées, très finement pennées, et les flottantes en surface, ces dernières étant les feuilles « normales » lorsque les eaux s'assèchent. Ses fleurs flottent réellement sur l'eau. Les autres espèces sont des plantes des rives et ressemblent beaucoup aux renoncules dites boutons-d'or.

R. aquatilis	100-30, blanc, juin-juil., 10
R. flammula	0+10, jaune, juin-nov., 30
R. lingua	20-0, jaune, juin-août, 50
R. l. 'Grandiflorus'	20-0, jaune, grosses fl.

Ranunculus aquatilis

Rumex

PATIENCE D'EAU

Chez la patience d'eau, indigène, c'est le changement de couleur des feuilles qui représente l'attrait majeur. Elle aime le soleil ou la mi-ombre.

R. hydrolapathum	40-10, vert, juin-août, 100

Sagittaria

SAGITTAIRE

S. sagittifolia, la sagittaire à feuilles en flèche, est indigène. Ses feuilles sagittées, qui pointent au-

Rumex hydrolapathum

dessus de l'eau, sont belles. La profondeur de l'eau ne présente aucune particularité.

S. graminea	30-10, blanc, juil.-nov., 40
S. latifolia	50-10, blanc, juin-août, 70
S. sagittifolia	60-10, blanc, juin-août, 50
S. s. 'Flore Pleno' ❧	50-10, blanc (d), juin-août, 50

Sagittaria sagittifolia 'Flore Pleno'

Salvinia

SALVINIE NAGEANTE

Cette espèce ressemble un peu aux lentilles d'eau, mais il lui faut de la chaleur. Elle mérite la préférence, parce qu'on peut facilement enlever les plantes en excès. Comme elle est sensible au gel, il convient de lui faire passer l'hiver à l'intérieur.

S. natans	plante nageante, vert

Salvinia natans

Saururus

SAURURE

Les saurures portent des épis floraux arqués, tout comme *Lysimachia clethroides* (*voir* Plantes vivaces). Leurs rhizomes sont envahissants et leurs feuilles sont cordiformes. Il faut les couvrir en hiver.

*S. cernuus**	20-10, blanc, juil.-août, 120
*S. chinensis***	10, blanc jaune, juin-juil., 40

Saururus cernuus

Scirpus

SCIRPE

S. lacustris, le scirpe lacustre, sert communément pour pailler les chaises. Les autres scirpes des rives sont plus intéressants ; les types striés et tachetés égaient les berges.

S. lacustris	50-0, brun, juil.-août, 120
S. l. 'Albescens'	50-0, f. strié, 100
S. maritimus	40-20, brun, juil.-août, 80
S. tabernaemontani 'Zebrinus'	40-0, taché blanc, juin-août, 100

Scirpus tabernaemontani 'Zebrinus'

Scutellaria

SCUTELLAIRE CASQUÉE, TOQUE EN CASQUE

Cette plante habite, dans la nature, les bords des fossés et les roselières. La scutellaire casquée, à fleurs bleu-violet, supporte une légère ombre.

S. galericulata	10-0, bleu-violet, juin-oct., 40

Senecio

SÉNEÇON DES MARAIS

Cette plante est annuelle ou bisannuelle, selon les conditions de son environnement. Elle se ressème facilement, surtout sur les terrains récemment exondés. Ses tiges sont creuses, épaisses, charnues et poisseuses.

S. congestus	10-0, jaune, juin-août, jusqu'à 100

Solanum

DOUCE-AMÈRE

Tandis que ses variétés panachées conviennent comme plantes grimpantes, à sec, la douce-amère type est appropriée aux petites pièces d'eau peu profondes.

S. dulcamara	10-+10, violacé, juin-nov., jusqu'à 70

Solanum dulcamara

Sparganium

RUBANIER

La beauté de ces plantes réside en leurs fruits portant un bec. Les rubaniers se propagent beaucoup et conviennent donc seulement aux grandes pièces d'eau. Ils ressemblent aux joncs et ne sont pas appropriés aux bassins d'agrément.

S. emersum	30-10, blanc, juin-août, 50
S. erectum	50-20, blanc, juin-août, 90

Scutellaria galericulata

Sparganium erectum

Stachys

ÉPIAIRE DES MARAIS

Cette bonne plante à miel ne peut manquer dans un jardin naturel. Il lui faut du soleil ou la mi-ombre.

S. palustris	20-0, rose, juin-nov., 80

Stachys palustris

Stratiotes

FAUX ALOÈS

Cette espèce tombe au fond en automne et revient flotter au printemps. Il lui faut des eaux dormantes et claires. Bien qu'elle soit nageante, les eaux qui l'hébergent doivent être suffisamment profondes. Ses fleurs blanches dépassent la surface de l'eau.

S. aloifolia	150-60, blanc, mai-juil., 5

Symphytum

GRANDE CONSOUDE

Cette espèce robuste, indigène, peut très bien croître plus au sec. Proliférante, elle convient aux rives d'assez grandes pièces d'eau.

S. officinale	0+20, blanc, rougeâtre ou violacé, juin-août, 80

Thelipteris

POLYSTIC DES MARÉCAGES

Ce polystic est l'unique petite fougère qui soit adaptée aux rives humides des étangs. Il supporte aussi bien le soleil que l'ombre. Il est peu exigeant, mais il lui faut un sol acide. Il convient de le planter dans un sol tourbeux.

T. palustris	0+10, vert, 20-30

Thelipteris palustris

Stratiotes aloifolia

Trapa

CHÂTAIGNE D'EAU

Cette fragile plante flottante s'enracine dans le fond. Elle prend une belle coloration automnale. Il lui faut une pièce d'eau ensoleillée et veiller à la protéger des canards et autres oiseaux aquatiques.

T. natans	blanc, juil.-sept., 5

Trapa natans

Typha

MASSETTE

Ces plantes bien connues, en forme de jonc, portent des feuilles assez larges et des inflorescences en épis, brunes et en forme de saucisse. Elles sont communes dans la nature. Dans les pièces d'eau, on plantera toujours le typha à feuilles étroites (*T. angustifolia*), moins envahissant que les autres et demandant donc moins d'entretien. Ses fortes racines risquent de transpercer le fond des bassins.

Typha minima

T. angustifolia	50-20, brun, juil.-nov., 150
T. latifolia	50-20, brun, juil.-nov., 200
T. l. 'Variegata'	50-20, f. strié, 180
T. laxmannii	40-10, brun, juil.-oct., 90
T. minima	30-10, brun, mai-nov., 70

Valeriana

VALÉRIANE

La racine de cette valériane officinale sert à préparer des calmants. La plante convient aux rives des grandes pièces d'eau ainsi qu'aux endroits humides des enclos. Les chats raffolent de son odeur.

V. officinalis	0+20, rose, mai-juil., 100

Valeriana officinalis

Veronica

VÉRONIQUE, CRESSON DE CHEVAL

Cette espèce porte des fleurs bleues similaires à celles des myosotis et des feuilles charnues. Elle convient aux lieux humides et ombreux, mais elle peut aussi vivre dans l'eau.

V. beccabunga	10+10, bleu, mai-nov., 20

Plantes annuelles et bisannuelles

Les plantes annuelles, qualifiées naguère de plantes pour pelouses et parterres, peuvent être utilisées pour combler les plates-bandes de vivaces ou les corbeilles, et comme fleurs à couper et à sécher. Il faut savoir que les horticulteurs ne donnent pas toujours aux plantes annuelles et bisannuelles leur réelle dénomination, ce qui entraîne des confusions.

Depuis quelques années les annuelles suscitent un grand intérêt, mais les choix fluctuent suivant les modes. Cependant les espèces traditionnelles ne seront pas supplantées de sitôt car elles fleurissent toutes en mai, au moment où chacun a envie de voir de la couleur dans son jardin. Pourtant la plupart des annuelles commencent à fleurir un mois plus tard. Alors, en mai, demandez conseil à votre horticulteur ou soyez patient.

Dans les catalogues, on trouve fréquemment des hybrides F1, qui proviennent de croisements d'espèces endogames (reproduites à l'intérieur de leur groupe). Les semences de ces plantes doivent constamment être obtenues par croisement et sont donc plus onéreuses que celles des variétés « créées », dont les graines, souvent renouvelées, peuvent être semées sans que les caractéristiques des végétaux changent. On peut recueillir soi-même des semences ; il faut les conserver au frais, dans l'obscurité et au sec, et les semer au printemps suivant. Les graines sont fréquemment fournies en emballages « conservant leur faculté germinative » : pour la majorité des espèces, ceci signifie qu'on peut très bien les semer encore le printemps suivant, à condition de les conserver dans un lieu approprié. La plus grande part des graines germent dans l'obscurité : dans le cas des semis sous châssis, on pose, sur les vitres de protection, des feuilles de papier journal qu'on ôte lorsque la germination a eu lieu.

Sous les noms fantaisistes tels que « mélanges champêtres », « bouquets de jardin », « tapis japonais », etc., on trouve des mélanges de fleurs, parfois par couleurs.

Dans les sélections qui suivent, le fait que la période de floraison ne soit pas mentionnée signifie que les plantes concernées fleurissent durant la belle saison, approximativement du milieu de mai à la fin octobre. Il leur faut toujours le plein soleil, sauf indications contraires. Nous indiquons les hauteurs en centimètres.

Adonis

L'adonis d'été porte des fleurs rouges dans un feuillage délicat. Il convient bien aux plates-bandes de plantes vivaces. C'est l'une des annuelles les plus classiques. Il peut être semé en place.

A. aestivalis	rouge sang, juil.-sept., 100

Ageratum

AGÉRATE DU MEXIQUE

Son nom vulgaire, agérate du Mexique, indique son origine. Certaines de ses variétés sont basses et conviennent en bordures, pour les corbeilles et comme fleurs à couper. L'espèce haute se trouve dans les plates-bandes.

A. houstonianum 'Blaukissen'	bleu foncé éclatant, 20
A. h. 'Blue Mink'	bleu clair, 20

A. h. 'Dondoschnittperle'	70
A. h. 'Old Grey'	bleu-gris, 40

Ageratum houstoniatum 'Dondoschnittperle'

Agrostemma

NIELLE

Cette plante sauvage croît, comme le coquelicot, le bleuet et la potentille, dans les champs de blé et les prairies à fleurs annuelles. On la sème directement sur place dans un sol assez sec en plein soleil. Ses graines sont toxiques.

A. gracilis	rouge pourpré, juin-juil., 80

Agrostemma gracilis

Alcea

ROSE TRÉMIÈRE

Cette bisannuelle surannée doit toujours être tuteurée avec de la canne du Tonkin ou plantée contre un mur. Bien qu'elle soit bisannuelle, elle constitue souvent une plante vivace sur un sol bien perméable. Il faut veiller à la protéger des gelées. On la sème en juillet ; on la plante en automne.

A. rosea 'Nigra'	rouge-noir, juil.-sept., 175
A. r. 'Pleniflora'	mélange (d), juil.-sept., 175

Alcea rosea 'Nigra'

Alonsoa

Ces plantes, raides, de hauteur moyenne et buissonnantes, peuvent être cultivées à condition d'être protégées du gel. Un peu surannées, elles fleurissent longuement à partir de juin. Il leur faut du soleil et de la chaleur.

*A. meridionalis**	abricot, 70

Alonsoa meridionalis

A. scutifolia	rouge éclatant, 70
A. linearis	rouge tomate, 40
A. warscewicii	rouge écarlate, 70

Althaea

ROSE TRÉMIÈRE

Voir Alcea et Plantes vivaces.

Alyssum

Voir Lobularia.

Amaranthus

AMARANTE, QUEUE-DE-RENARD

On sèmera ces espèces sur place, dans un terrain ensoleillé qu'on ne laissera pas se dessécher. Elles conviennent aux sols sablonneux. Leurs épis floraux et la couleur de leurs fleurs en font de bonnes fleurs à couper et pour bouquets secs.

A. caudatus	vert, pendante, juil.-sept., 100
A. paniculatus	dressé, juil.-sept.
A. p. 'Pigmy Torch'	rouge sang, 40
A. p. 'Pigmy Virides'	vert, 40
A. p. 'Roter Dom'	rouge foncé, 100
A. p. 'Monarch'	brun bronzé, 100

Amaranthus caudatus

Ammobium

On sème en place cette bonne fleur à sécher, destinée au plein soleil, dans les carrés de fleurs à couper. Elle convient moins bien aux plates-bandes.

A. alatum	blanc, juil.-août, 80

Ammobium alatum

Antirrhinum

GUEULE-DE-LOUP, MUFLIER

On choisira comme fleurs à couper les variétés hautes, et comme plantes pour corbeilles les variétés basses. Les graines de cette espèce sont généralement fournies en mélange : on achètera de

Antirrhinum majus 'Black Prince'

préférence des couleurs séparées, qu'on mélangera éventuellement en fonction des teintes. La gueule-de-loup pourra être semée en pépinière aussi bien qu'en place. Elle fleurit en juillet-août.

A. majus 'Black Prince'	lie-de-vin foncé, 50
A. m. 'Orchid Monarch'	lilas rose, 50
A. m. 'The Rose'	rose tendre, 80

Arctotis

Les feuilles vert grisâtre de cette espèce révèlent qu'elle a besoin du plein soleil tout comme ses grandes fleurs qui s'épanouissent seulement dans les lieux assez secs.

A. grandis	rose-bleu, mai-oct., 60

Arctotis grandis

Argyranthemum

MARGUERITE D'ÉTÉ

Voir Plantes en pots.

Balsamina

IMPATIENCE

Voir Impatiens balsamina.

Begonia

On achètera de préférence des pousses, car le semis de cette espèce réussit seulement à température élevée (au-dessus de 20 °C). Les pieds sont en pleine floraison en mai. Ce bégonia convient en bordures, en corbeilles et en suspension. Il en existe de toutes couleurs, à feuilles vertes ou brunes.

B. semperflorens	rouge, rose ou blanc, 20

Begonia semperflorens

Bellis

PÂQUERETTE

B. perennis est une bisannuelle qui doit être achetée sous forme de pousses au début du printemps. On trouve la plupart du temps des variétés à grosses fleurs doubles ; celles à petites fleurs, dites « pomponnettes », ont un aspect un peu plus naturel. Il convient de les retirer du jardin à temps, afin qu'elles ne se ressèment pas : les variétés doubles dégénéreraient et il y aurait des pâquerettes égarées un peu partout sur les gazons. *B. rotundi-*

Bellis perennis

folia peut être cultivée à titre d'annuelle, mais elle survit aux hivers doux.

B. perennis	rouge, blanc ou rose, 15
B. rotundifolia	lilas tendre, 10

Borago

BOURRACHE

La bourrache officinale est jolie parmi les fleurs des plates-bandes. Elle se ressème spontanément chaque année : on éliminera seulement les plants superflus. On peut la semer directement en place (*voir aussi* Plantes vivaces).

B. officinalis	bleu, mai-sept., 80

Borago officinalis

Brassica

CHOU D'ORNEMENT

On peut, en automne, acheter des pousses de chou d'ornement dans la plupart des jardineries, afin de les installer directement dans des corbeilles vides ou des bacs. Un potager dégarni peut être ainsi « habillé » durant tout l'hiver. L'espèce résiste aux gelées.

B. oleracea 'Attraction'	f. rond, mélange, 30
B. o. 'King'	f. crépu, mélange, 30
B. o. 'Plumosa'	mélange, 30

Browallia

Ces espèces trapues portent des fleurs campanulées. Récemment, on les cultivait comme plantes d'appartement ; on s'en sert maintenant en corbeilles ou dans les massifs. Elles conviennent aux bordures, en bacs et en suspension. Il faut les semer en serre chaude.

B. speciosa	lilas bleu, 50
B. viscosa	violet, blanc, 40

Brassica oleracea 'King'

Calceolaria

CALCÉOLAIRE

Les fleurs jaunes d'or de cette espèce sont plus petites cultivées au jardin qu'en appartement. Il faut les semer en pépinière, mais il est plus simple d'acheter des plants au printemps.

C. integrifolia 'Goldwinner'	jaune d'or, 25

Browallia speciosa

Calceolaria integrifolia 'Goldwinner'

Calendula

SOUCI

On dit que le souci chasse les fourmis. C'est une espèce traditionnelle pour bordures et fleurs à couper. Ses fleurs, simples ou doubles, sont jaunes à orangées. Nous citons ci-dessous les variétés de couleurs raffinées. On sème cette espèce directement en place.

C. officinalis 'Apricot Beauty'	abricot
C. o. 'Lemon Beauty'	jaune citron
C. o. 'Cream Beauty'	crème

Calendula officinalis

Callistephus

REINE-MARGUERITE

Ces plantes ont besoin du plein soleil et d'un sol fertile et perméable. On plante les variétés basses en corbeilles, et les variétés élevées comme fleurs à couper. Il en existe de toutes couleurs et leur assortiment varie sans cesse. On ne cultivera pas ces plantes au même endroit pendant plusieurs années.

C. chinensis	toutes couleurs, août-sept., 40-80

Callistephus chinensis

Campanula

CAMPANULE

La campanule porte des fleurs extrêmement grosses, sur des tiges de plus de 1 m. La variété *Canterbury Bells* est de couleurs rose, bleu et blanc. Le semis se fait en juin pour obtenir la

Campanula medium

floraison l'année suivante. Il faut légèrement couvrir la plante en hiver.

C. medium	lilas, juin, 75
C. m. 'Alba'	blanc, juin, 75
C. m. 'Plena'	double, juin, 90

Celosia

La célosia, qui semble une plante artificielle, présente des colorations intenses et luisantes. Ses couleurs se combinent mal avec celles des autres végétaux. Il faut donc la placer à part. Il en existe deux formes : en crête de coq et en panache. Après la plantation, il convient de la maintenir à l'humidité, puis de la réserver plus au sec.

C. argentea 'Cristata'	en crête de coq, 75
C. a. 'Globosa'	en panache
C. a. 'Plumosa'	en forme de torche, 70

Celosia argentea 'Cristata'

Centaurea

BLEUET

La plupart du temps, le bleuet est fourni en mélanges : simples ou doubles. On vérifiera la couleur à l'achat : bleue, rose, blanche, jaune ou violacée. Cette espèce convient aux prairies sauvages, mais on peut aussi s'en servir pour remplir des plates-bandes.

C. cyanus 'Snowball'	blanc (d), 25
C. c. 'Black Boy'	violet-noir, 60

Cheiranthus

GIROFLÉE

La giroflée est bisannuelle. Elle est fournie dans les tons d'orangé, de rouge, de violet, de jaune, voire de brunâtre. On la sème en juin, pour obtenir au printemps un véritable océan de fleurs. Il lui arrive parfois de survivre à l'hiver, mais elle devient alors ligneuse.

C. cheiri	mélange, avril-mai, 30-60

Cheiranthus cheiri

Chrysanthemum

CHRYSANTHÈME OU MARGUERITE D'ÉTÉ

C. segetum croît aussi à l'état sauvage. *C. frutescens* (syn. *Argyranthemum frutescens*) peut être achetée au printemps sous forme de jeunes pousses. Les autres, comme *C. carinatum*, sont des fleurs annuelles sans exigences. Les espèces les plus hautes peuvent faire des fleurs à couper. Tous veulent le plein soleil et un sol pas trop humide.

C. carinatum	jaune ou blanc à cœur foncé, 60
C. frutescens	blanc à cœur jaune, 40

Centaurea cyanus

C. multicaule	jaune bouton-d'or, 20
C. paludosum	blanc à cœur jaune, 20
C. segetum	jaune, 60

Chrysanthemum segetum

Cineraria

Voir Senecio.

Clarkia

On sème le clarkia élégant directement en place. Ses graines sont presque toujours fournies en mélanges, mais les couleurs rouge foncé, rose, violet et blanc s'harmonisent bien. Cette fleur à couper convient aux jardins cultivés et sauvages.

C. elegans	mélange, juil.-sept., 60
C. e. 'Apple Blossom'	rose tendre, 60

Clarckia elegans

Cleome ❧

Si l'on « répand » des cléomes dans toute une plate-bande, on atténue des combinaisons. Ces plantes sont généralement fournies en rose ou en mélanges, mais il existe d'autres couleurs pour les amateurs. Ces fleurs aiment des étés assez chauds, mais s'il pleut on pourra recommencer au premier rayon de soleil.

C. hassleriana (syn. *C. spinosa)*	rose, 120
C. h. 'Cherry Queen'	rose carminé, 120
C. h. 'Pink Queen'	rose tendre, 120
C. h. 'Purple Queen'	lilas violet, 120
C. h. 'Violet Queen'	violet foncé, 120
C. h. 'White Queen'	blanc, 120
C. serrulata	lilas rose, 60-120

Cleome hassleriana 'Pink Queen'

Cobaea

COBÉE GRIMPANTE

Cette plante volubile porte des fleurs campanulées. Il faut la semer sous abri au printemps et la planter en plein air à la mi-mai. Il faut la mettre dans un lieux chaud et tenir compte de sa croissance difficile durant des étés plus frais. C'est une belle espèce pour repeupler, en été, les pépinières. Elle a besoin d'être bien exposée. Ses clochettes sont de couleur violette.

C. scandens	violet foncé, juil.-sept., 200

Coleus

Cette plante à feuillage ornemental peut être semée ou repiquée en appartement, mais elle fait très bien aussi parmi les annuelles. Il faut écimer son

Cobaea scandens

feuillage coloré pour lui donner une forme touffue. On la sème en février-mars.

C. blumei (hybrides)	f. rouge, brun, vert, 50

Coleus blumei-hybride

Convolvulus

BELLE-DE-JOUR

Cette plante grimpante annuelle peut aussi être laissée rampante ou servir en suspension. Ses fleurs s'ouvrent dans la journée et se referment en fin d'après-midi.

C. tricolor	bleu, blanc, jaune, juil.-oct., 200

Convolvulus tricolor

Cosmos

Les cosmos peuvent être semés directement en place, mais leur semis en pépinière permet une floraison plus précoce. Bien que souvent fournis en mélanges, il vaut mieux les acheter par couleurs.

C. bipinnatus 'Dazzler'	rouge carmin, 100
C. b. 'Gloria'	rose foncé, anneau rouge, 100
C. b. 'Purity'	blanc, 120
C. b. 'Radiance'	rose clair, 100
C. sulphureus 'Diablo'	rouge intense, 80

Cosmos bipinnatus

Cucurbita

COLOQUINTE

La coloquinte se présente sous des couleurs et des formes différentes : verte, jaune, orangée, à points ou à bandes, verruqueuse ou lisse en forme de pomme, de poire ou de banane. Bref, on ne peut jamais savoir par avance ce que donnera le semis. On la sèmera en avril à l'intérieur, à raison d'une graine unique par pot, et on la sortira à partir de la mi-mai.

Il faut lui donner de l'espace car elle rampe. Elle n'a pas besoin de fumure. On veillera régulièrement à éliminer les limaces et les escargots qui en sont friands. Les fleurs sont comestibles.

C. pepo	fl. jaune, rampante, 800

Cucurbita pepo

Cuphea miniata 'Purpurea'

Cuphea

Cette plante doit être semée en serre chaude. On peut aussi l'acquérir sous forme de pousses : elles restent basses et compactes. Elle porte de petites inflorescences rouges en bâtonnets avec un bout jaune qui font penser à des allumettes. Elle convient aux parcs et aux jardins de rocaille. Elle fleurit jusqu'aux premières gelées.

C. miniata 'Purpurea'	rouge avec jaune, 50

Cynoglossum

CYNOGLOSSE

On sèmera cette cynoglosse directement en place à l'extérieur, en un lieu chaud. On la rabattra en août une fois fanée, pour obtenir une seconde floraison. Elle convient aux plates-bandes à sol calcaire en plein soleil.

C. amabile	bleu, juin-sept., 50
C. a. 'Firmament'	bleu, assez compacte

Cynoglossum amabile 'Firmament'

Dahlia

Les variétés basses de dahlias peuvent être semées, toujours en février. Il est impératif de les semer en serre. Les tubercules qui se forment en été doivent être arrachés à l'automne (*voir aussi* Plantes à bulbes).

Delphinium

PIED-D'ALOUETTE

Les pieds-d'alouettes sont de bonnes fleurs à couper et conviennent aux bouquets secs (surtout *D. consolida*). Semés dans des plates-bandes de vivaces ils en prolongent la floraison. On peut aussi se procurer des graines de pieds-d'alouettes par couleurs, qu'on sème directement en place.

D. ajacis	bas, mélange (d), 50
D. ajacis	haut, mélange (d), 100
D. consolida	couleurs diverses, 100

Delphinium ajacis

Dianthus

ŒILLET

Les œillets bisannuels, comme *D. barbatus* ou les œillets de poète, doivent être semés en juin en caissette, et plantés en octobre en place. On achètera les graines en mélanges tout prêt. *D. chinensis*, annuel, doit être semé sous châssis.

D. barbatus	en mélange, mai-juin, 30-50
D. chinensis	rouge, blanc, ou rose, mai-juin, 30

Digitalis

DIGITALE

La digitale pourprée est bisannuelle et doit être semée en juin dans un sol humifère, mais non dans l'argile grasse. Il faut à cette espèce du soleil ou de l'ombre, et un sol humide pour que les feuilles restent belles.

D. purpurea 'Alba' ❧	blanc, 120
D. p. 'Giant Spotted' ❧	blanc, rouge, 120
D. p. 'Gloxiniiflora'	fl. en grappe, 120
D. p. 'Sutton's Apricot'	abricot, 120

Digitalis purpurea

Dipsacus

CARDÈRE CULTIVÉE

Cette espèce bisannuelle peut être semée, en juillet-août, en place, pour une floraison un an plus tard. C'est une bonne fleur à couper et pour bouquets secs.

Dianthus chinensis

D. sativus — lilas pourpré, juil.-août, 150

Dipsacus sativus

Dorotheanthus

FICOÏDE

Les ficoïdes sont encore vendues sous la dénomination de *Mesembryanthemum*, nom de genre donné également à d'autres plantes charnues. Il leur faut une exposition au midi. Leurs fleurs ne s'ouvrent pas les jours sans soleil. Il faut placer les ficoïdes en un lieu sec et chaud, sur un terrain sablonneux et drainé. En éliminant les fleurs fanées, on prolonge le temps de floraison.

D. bellidiformis	toutes couleurs, 10
D. oculatus	toutes couleurs, 10

Dorotheanthus bellidiformis

Eccremocarpus

Cette plante annuelle grimpante aime la chaleur par-dessus tout. Il est recommandé d'en faire le semis en serre, car un semis à l'extérieur donne une floraison tardive. Cette espèce porte de belles feuilles vert clair. On la sèmera contre un mur exposé au midi, dans un sol humifère et bien fumé. Vu la délicatesse de sa culture les apprentis jardiniers feront mieux de s'abstenir.

E. scaber — rouge, juil.-sept., 3

Eccremocarpus scaber

Echium

VIPÉRINE FAUX-PLANTAIN

Cette espèce est particulièrement appropriée aux sols sablonneux, pauvres et secs, bien qu'elle puisse réussir en d'autres terrains. On la plante directement en place, elle attire les abeilles. Sa floraison dure à peine trois mois.

E. plantagineum — bleu, juin-août, 35

Eschscholzia

PAVOT DE CALIFORNIE

Cette espèce, dont le nom savant est souvent écorché, métamorphose les déserts de Californie et

Echium plantagineum

du Chili après la pluie. Elle réussit toujours, même en la semant sans soin. Il en existe aussi des variétés jaunes et doubles.

E. californica	orangé, juil.-sept., 3
E. c. 'Flore Plena'	(d), 30

Eschscholzia californica 'Flore Plena'

Felicia

FÉLICIE À FLEURS D'ASTER

Cette espèce, élancée, peut être semée directement dans les bordures, plates-bandes et bacs, mais sa floraison a alors lieu plus tard. On l'achètera donc de préférence sous forme de pousses. On peut facilement la conserver à l'abri du gel. Il lui faut un endroit chaud et ensoleillé.

F. amelloïdes	bleu, juin-oct., 40

Felicia amelloïdes

Gazania

Cette espèce veut du soleil et de l'humidité. Ses couleurs mélangées, bronze, orange et jaune, s'harmonisent bien les unes avec les autres. Elle convient aux jardins de rocaille. Il lui faut un lieu chaud en plein soleil.

G. rigens	mélanges, juin-sept., 20

Gazania rigens

Godetia

GODÉTIE

Cette fleur à couper tient bien. Ses fleurs touffues ressemblent à celles des azalées. On la sème sous châssis à 20 °C, et elle doit être cultivée à une température suffisamment élevée (15 °C). On la placera au jardin en un lieu ensoleillé. Les variétés mentionnées ci-dessous sont basses et à fleurs simples. Ses couleurs sont semblables à celles de l'œillet de poète.

G. grandiflora 'Leuchtfunk'	rouge feu, gorge blanche, 35
G. g. 'White Giant'	blanc, 35
G. g. 'Kelvedon Glory'	saumon, éclat orangé, 35

Godetia grandiflora

Gypsophila

GYPSOPHILE

Cette annuelle porte des fleurs plus grosses que les vivaces du même genre. Elle convient aux plates-bandes et aux carrés de fleurs à couper. On la sème directement en place. On prolonge sa floraison par des semis successifs, les résultats seront spectaculaires en été dans les plates-bandes clairsemées.

G. elegans	blanc, rose clair, juil.-août, 60

Gypsophila elegans

Helianthus

SOLEIL, TOURNESOL

Les graines de *H. annuus* servent d'aliment pour les oiseaux. L'*helianthus* se sème directement en place. On choisira les variétés suivantes comme fleurs à couper, au demeurant fort belles.

H. annuus	jaune à cœur noir, 250
H. a. 'Avondzon'	brun à rouge sang, 200
H. a. 'Golden Globe'	jaune et double, 60
H. a. 'Moonschine'	jaune tendre à cœur noir, 200
H. a. 'Schnittgold'	jaune d'or, à cœur noir, 160
H. a. 'Sunbeam'	jaune d'or, à cœur jaune, 200
H. a. 'Sunbright'	jaune à cœur noir, 200
H. a. 'Sungold'	jaune (d), 200

Helianthus annuus

Helichrysum

IMMORTELLE

Bien que les immortelles soient des vivaces, elles sont, sous des climats tempérés froids, pratiquement annuelles. Utilisées dans un bouquet sec, il faut monter les fleurs sur du fil de fer, la tige n'étant pas assez rigide.

H. bracteatum	mélanges, juil.-août, 80
H. monstrosum 'Nanum'	mélanges, 30

Heliotropium

HÉLIOTROPE

Cette plante est généralement cultivée en tant qu'annuelle, mais on peut très bien la conserver

Helichrysum monstrosum 'Nanum'

surtout après un été froid et pluvieux. Il est même possible de la cultiver sur une souche, comme les fuchsias en serre ou dans une pièce chauffée. Sa couleur est presque fluorescente. Elle convient aux plates-bandes, aux corbeilles et aux jardins floraux, pourvu qu'il y fasse chaud.

H. arborescens	violet luisant, 40

Heliotropium peruvianum

Helipterum

Ces agréables fleurs à couper ne sont pas déplacées dans un jardin sauvage chaud et ensoleillé. Elles sont vendues également sous le nom de *Rhodanthemum.* Pour le séchage, il convient de couper les fleurs alors qu'elles n'ont pas encore commencé à s'épanouir.

H. humboldtiana	jaune, juil.-août, 40
H. manglesii	rose ou blanc, juil.-août, 30

Helipterum manglesii

Heracleum

BERCE DU CAUCASE

Il faut veiller à ce que les graines de cette bisannuelle ne gèlent pas en la protégeant convenable-

Heracleum mantegazzianum

ment. Seule, elle fait un bel effet mais elle est laide en nombre. Ses feuilles sont susceptibles de provoquer de désagréables inflammations que l'on peut enrayer en se mettant immédiatement à l'abri du soleil. La berce du Caucase ne convient pas dans les jardins où jouent des enfants !

H. mantegazzianum	blanc, juin-juil., 400

Hesperis

JULIENNE

Cette agréable espèce résistante convient à l'ombre. On la sèmera ou bien on la traitera comme une plante vivace. Elle fleurit une seconde fois quand on la rabat après floraison. On la sème en place en juin pour obtenir des fleurs l'année suivante.

H. matronalis	blanc ou rose, juin, 100

Hesperis matronalis

Humulus

HOUBLON

Ce houblon est une plante de camouflage idéale. À la différence du houblon vivace, il ne donne pas de « cônes », mais ses feuilles sont plus belles. Il faut le placer au chaud pour qu'il croisse convenablement. En le semant en pépinière, en caissette, plus précocement, pour le mettre en pleine terre ensuite, il atteint une hauteur supérieure à celle qui est indiquée ici.

H. scandens	vert, f. très palmilobé, 4
H. s. 'Variegatus'	f. taché de blanc, 3

Impatiens

IMPATIENCE

Avec les fuchsias, *I. walleriana* est l'une des annuelles qui aime la mi-ombre, les bordures, les bacs, etc. Les impatiences blanches et rose clair sont habituellement plus hautes que les rouges, les rose foncé et les violettes. Il faut planter ces espèces en mélanges. *I. balsamina*, ou balsamine, jolie et touffue, convient aux plates-bandes, avec ses variétés à fleurs simples ou doubles. *I. glandulifera* est la seule qui plaise aux amateurs appréciant les *Heracleum*. Les impatiences se ressèment abondamment. Il faut leur donner beaucoup d'eau. En achetant un mélange faites attention à la différence de croissance qu'il y a entre les plantes roses, blanches, rouges ou violettes.

I. balsamina	mélanges, juin-sept., 30-40
I. glandulifera	rose-rouge, juin-oct., 250
I. walleriana	toutes couleurs, mai-nov., 40

Impatiens walleriana

Humulus scandens

Ipomoea

IPOMÉE OU VOLUBILIS

Cette plante grimpante annuelle est destinée aux lieux chauds ou aux serres. Il convient de l'enrouler autour d'une canne du Tonkin, ou de la palisser contre un mur exposé au midi. Ses graines doivent être semées en pépinière. La germination des semences est facilitée en grattant les téguments.

I. tricolor 'Heavenly Blue'	bleu ciel, 250
I. t. 'Wedding Bell's	

Ipomoea tricolor 'Wedding Bells'

Kochia

BONNET DE GENDARME

Ce kochia est souvent vendu dans les jardineries en automne. Mais, attention, à la première gelée nocturne, la plante meurt. Elle ne convient pas comme plante d'appartement. On se procurera de petites pousses au printemps ou on effectuera le semis sous châssis : ce petit conifère vert clair devient d'un beau rouge en automne.

Kochia heterophylla 'Trichophylla'

K. heterophylla 'Acapulco Silver'	jeune f. crème, 90
K. h. 'Childsii'	vert tilleul, 90
K. h. 'Trichophylla'	rouge, 90

Lagurus

C'est la plante des bouquets secs. On peut la cultiver dans un carré de fleurs à couper ou dans des plates-bandes. On lui choisira un endroit ensoleillé, sur un terrain sec et perméable.

L. ovatus	vert clair, crème, 30
L. o. 'Nanus'	vert clair, crème, fl. plus petite

Lagurus ovatus

Lathyrus

POIS DE SENTEUR

Le pois de senteur, utilisé comme plante grimpante et comme fleur à couper, peut être semé directement en place. Pour avoir des fleurs à couper, il faut le semer en pépinière à plus de 15 °C, avant de le cultiver à plus basse température. Il en existe des

Lathyrus odoratus

variétés hautes, basses et à longues tiges. On le trouve en mélanges ou par couleurs.

L. odoratus	toutes couleurs, 80-200

Lavatera ❧

LAVATÈRE

Cette lavatère fait un bel effet dans les plates-bandes : elle est robuste, fleurit longtemps, et c'est une bonne fleur à couper. Il lui faut le plein soleil et un sol assez sec.

L. trimestris	rose tendre, 70
L. t. 'Ruby Regis'	rose foncé, 50
L. t. 'Silver Cup'	rose saumon et grosse, 50
L. t. 'Mont Blanc'	blanc, 50
L. t. 'Mont Rose'	rose éclatant, robuste, 50

Lavatera trimestris 'Silver Cup'

Limnanthes

Cette espèce porte de gaies petites fleurs tapissantes. Elle convient comme plante de bordure ou de rocailles. On sème cette fleur directement en place. Les semis lèvent souvent d'eux-mêmes l'année suivante.

L. douglasii	jaune et blanc, août-oct., 20

Limonium

STATICE

Ces fleurs à couper sont la plupart du temps élevées en serres. Idéales pour les bouquets secs, on les suspend en bottes pour le séchage dès leur achat. On obtient de bonnes récoltes lors des étés chauds.

L. perezii ❧	bleu foncé, sept.-nov., 75
L. sinuatum	couleurs diverses, juin-oct., 80
L. suworowii	rose, juil.-août, 60

Limonium sinuatum

Lobelia

LOBÉLIE

On reconnaît les lobélies pendantes (h. *pendula*) et les lobélies dressées (h. *compacta*) à l'« œil » blanc des premières (sauf *L.* 'Rosamund'). On les plante en bordure des corbeilles de fleurs, dans un jardin de rocaille fleuri, et en suspension. Elles ont peu d'exigences.

L. erinus* - Hybrides *compacta	
L. e. 'Cambridge Blue'	bleu clair, f. vert, 20
L. e. 'Kaiser Wilhelm'	bleu gentiane, 10
L. e. 'Marine'	bleu moyen, 10
L. e. 'Rosamund'	rose, œil blanc, 10
L. e. 'White Lady'	bleu vert, 20

Limnanthes douglasii

L. erinus – hybrides pendula

L. p. 'Blue Cascade'	bleu éclatant, 60
L. p. 'Lilac Fountain'	lilas tendre, 60
L. speciosum 'Fan Cinnabar Rose'	rose saumon, 90
L. s. 'Fan Deep Red'	rouge éclatant, 90

Lobelia erinus

Lobularia

ALYSSE, CORBEILLE-D'ARGENT

On sèmera cette plante directement en place. Elle fait bien dans les bordures et convient en suspension. Elle prospère en tous sols, même secs et réapparaît souvent spontanément l'année suivante.

L. maritima 'Carpet of Snow'	blanc, avril-oct., 10
L. m. 'Oriental Nights'	violet-pourpre, 5
L. m. 'Rosario'	rose éclatant, 10
L. m. 'Rosy O'Day'	rose foncé, 10
L. m. 'Royal Carpet'	violet-pourpre, 5
L. m. 'Wonderland'	vieux rose, 5

Lobularia maritima 'Carpet of Snow'

Lunaria

LUNAIRE OU MONNAIE DU PAPE

Cette bisannuelle, blanche ou rose violacé, doit être semée en juin. Elle peut être repiquée à l'extérieur pourvu que ce soit avant l'hiver. Ses fleurs sont exubérantes en mai, mais ses gousses ovales argentées font tout son attrait. Il lui faut le soleil ou la mi-ombre.

L. biennis 'Alba'	blanc, mai-juin, 100
L. b. 'Violet'	rose violacé, mai-juin, 100

Lunaria biennis 'Violet'

Lupinus

LUPIN

L. luteus, le lupin jaune, est utilisé comme engrais. D'autres espèces sont fournies en mélanges de couleurs, mais il est difficile de se les procurer. Toutes peuvent être semées directement en place, sans difficulté.

Lupinus 'Nanus'

L. luteus	jaune, août-sept., 60
L. 'Nanus'	

Lycopersicon

TOMATE-CERISE

À la différence de la tomate ordinaire, la tomate-cerise peut orner les plates-bandes parmi les vivaces, les pots et les corbeilles. Elle atteint une hauteur maximale de 2 m. Comme la tomate ordinaire, elle doit être tuteurée et cueillie. On la sème en pépinière, au chaud, en avril.

L. esculentum 'Gardenera' *Delight*	rouge, 200
L. e. 'Golden Pigmy'	jaune, 30

Matthiola

GIROFLÉE « DES JARDINS »

Ces giroflées sont annuelles ou bisannuelles. Les couleurs tendres des annuelles mentionnées ici conviennent aux plates-bandes. On les sème en mai.

M. bicornis	lilas, blanc, juin-sept., 40
M. incana	mélanges, juil.-sept., 70

Matthiola incana

Mesembryanthemum

Voir Dorotheanthus.

Mirabilis

BELLE-DE-NUIT

Tout comme les *Celosia*, ces *Mirabilis* ont des fleurs aux couleurs si intenses qu'il est difficile de les combiner avec d'autres espèces. Il leur faut un endroit chaud et ensoleillé. Les fleurs s'ouvrent l'après-midi en répandant jusqu'au soir une exquise odeur (d'où la dénomination de « Tea Time » – heure du thé – appliquée à une des variétés). Le dessèchement les fait mourir prématurément. Les autres variétés sont fournies seulement en mélanges. On peut éventuellement déterrer les rhizomes de la belle-de-nuit pour les faire hiverner. Elles affectionnent les sols humides. Elles seront superbes si vous les semez en serre chauffée.

M. jalapa	mélanges, juil.-sept., 90

Mirabilis jalapa

Myosotis

Ce myosotis existe non seulement en bleu, mais en blanc et en rose. Bisannuel, il doit être semé en juillet pour fleurir l'année suivante. Accompagné de violettes, il convient aux jardins de fleurs à bulbes, étant donné que sa floraison a lieu en même temps que celle des tulipes tardives. Sur un sol humide, il se ressème de lui-même chaque année.

M. alpestris 'Blue Ball'	bleu, avril-juin, 15
M. a. 'Snow Queen'	blanc, avril-juin, 40

Myosotis alpestris 'Blue Ball'

Nemesia

Les fleurs de cette espèce sont de couleurs panachées. On peut la semer directement en place. Le plein soleil lui est indispensable, mais attention aux endroits trop secs car elle risque de faner prématurément.

N. strumonia	mélanges, 20
N. s. 'Parade' ❧	rouge foncé, blanc, 20

Nemesia strumonia

Nicandra

Cette plante n'est pas très attrayante, mais ses gousses particulières méritent qu'on l'essaye. Son odeur étant désagréable, on ne la placera pas sur une terrasse. Elle convient aux bouquets secs.

N. physalodes	violet clair, juil.-août, 100
N. p. 'Black Pod'	violet foncé, juil.-août, 100

Nicotiana

TABAC D'ORNEMENT

Ces annuelles peuvent très bien être semées, mais on trouve des plants sous le nom de *N. alata*. Ces tabacs s'harmonisent aux vivaces des plates-bandes, mais ils sont aussi décoratifs seuls. Il faut leur apporter beaucoup d'engrais. La variété 'Only the Lonely' caractéristique avec ses fleurs tubulaires, est très bien en monoculture.

N. x *sanderae* 'Lime Green'	vert jaunâtre, juil.-sept., 150
N. suaveolens	blanc, juil.-oct., 60
N. sylvestris	blanc, juil.-sept., 60
N. s. 'Only the Lonely' ❧	blanc, juil.-sept., 150

Nicotiana sylvestris

Nigella

NIGELLE

Ces annuelles, très faciles à semer, servent pour les plates-bandes et comme fleurs à couper et à sécher. Avec leurs gousses décoratives, elles sont réellement de belles plantes. *N. hispanica* et *N. orientalis* portent des gousses particulières. Les nigelles s'accommodent de tous sols, de préférence au soleil.

N. damascena 'Albion'	blanc, 60

Nigella damascena

N. d. 'Miss Jekyll'	rose, étamines plus foncées, 40
N. d. 'Mulberry Rose'	rose, 60
N. d. 'Oxford Blue'	bleu foncé, 75
N. hispanica	bleu-violet foncé, 45
N. orientalis 'Transformer'	jaune, 50
N. sativa	bleu pâle

Papaver

PAVOT OU COQUELICOT

P. rhoeas, le coquelicot, convient aux jardins sauvages, surtout dans les prairies à fleurs annuelles. *P. nudicaule*, le pavot d'Islande, convient parfaitement aux jardins cultivés, mais il faut tenir compte de sa grande capacité de prolifération. *P. somniferum*, le pavot somnifère, convient aux carrés de fleurs à couper et donne de belles taches de couleur dans les plates-bandes. Tous les pavots veulent du soleil et un sol assez sec, mais les terrains maigres et non fumés font très bien l'affaire.

P. nudicaule	jaune, orangé, juin-oct., 30
P. rhoeas	rouge, orangé, juin-août, 40
P. somniferum ❧	toutes couleurs, juil.-sept., 100

Papaver somniferum

Pelargonium

GÉRANIUM

Les *Geraniums* sont des plantes vivaces. Les *Pelargonium* sont des plantes de jardin en pots (et bacs). On peut les semer ou les repiquer. Les graines sont moins onéreuses que les plants, lesquels donnent souvent de plus grosses fleurs et ne portent pas de feuilles inférieures jaunes après plantation. En hiver, il faut les conserver au sec et à l'abri de la lumière. On trouvera ci-dessous les différents groupes de cette espèce.

P. grandiflorum	pélargonium à grandes fleurs
P. peltatum	géranium lierre
P. zonale	géranium zonale

Pelargonium grandiflorum

Perilla

Comme les *Coleus*, les périllas sont remarquables, avec leur feuillage brun-rouge particulier. Ils font très bien dans les jardins fleuris de couleurs intenses. Les deux types suivants ont un feuillage très foncé.

P. frutescens 'Atropurpurea'	60, f. foncé
P. nankinensis 'Atropurpurea' Laciniata'	60, f. incisé

Petunia

Les pétunias sont depuis longtemps appréciés. C'est pourquoi les horticulteurs tâchent sans cesse de les améliorer. Un grand progrès a été enregistré en l'occurrence : on a créé des variétés à autorenouvellement, dont les fleurs fanées sont supplantées par de nouvelles. On peut se demander si les variétés bicolores et les races doubles représentent un réel progrès. Il serait vain d'énumérer les variétés : il suffit de regarder les semences et les plants proposés dans l'année. Vous avez le plus souvent le choix entre le blanc, le violet, le rouge, le rose ou le bleu. À vous d'assortir les couleurs lorsque vous

Perilla frutescens

replanterez les pétunias. On se rendra compte immédiatement que les pétunias à fleurs assez petites sont les plus beaux.

Phacelia

PHACÉLIE

Cette plante peut être semée jusqu'en juin, elle attire les abeilles ravies de butiner jusqu'en automne. Facile à cultiver, elle est idéale pour combler les jardins dénudés.

*P. campanularia**	bleu gentiane, juil.-août, 75
*P. congesta**	bleu lavande, juil.-sept., 30
P. tanacetifolia	bleu, juil.-oct., 100
*P. viscida**	bleu ciel, juil.-sept., 60

Petunia hybride 'Flore Plena'

Phacelia tanacetifolia

Phalaris

PHALARIS DES CANARIES

Le phalaris des Canaries est apprécié en agriculture, mais il est également ornemental dans les carrés de fleurs à couper. On sème cette herbacée au printemps, directement en place et au soleil.

P. canariensis	vert tendre, 70

Phlox

Le phlox de Drummond, en variétés basses, sert pour les bordures et corbeilles, et, en variétés hautes, pour les plates-bandes et carrés de fleurs à couper. On le trouve aussi sous forme de plants.

Phlox drummondii

P. drummondii	toutes couleurs sauf jaune, juil.-sept.
P. d. 'Blue Beauty' ❧	bleu lavande, 20
P. d. 'Brilliant'	rose, 40
P. d. 'White Swan'	blanc, 40

Polygonum

RENOUÉE

Ce genre comprend des plantes grimpantes, des vivaces et des mauvaises herbes. Les renouées annuelles sont remarquables pour les bordures et les jardins de rocaille, mais elles peuvent orner des suspensions et des bacs à fleurs. *P. capitatum*, par exemple, est un couvre-sol idéal pour la rocaille.

P. capitatum	rose, mai-oct., 10
P. orientale	rouge carmin, juil.-oct., 150

Polygonum orientale

Portulaca

POURPIER

Cette espèce fait penser, par l'intensité de ses couleurs, aux ficoïdes *(Dorotheanthus)*. Ses fleurs s'ouvrent seulement au soleil. Elle convient aux jardins de rocaille et aux bordures. Il lui faut un sol maigre, sablonneux et perméable, en plein soleil.

P. grandiflora	toutes couleurs, juin-oct., 10

Reseda

On sème en même temps toutes les graines de cette plante aimée des abeilles, afin d'obtenir une répartition de la floraison. Il lui faut un sol calcaire et fertile. Ses fleurs ne sont guère remarquables, mais son odeur exquise compense largement ce manque.

R. odorata	blanc, tout l'été, 45

Reseda odorata

Portulaca grandiflora

Ricinus

RICIN

Le ricin aime les lieux chauds. Ses grosses graines en forme de haricots sont extrêmement toxiques. Grâce à ses grandes feuilles, c'est une belle plante décorative dans les parcs. Elle ne supporte pas la sécheresse : on l'arrosera donc quotidiennement quand elle sera en pots.

R. communis	f. vert, 200
R. c. 'Impala'	f. bronze, 150
R. c. 'Gibsonii'	f. bronze, 150

Ricinus communis

Salpiglossis

Cette fleur à couper a besoin du plein soleil et d'un sol calcaire. Comme les pétunias, elle fait partie de la famille des Solanacées (la pomme de terre). Ses couleurs sont éclatantes : on peut donc la semer en mélanges. À cause de sa hauteur, on la placera à l'abri du vent. Si on la sème en place, elle doit être éclaircie. Il existe des mélanges de variétés hautes et basses.

S. sinuata	mélanges, juil.-sept., 80
S. s. 'Kew Blue'	bleu-violet, juil.-sept., 70

Salvia

SAUGE

S. coccinea, la sauge écarlate, ressemble à la sauge rouge *(S. splendens)*, mais elle est plus belle. On peut se la procurer partout en tant qu'annuelle. *S. farinacea*, la sauge bleue ou farineuse, porte des inflorescences en épis bleu luisant. Le bouton floral est couvert de gouttes d'eau ce qui lui donne un aspect grisâtre, d'où son nom. Cette sauge fait de jolis bouquets. *S. viridis* (syn. *S. horminus)*, la sauge fausse-verveine, est belle non par ses fleurs, mais par ses bractées, jusque tard dans l'automne ; elle peut être cultivée en annuelle ou en bisannuelle. *S. patens*, la sauge étalée, d'un beau bleu, peut être séchée. Elle demande peu d'eau. *S. sclarea*, robuste, est bisannuelle, porte des feuilles à pilosité grisâtre, et a besoin d'une certaine protection. *S. splendens* était la fleur des parcs victoriens. Malheureusement, sa couleur rouge originelle est devenue bien rare, et on la trouve la plupart du temps dans un rouge-orangé moins spectaculaire (*voir aussi* Plantes en pots).

S. coccinea 'Lady in Red'	rouge écarlate, 25
S. c. 'Coral Nymph' ❧	rose tendre, 30
S. farinacea	bleu foncé, juin-oct., 70
S. f. 'Blue Bedder' ❧	bleu foncé, 70

Salpiglossis sinuata

S. f. 'Victoria' ❧	bleu foncé, 40
S. patens	bleu éclatant, juin-sept., 60
S. sclarea	bleu clair, juil.-août, 80
S. splendens	rouge intense, juin-oct., 25
S. viridis 'Blue Bird'	bleu foncé, juil.-oct., 60
S. v. 'Pink Gem'	rose éclatant, 50
S. v. 'White Swan'	blanc, 50

Sanvitalia

Naguère, c'était une plante recherchée, aujourd'hui elle est tombée quelque peu dans l'oubli. Trapue, elle porte de petites inflorescences à cœur noir. Il lui faut un sol humifère, sur un terrain pâteux, ses feuilles sortent avec peine.

S. procumbens	jaune, juin-oct., 15

Sanvitalia procumbens

Senecio

SÉNEÇON

Le séneçon bicolore, à feuilles grisâtres, peut servir pour les bordures et comme « remplissage ». C'est une plante bisannuelle toujours cultivée comme une annuelle. Elle peut survivre lors des hivers doux, et fleurir l'année suivante, de ses petites fleurs jaunes. Il lui faut le plein soleil. Le séneçon a porté naguère les noms savants de *S. cineraria, S. maritima* et *Cineraria maritima*.

S. bicolor ssp. *cineraria* 'Silverdust'	f. gris, 20

Statice

Voir Limonium.

Tagetes

TAGÈTE

Les tagètes sont très prisées pour lutter contre les parasites végétaux grâce aux sécrétions de leurs racines. Ainsi, la croissance défectueuse de rosiers depuis longtemps en place peut être enrayée par la plantation, durant quelques années, de tagètes parmi les rosiers. Lorsque leur combinaison de couleurs ne plaît pas, on peut toujours couper les fleurs. La tagète à petites feuilles *(T. tenuifolia)* convient à cet effet. Toutes les tagètes se ressèment facilement d'elles-mêmes. Le semis en serre permet une floraison plus tardive.

T. erecta	haute et basse, grosse fl.
T. patula	basse
T. tenuifolia	basse, sans fl.

Tagetes erecta

Senecio bicolor ssp. *cineraria* 'Silverdust'

Thunbergia

On les sème en mars à la température ambiante. Elles conviennent en pots dans des endroits chauds. On les laissera s'enrouler sur de la canne du Tonkin, enfoncée dans les pots à côté des plants.

T. alata	jaune orangé, « œil » noir, 100

Thunbergia alata

Tropaeolum

CAPUCINE

T. majus porte des fleurs comestibles et *T. tuberosum*** donne des tubercules, également comestibles. Il en existe de nombreux hybrides : basses, non grimpantes, hautes, doubles, mais toutes de couleurs rouge, jaune et orangé. Malheureusement, les sachets de graines renferment des mélanges. Les capucines se ressèment souvent d'elles-mêmes. Il convient d'offrir aux variétés élevées un appui pour grimper. C'est indispensable pour *T. peregrinum*, qui est superbe seulement quand les étés sont chauds.

T. majus	diverses couleurs, basse et élevée
T. peregrinum	jaune, juil.-sept., 200

Verbascum

MOLÈNE

Les molènes sont des bisannuelles, mais certaines variétés croissent en tant que vivaces. À grappes florales étroites, elles sont de belles solitaires, surtout dans les jardins caillouteux. Il leur faut le plein soleil et un sol calcaire sec.

V. blattaria	jaune, juin-juil., 100
V. bombyciferum	jaune, fl. laineuse, juin-août, 150
V. chaixii 'Album'	blanc, juil.-août., 90
V. densiflorum	jaune, juil.-sept., 100
V. nigrum	jaune, juil.-sept., 150
V. olympicum	jaune, juil.-sept., 170

Verbascum chaixii 'Album'

Tropaeolum peregrinum

Verbena

VERVEINE

Les quatre espèces mentionnées ici diffèrent totalement de la verveine officinale *(Verbena officinalis)*, commune. *V. aubletia* est remarquable en bordures sur les murets et en suspension. *V. bonariensis* (naguère *V. paragonica*) est haute et élancée ; elle convient aux plates-bandes de vivaces. C'est à proprement parler une vivace, mais elle est cultivée en annuelle. *V. rigida* présente des couleurs tendres alors que, *V.* x *hybrida* a des couleurs marquées. Cette dernière convient aux bordures et aux corbeilles. On achètera les verveines sous forme de plants, mais on peut toujours les semer sous châssis.

V. aubletia ❧	lilas, rose ou blanc, juin-nov., 40
V. bonariensis	violet, juil.-oct., 150
V. x *hybrida*	toutes couleurs, mai-oct., 30
V. rigida (V. venosa)	orangé et diverses couleurs, juin-oct., 40

Verbena x *hybrida*

Viola

VIOLETTE

On sèmera cette bisannuelle au début de juillet pour une floraison automnale, et au début d'août pour une floraison printanière. Naguère, on connaissait seulement les variétés de deux groupes : les géantes d'Aalsmeer et les géantes de Suisse. Il en existe maintenant à petites fleurs, aux couleurs délicates et spécialement destinées aux vasques. Les variétés sont en nombre infini.

V. tricolor

Zea

MAÏS

Le maïs n'est guère beau dans un jardin d'agrément, mais il convient comme fleur à couper. Ses fleurs mâles sont très ornementales ; ses fleurs femelles donnent des fruits en épis comestibles, qui font très bien en bouquets secs.

Z. mays	vert, 150
Z. m. 'Aardbeienmaïs' ❧	« épi » rouge en forme de fraise, 80

Zea mays 'Aardbeienmaïs'

Zinnia

Ce zinnia, annuel, peut être cultivé comme fleur à couper en serre et au jardin. Les variétés basses conviennent aux jardins fleuris, et les hautes aux carrés de fleurs à couper. Il existe des variétés simples, doubles, dahlias et pomponnettes. Il vaut mieux les semer en pépinière, en les faisant lever à 20 °C.

Z. haageana	souvent en mélanges

Zinnia haageana

Les plantes en pots et en bacs

Les assortiments de plantes en pots sont très changeants, car ils suivent la mode. Naguère, on gardait ces végétaux dans les intérieurs, mais avec l'avènement du chauffage central, bien des plantes, notamment celles en pots, sont tombées dans l'oubli : l'atmosphère des pièces ne leur convenait plus.
Aujourd'hui avec la généralisation de l'emploi des serres froides et chaudes et des pépinières, ces espèces ont retrouvé la faveur du public.
Auparavant les plantes en pots et en bacs comprenaient uniquement les espèces pour orangeries, maintenant toutes les plantes pouvant être cultivées en pots ou en bacs sont concernées ainsi que les végétaux importés, cultivés, qui ne sont ni de jardin, ni d'appartement, ou qui craignent le gel.
Les plantes à bulbes sont les plus intéressantes : la plupart d'entre elles peuvent être conservées au frais et dans l'obscurité durant l'hiver. On y inclut la plupart des plantes en pots qui peuvent supporter normalement (en pleine terre dans une serre froide) quelques degrés en dessous de zéro alors qu'elles ne le pourraient pas lorsqu'elles sont en pots (leurs racines gèleraient).
Dans ce chapitre, nous indiquons les principales caractéristiques des espèces citées : la température d'hivernage suivie des couleurs des fleurs ou des feuilles, de l'aspect de celles-ci lorsqu'elles sortent de l'ordinaire puis des mois de floraison lorsqu'ils sont particuliers et enfin de la hauteur de la plante en mètres. Nous ne parlons pas des méthodes de multiplication.
Il faut une température du sol de 25 °C pour semer et repiquer ces plantes ce qui n'est pas toujours facile à obtenir. Nous nous sommes limités aux « classiques », les amateurs pourront consulter les ouvrages spécialisés.

Agapanthus

AGAPANTHE

Voir Plantes à bulbes et à tubercules.

Agave

Les agaves sont originaires d'Amérique du Nord, mais ils se sont bien acclimatés dans les pays tropicaux et subtropicaux. Certaines espèces fournissent

Agave americana

du fourrage : d'autres donnent les fibres végétales pour la corderie, le sisal. Ces plantes ne supportent pas le gel, mais les sujets plus âgés peuvent survivre à une petite gelée nocturne.
Leur multiplication se fait simplement par la transplantation de jeunes plants provenant d'un pied mère. Les agaves, implantés dans de grands bacs, peuvent donner des inflorescences sur des pédoncules de 3 m de hauteur. On n'arrosera jamais ces plantes en hiver.

A. americana	5 °C, vert grisâtre, 1
A. a. 'Marginata'	vert grisâtre, marge jaune, 1
A. filifera	5 °C, rigide, très aiguë, 0,50

Ampelopsis

VIGNE VIERGE

Cette robuste plante grimpante produit des baies bleues après des étés chauds. Elle est caduque. En pleine terre, elle atteint facilement 4 m. La culture en pots et bacs donne des sujets plus petits.

A. brevipedunculata	0-5 °C, f. vert
A. b. 'Elegans'	0-5 °C, f. strié blanc et rouge

Ampelopsis brevipedunculata 'Elegans'

Arbutus

ARBOUSIER

L'arbousier est un grand arbre dans le midi de l'Europe, mais, plus au nord, il n'est tout au plus qu'un grand arbuste. Ses feuilles, oblongues, sont coriaces ; ses fleurs et ses fruits sont portés en même temps par la plante. Température d'hivernage : 3/5 °C, bien que l'arbousier supporte des gels de quelques degrés en dessous de zéro.

A. unedo	3-5 °C, blanc, sept.-nov., 3

Arbutus unedo

Argyranthemum

MARGUERITE D'ÉTÉ

Cette espèce est souvent vendue comme annuelle au printemps et peut très bien être conservée. On peut aussi la faire pousser sur des piquets. C'est la plante en pots qui fleurit le plus longuement.

A. frutescens	5 °C, blanc à cœur jaune, mai-oct., 0,70

Argyranthemum frutescens

Brugmansia

Les *Brugmansia* sont proches des *Datura* (*voir* ce nom). On peut les conserver. Ils portent des fleurs pendantes, à l'inverse des *Datura*. La présente espèce exhale une odeur exquise. Ils veulent une température minimale de 5 °C, car ils ne supportent pas le gel. Il lui faut de la fumure en abondance et beaucoup d'eau.

B. suaveolens	5 °C, toutes couleurs, juil.-sept., 2

Brugmansia suaveolens

Camellia

CAMÉLIA

Il existe des camélias à feuilles persistantes résistant aux gelées (jusqu'à – 15 °C), mais il faut les protéger de la neige qui casse leurs branches. Il vaut mieux les cultiver en pots ou en bacs emplis de terre humifère, ce qui permet de les rentrer en hiver hors gel, sous nos climats tempérés froids. Ils sont très bien en pleine terre dans une serre froide. *C. sinensis*, l'arbre à thé ou théier, veut plus de chaleur. Tous les camélias aiment les sols acides et la mi-ombre.

C. japonica	– 5-5 °C, rose, avril-mai, 3

Canna

CANNA, BALISIER (DE L'INDE)

Le canna de l'Inde doit être soigné à peu près comme les dahlias. La température d'hivernage doit être assez élevée, l'idéal étant 15 °C. La plante pourrit à des températures plus basses. Sa floraison a lieu en août-octobre.

C. indica 'Lucifer'	15 °C, rouge à marge jaune, 1
C. i. 'Alberich'	saumon, 1,50
C. i. 'Perkeo'	rouge, 1,50
C. i. 'Puck'	jaune, 1,50

Canna indica 'Lucifer'

Camellia japonica

Chamaerops

PALMIER

Certains palmiers supportent des gelées de quelques degrés en dessous de zéro, comme celui-ci. Il n'a pas de tronc : ses feuilles partent pratiquement du sol. Il lui faut un lieu très ensoleillé.

C. humilis	– 2-10 °C, f. en éventail, 0,80

Chamaerops humilis

Choisya

ORANGER DU MEXIQUE

L'oranger du Mexique, toujours vert, aime les sols acides et humifères (jardins tourbeux). Il fait partie de la famille des Aurantiacées (orangers et citronniers) : ses fleurs sont caractéristiques. Il fleurit tout jeune et supporte, à un âge plus avancé, de petites gelées.

C. ternata	– 5-10 °C, blanc, avril, 2
C. t. 'Sundance'	– 5-10 °C, blanc, f. vert jaunâtre

Chrysanthemum

Voir Argyranthemum.

Citrus

CITRONNIER, ORANGER ET AUTRES AGRUMES

Les citronniers et les orangers sont depuis longtemps des plantes en bacs par excellence. Louis XIV enviait son ministre des finances Fouquet qui avait une plus belle orangeraie que lui. Il fit transférer tous les orangers de Vaux-le-Vicomte à Versailles quand il l'eut disgrâcié. Les orangers, citronniers, pamplemoussiers, mandariniers… cités ci-dessous peuvent très bien être au froid en hiver.

On obtient de beaux arbrisseaux avec un peu de soin, à condition qu'ils ne retournent pas à l'état sauvage. On aurait la surprise, par exemple, de voir l'oranger porter des fruits acides. La température d'hivernage des citronniers et mandariniers peut être assez basse.

Citrus	10-15 °C, blanc, mai-oct., 3
C. aurantiifolia	limonier (limette acide)

Citrus aurantium

Choisya ternata

C. aurantium	bigaradier ou oranger (oranges amères)
C. limon	citronnier
C. paradisi	pamplemoussier
C. reticulata	mandarinier
C. sinensis	oranger

Clivia

Les *Clivia* étaient naguère des plantes d'appartement, mais elles se développent mieux dans les pots et les bacs. On les met à l'ombre, dehors, en été, et on les rentre dans un local non chauffé en hiver, leur température idéale étant de 18 °C. De la sorte, elles fleurissent deux fois : en automne et tôt au printemps (février). Polinisées à l'extérieur, elles donnent des baies vertes, devenant rouges au bout d'un an. Trop les arroser pendant la période de repos empêche les pédoncules floraux de se développer.

C. miniata	8-15 °C, orangé, rouge
C. m. 'Citrina'	8-15 °C, crème
C. m. 'Striata'	8-15 °C, f. strié
C. nobilis	8-15 °C, rouge, plus pendante

Clivia miniata

Cordyline

Cette espèce est parfaite au centre d'un parc victorien estival. Elle porte des feuilles lancéolées sur une tige raide. On ne taillera pas cette plante, car elle forme plusieurs tiges. Elle hiverne sans difficulté mais à l'abri du gel ; elle supporte des températures de 5 °C. En Australie, son pays d'origine, *C. australis* est un arbre respectable à un ou plusieurs troncs.

C. australis	0-10 °C, vert, 2

Cordyline australis

Corokia

Ce curieux arbrisseau buissonnant, cultivé en bacs ou en pleine terre dans des serres froides, porte de petites fleurs en étoile. Il lui faut une température de quelques degrés au-dessus de zéro.

C. cotoneaster	4-10 °C, blanc, avril-mai, 2

Corokia cotoneaster

Crinum

Voir Plantes à bulbes et à tubercules.

Cupressus

CYPRÈS COMMUN

Le cyprès commun est un arbre méditerranéen qui supporte à peine les hivers des climats tempérés froids. Il meurt au-dessous de – 5 °C, mais on peut très bien le faire hiverner en serre froide. On peut le maintenir à bonne hauteur en bacs, comme espèce persistante.

C. sempervirens	– 5-10 °C, vert bleuté, colonnaire, 5 et plus

Cycas

Les cycas sont les « palmiers » de l'hémisphère austral, de la famille des Cycadacées et non des Palmacées. Un excès de soleil décolore leurs feuilles en jaune. Ils passent très bien l'hiver en appartement ou en serre assez froide. Ils supportent les faibles gelées, mais brèves.

C. revoluta	5-15 °C, large, 0,60

Cycas revoluta

Datura

DATURA, POMME ÉPINEUSE, HERBE-À-LA-TAUPE

Le datura est une annuelle à feuillage vert grisâtre mat et à inflorescence haute et blanche. Indigène, il croît naturellement sur les vieux fumiers, dans les jardins abandonnés et dans les décombres. Il est très vénéneux (*voir aussi Brugmansia*).

D. stramonium	blanc, juin-sept., 1

Dicksonia

La grande majorité des *Dicksonia* sont tropicales. *D. antarctica* est la seule qui supporte de faibles gelées. Elle convient aux serres froides, où elle peut être réchauffée seulement en cas de fort gel. On la cultive aussi en pots. Elle est très onéreuse.

D. antarctica	5-10 °C, largeur 3, hauteur, 4

Dicksonia antarctica

Datura stramonium

Eichhornia

JACINTHE D'EAU

Cette plante aquatique peut passer l'hiver en appartement, dans de l'argile très humide. En été, il lui faut un lieu chaud et ensoleillé, dans l'eau. Elle est idéale pour fleurir les bassins de jardins d'hiver. Elle est très appréciée pour ses très belles fleurs bleu-violet, semblables à celles de la jacinthe proprement dite.

E. crassipes	15 °C, plante flottante, bleu-violet, 0,20

Eichhornia crassipes

Eucalyptus

Des dizaines d'espèces d'eucalyptus arrivent à vivre sous les climats océaniques doux, comme dans le sud de l'Angleterre, mais ils ne résistent pas à des climats plus rudes. Ils supportent les serres froides ou les grands bacs. Les deux espèces mentionnées ci-dessous supportent de faibles gelées ; on ne peut planter les autres en pleine terre que sous le climat méditerranéen.

E. gunnii	0-10 °C, f. vert bleuté (jeune âge), 0,10
E. niphophila	0-10 °C, f. grisâtre (jeune âge), 0,10

Eucomis

Voir Plantes à bulbes et à tubercules.

Fatsia

Naguère plantes d'appartements, les *Fatsia* sont maintenant utilisées en bacs. Elles supportent de faibles gelées ; à Paris, à Londres, à Marseille on arrive à les tenir à l'extérieur durant l'hiver. Il leur faut l'ombre ou la mi-ombre. Elles sont proches de la famille du lierre.
L'hybride x *Fasthedera* de *Fatsia* et d'*Hedera* (le lierre) est une plante d'appartement.

F. japonica	4-8 °C, vert, 2

Fatsia japonica

Fuchsia

Il existe plus de 2 000 variétés de fuchsias cultivés. Les personnes intéressées feront bien de s'adresser aux associations d'amateurs de fuchsias. La plupart d'entre eux sont cultivés comme annuelles ; les amateurs les enterrent en hiver dans de la litière de

Eucalyptus species

tourbe en conteneur isolé et les ressortent en avril. On est alors tout étonné de les voir repartir ! Naturellement, ils peuvent hiverner en serre légèrement chauffée.

Fuchsia

Galtonia

Voir Plantes à bulbes et tubercules.

Grevillea

GRÉVILLÉE

La présente grévillée d'Australie est un arbre à feuilles finement pennées qui supporte de faibles et brèves gelées. Il lui faut un sol légèrement acide. Persistante, elle croît en pleine terre dans les serres, et devient un grand arbre ; en bacs, elle reste plus petite.

G. robusta	4-10 °C, fl. blanc jaunâtre, toute l'année, 5

Grevillea robusta

Griselinia

La présente espèce, persistante, porte des feuilles arrondies, coriaces et vert clair. Elle supporte de faibles gelées. Elle croît en pleine terre, dans les serres froides ou les patios abrités. Ses fleurs ne sont guère apparentes ; les fleurs mâles et les fleurs femelles sont portées par des arbres différents.

*G. littoralis**	– 5-5 °C, blanc, été, 4

Griselinia littoralis

Hebe

Ces espèces, à feuillage persistant, peuvent hiverner à l'extérieur, en un lieu bien abrité, mais il vaut mieux une serre froide. En pleine terre, elles supportent mieux les gelées qu'en pots et en bacs. Il leur faut de préférence un sol acide, en ajoutant, par exemple, un tiers de tourbe à la terre. *H. armstrongii* et *H. cupressoïdes*, qui ressemblent à des

Hebe armstrongii

conifères, sont touffues ; les autres portent des feuilles « ordinaires ». Il existe une multitude de variétés. Les espèces types supportent mieux le gel que les hybrides.

H. albicans	blanc, juil.-août
H. a. 'Andersonii'	bleu, août-sept.
H. a. 'Autumn Glory'	violet, sept.-oct.
H. a. 'Blue Clouds'	bleu clair, juil.
H. a. 'Midsummer Beauty'	lilas rose, sept.
H. armstrongii	blanc
H. buxifolia	blanc
H. cupressoïdes	blanc, juin-juil.
H. 'Kirkii'	blanc, août-sept.
H. pinguifolia	blanc, juin-août
H. salicifolia	lilas, août-sept.

Heliotropium

HÉLIOTROPE

Voir Plantes annuelles et bisannuelles.

Jasminum

JASMINS D'HIVER

On ne confondra pas ces espèces avec le jasmin des jardins, également du genre *Jasminum*. Cette plante grimpante, sensible au gel, convient aux serres froides légèrement chauffées. Elle peut devenir très haute, mais elle reste bien plus petite en pots et bacs. *J. mesnyi* et *J. polyanthum* supportent des gelées légères (*voir aussi* Plantes grimpantes et de façades).

Jasminum mesnyi

*J. mesnyi**	0-10 °C, jaune éclatant, mars-mai, 4
J. officinale	5-10 °C, blanc, juin-août, 8
J. o. f. Affine	5-10 °C, blanc, parfois rose, 8
*J. polyanthum**	5-12 °C, blanc, mai-sept., 7
*J. sambac**	10-15 °C, blanc (d), été, 3

Lantana

LANTANIER

Le lantanier peut perdre ses feuilles à l'occasion d'une faible gelée, mais elles repousseront. Sa beauté réside en ses ombelles, mais la pollinisation ne peut se faire qu'en plein air, et les fruits sont donc rares. Il peut passer l'hiver à l'ombre. *L. camara* est le plus connu.

L. camara	5-10 °C, rouge, jaunâtre, juin-sept., 20

Lantana camara

Laurus

LAURIER NOBLE

Cet arbrisseau buissonnant est souvent taillé ras ou en boule. Il peut rester dehors lors des hivers doux ; s'il supporte assez bien les gelées nocturnes, son hivernage est meilleur à des températures plus clémentes. Il faut le sortir au printemps en un lieu abrité. Il peut geler quand la température est très basse, de l'ordre de – 10 à – 15 °C, mais il repart généralement du pied, mais pour plus de sûreté il vaut mieux pailler sa tige.

*L. azorica***	5-10 °C, f. vert, 1,50
L. nobilis	– 5-10 °C

Laurus nobilis

Lavandula

LAVANDE

Cette lavande est la plus belle en pots (*voir aussi* Plantes vivaces).

*L. stoechas**	0-5 °C, rose violacé, juin-sept., 0,50

Lavandula stoechas

Leptospermum ❧

LEPTOSPERME

Les leptospermes sont difficiles à cultiver en pots ou en bacs : si l'on oublie aussi peu que ce soit de les arroser, ils meurent instantanément. On les plantera de préférence dans l'endroit ensoleillé d'une serre froide où l'humidité du sol sera assurée. Ils supportent de faibles gels.

L. scoparium	blanc, mai-juin, 2
L. s. 'Album Plenum'	blanc (d), 1,50
L. s. 'Crimson Sentry'	rouge, mai-juin, 1,50
L. s. 'Kea'	rose, bas, mai-juin, 1
L. s. 'Kiwi'	rose foncé, bas, mai-juin, 1,50
L. s. 'Kotoku'	rose, bas, mai-juin, 1
L. s. 'Nanum'	rose, mai-juin, 0,30
L. s. 'Nichollsii'	cramoisi, juin-juil., 1,50
L. s. 'Red Damask'	rouge foncé (d), juin-juil., 1,50
L. s. 'Ruby Glow'	lie-de-vin (d), juin-juil., 1,50

Leptospermum scoparium

Liriope

Voir Plantes vivaces.

Magnolia grandiflora

Voir Plantes grimpantes.

Malvaviscus

MALVACÉE

Cet abrisseau est le moyen terme entre un *Hibiscus* et un *Abutilon*. Les températures indiquées ici sont parlantes : il faut rentrer la plante tôt en automne. Cette malvacée, comme les autres, est attaquée par les aleurodes, ou mouches blanches.

M. arboreus	10-12 °C, rouge éclatant, juil.-sept., 1

Malvaviscus arboreus

Myrtus

MYRTE

Cette plante d'appartement veut un sol acide. Le myrte n'aime ni le gel, ni le dessèchement. Il vaut donc mieux le placer dans la mi-ombre, quoiqu'il puisse être, mais indirectement, mis au soleil.

*M. communis**	5-10 °C, blanc, juil.-sept., 2

Myrtus communis

Nelumbo

LOTUS SACRÉ

Le nom de lotus évoque toujours le souvenir de l'Égypte ancienne. Ce petit « nénuphar », sous un climat tempéré et froid, peut être cultivé hors des pièces d'eau. Les amateurs le mettent dans des bacs ronds ou des tonneaux qui peuvent être sortis en été, au soleil. Lors de son flétrissement, on peut le laisser plus ou moins au sec pour hiverner en un lieu frais. Mais il ne faut pas le ressortir trop tôt (*voir aussi* Plantes aquatiques).

*N. nucifera***	15 °C, rose ou blanc, juil.-sept.

Nelumbo nucifera

Nerium

LAURIER-ROSE

Le laurier-rose existe dans de nombreuses variétés,

Nerium oleander

à fleurs simples ou doubles, et de toutes les couleurs. Il ne doit pas passer l'hiver au chaud si l'on désire une belle floraison. Ses fruits sont vénéneux.

N. oleander	5-10 °C, toutes les couleurs, juil.-sept., 2

Olea

OLIVIER

Arbre persistant cultivé en pleine terre dans le Midi, l'olivier se prête à de belles tailles de formes diverses quand il est en bac, à condition que l'élagage soit régulier. Il supporte des gelées jusqu'à – 2 °C ; en dessous de cette température, il faut le faire hiverner au frais. Sa floraison n'est pas spectaculaire.

O. europaea	0-10 °C, blanc, 2

Olearia

O. haastii, toujours vert, qui peut croître dans les jardins très abrités, se trouve mieux en plein soleil dans une serre froide, à l'exception des régions méditerranéennes où il pousse en pleine terre. Les autres espèces sont moins résistantes.

O. haastii	– 5-5 °C, blanc, juil.-août, 2

Olearia haastii

Passiflora

PASSIFLORE, FLEUR DE LA PASSION

Les passiflores, sous un climat tempéré froid, préfèrent les serres froides et chaudes. En bacs, on peut facilement les sortir au cours de l'été. *P. edulis* porte des fruits comestibles. Il existe bien d'autres espèces et variétés dans le commerce, de même que de nouvelles variétés de *P. caerulea*, la passiflore bleue (*voir aussi* Plantes grimpantes et de façades). Ces deux passiflores ne supportent aucunement le gel.

P. caerulea 'Constance Elliott'	5-10 °C, blanc, juin-oct., 3
*P. edulis***	5-10 °C, pourpre, blanc, juil.-sept., 3

Passiflora caerulea

Phoenix

PALMIER DATTIER

On trouve le palmier dattier des Canaries chez tous les fleuristes. Il est l'un des plus anciens palmiers dattiers à être cultivés en pots. La plupart du temps, il meurt lorsqu'il hiverne à trop haute température. Il est attaqué par une cochenille. Il faut veiller à ne

Phoenix canariensis

pas faire « brûler » ses feuilles quand on le sort, en mai : on le placera à l'ombre pour commencer.

P. canariensis	5–10 °C, f. ou fl. grossière, 3
P. roebelenii	8-10 °C, f. fin, 3

Phormium

LIN DE LA NOUVELLE-ZÉLANDE

Ces plantes d'aspect herbacé fleurissent assez difficilement dans les régions froides. Leurs feuilles sont ornementales. Il leur faut un lieu humide et même imbibé. Les hauteurs indiquées ne comprennent pas les fleurs. Ces plantes peuvent passer l'hiver en serre froide, mais couvertes, elles peuvent rester à l'extérieur, seules les feuilles gèleront et il faudra attendre juillet pour qu'elles repartent.

P. colensoi	0-5 °C, vert foncé, 1
P. tenax	– 5-5 °C, f. vert, 1,50
P. t. 'Bronze'	– 5-5 °C, f. brun, 0,50
P. t. 'Variegatum'	–5-5 °C, f. strié jaune, 1,50

Phormium tenax 'Purpureum'

Pittosporum

Ces arbrisseaux persistants portent des fleurs blanches odorantes. Certaines espèces supportent de légères gelées, mais elles doivent toutes passer l'hiver à au moins 5 °C. En été, on les mettra en un lieu qui ne soit pas trop ensoleillé.

P. crassifolium	– 2-10 °C, pourpré, juin-juil., 3
P. tenuifolium	5-10 °C, blanc, 3
P. tobira	0-10 °C, brun pourpré, mai-juin, 3
P. t. 'Variegatum'	0-10 °C, brun pourpré, mai-juin, 3
P. undulatum	0-10 °C, blanc, mai-juil., 2
P. u. 'Variegatum'	0-10 °C, panaché argent, mai-juin, 2

Pittosporum undulatum

Plumbago

DENTELAIRE DU CAP

Ces plantes grimpantes portent un feuillage semi-persistant. Elles supportent des températures allant jusqu'à – 2 °C. Il convient des les tailler avant de les rentrer en hiver, afin de faciliter leur transport.

P. auriculata	5-10 °C, bleu clair, juin-oct., 2

Plumbago auriculata 'Alba'

P. a. 'Alba'	5-10 °C, blanc, juin-oct., 2
P. capensis 'Alba'	5-10 °C, blanc, juin-oct., 3

Punica

GRENADIER

Le grenadier est une plante en bacs classique. Il lui faut un hivernage à 5 °C et, en été, un lieu extérieur ensoleillé. Il croît dans un sol argilo-humifère, complété de sable grossier. Étant donné la hauteur qu'il atteint, il lui faut de grands bacs : il peut atteindre 3 à 4 m. Les graines des fruits, les grenades, servent à préparer la grenadine. Il existe aussi des cultivars à fleurs oranges ou blanches.

P. granatum	0-10 °C, rouge, juin-août, 3
P. g. 'Nana'	0-10 °C, rouge, juin-août, 1

Punica granatum

Rhodochiton

Cette espèce grimpante annuelle peut aussi être mise en pots ; on la sème au printemps (ne pas utiliser de vieilles graines). On peut la rabattre en automne. Les sujets semés, la première année, sont plus petits et fleurissent plus tard.

R. atrosanguineus	4-12 °C, pourpre foncé, juin-oct., 2

Rosa

ROSIER

Le haut d'une serre non chauffée peut être occupé par ce rosier à petites fleurs odorantes. Il est trop sensible au gel pour être planté à l'extérieur, sauf dans les régions méditerranéennes, où il grimpe à l'assaut des arbres, atteignant 20 m de haut. Il n'est pas nécessaire de le tailler, sauf pour ses parties pendantes qui peuvent gêner. On le trouve chez les spécialistes. Il fleurit seulement sur les rameaux de trois ans, ce qui est une exception, et il ne fleurit pas dans les deux ans suivant une taille sévère.

*R. banksiae**	– 2-5 °C, blanc, juin-juil., 10
R. b. var. *lutea** ❧	– 2-5 °C, jaune crème (d), juin-juil., 10
R. b. 'Alba Plena'	– 2-5 °C, blanc, fl. pleine, juin-juil., 10

Rosa banksiae

Rhodochiton atrosanguineus

R. b. 'Lutescens'	– 2-5 °C, jaune et simple, juin-juil., 10

Rosmarinus

ROMARIN

Cette espèce craint les grands froids. On la cultive alors en pots pour la rentrer en hiver.

R. officinalis	0-5 °C, mars-avril, 0,50

Salvia **

SAUGE

Bien qu'elle ne soit pas une plante en pots à proprement parler, la sauge ne peut pas être considérée comme une annuelle. Aucune de ces espèces n'étant résistantes au gel, il vaut mieux qu'elles passent l'hiver dans les intérieurs ou en serre froide. En avril, la sauge peut très bien être plantée à l'extérieur dans un sol bien perméable.

*S. coccinea**	rouge sang, 0,50
*S. discolor**	bleu foncé
*S. guaranitica**	bleu bleuet
*S. involucrata**	vieux rose, 0,80
*S. patens** ❧	bleu, 0,60
*S. scabra**	bleu clair

Salvia patens

Solanum

MORELLE

Certaines de ces espèces sont des annuelles et certaines autres des grimpantes. Toutes doivent passer l'hiver au frais et à l'abri du gel. Les dernières citées ici sont des graminées. Elles ont des tiges verticales droites à grandes feuilles lancéolées ; les autres espèces sont volubiles. Les *Solanum* appartiennent à la même famille que les tomates, les pommes de terre et les poivrons.

S. crispum 'Glasnevin'*	0-5 °C, bleu, juin-sept., 3
S. jasminoïdes	– 5-5 °C, bleu clair, juin-oct., 3
S. j. 'Album'	–5-5 °C, blanc, juin-oct., 3
*S. Laciniatum***	5-10 °C, violet, juil.-sept., 4
*S. rantonnetii***	5-10 °C, bleu-violet, juil.-sept., 3
S. wendlandii	5-10 °C, lilas bleu, juil.-sept., 3

Solanum wendlandii

Sparrmannia

TILLEUL D'APPARTEMENT

Cette plante d'appartement démodée doit, comme les arums et les clivias, éviter le chauffage central. Elle est actuellement redevenue une plante en bacs et en pots. Après la floraison, il convient de la rabattre et de la placer à l'extérieur à mi-ombre et à l'abri du vent.

S. africana	8-12 °C, blanc, fév.-avril, 3

Tibouchina

Ses feuilles et ses fleurs ont un aspect velouté. À la différence des autres plantes en pots, celle-ci doit

Sparrmannia africana

passer l'hiver au chaud. Ses tiges peuvent rester nues si on effectue la taille au début du printemps.

T. urvilleana ❧	10-15 °C, bleu-violet, sept.-oct., 2

Tibouchina urvilleana

Viburnum

LAURIER-TIN

Les fleurs du laurier-tin restent longtemps en boutons. Ses ombelles blanches donnent, en été, des baies noires. Dans un jardin abrité, il résiste mieux sous le climat océanique ; au nord de la Loire, il est préférable de lui faire passer l'hiver en serre froide. Attention, en bacs, il gèle plus facilement qu'en pleine terre.

V. tinus	–5-5 °C, blanc, oct.-avril, 1,50

Viburnum tinus

Washingtonia

PALMIER

Les palmiers peuvent être dehors en été, mais hiverner au frais : les appartements sont trop chauds pour eux. Si vous les gardez chez vous, veillez à baisser les radiateurs dans la pièce où ils se tiennent. Ces palmiers supportent quelque peu le gel, mais il vaut mieux ne pas prendre de risques.

W. filifera	5-10 °C, vert, 2
W. robusta	8-12 °C, vert, 2

Washingtonia filifera

Glossaire

Les plantes, depuis le célèbre botaniste Linné, sont nommées selon une nomenclature dite binaire, à savoir le nom de genre (qui recouvre plusieurs espèces), le nom d'espèce, tous deux en latin et en italique, suivis de la variété, en romain : *Rosa gallica* 'Versicolor'.

Botanique (espèce) Telle qu'en nature, sans intervention de l'homme.
Bulbe (ou oignon) Organe végétal souterrain, plus ou moins sphérique, qui contient les réserves nutritives de la plante et les embryons de ses parties aériennes (tige, feuilles, fleurs).
Bulbille Petit bulbe.
Campanulé En forme de clochette.
Capitule Inflorescence formée de petites fleurs toutes insérées à la même hauteur sur un pédoncule élargi (par exemple, la marguerite).
Capsule Fruit sec renfermant des graines qui s'échappent à maturité. Une gousse est une forme de capsule.
Corymbe Inflorescence formée de petites fleurs sur des pédoncules de hauteurs différentes, les fleurs parvenant toutes à la même hauteur.
Cupule Godet formant la base d'un gland.
Épi Inflorescence formée de fleurs sans pédoncules placées sur un axe allongé.
Épillet Épi partiel.
Fastigié Se dit des arbres dont les rameaux s'élèvent vers le ciel.
Naturalisée (espèce) Espèce redevenue sauvage ou adaptée localement.
Ombelle Inflorescence formée de petites fleurs dont les pédoncules floraux partent en rayons à partir d'un même centre (comme une ombrelle).
Palmatilobé Palmé et lobé.
Penné Nervuré comme les barbes d'une plume.
Pennatilobé Penné et lobé.
Stipule Organe accessoire à l'aisselle des feuilles.
Stolon Tige rampante.
Style Prolongement au-dessus de l'ovaire des fleurs surmonté par les stigmates.
Subéreux Qui a la consistance du liège.

Index des noms latins

Abies 101
Acaena 143
Acanthopanax 53
Acanthus 143
Acer 10, 22, 53, 87
Achillea 144
Acidanthera 227
Aconitum 145
Acorus 253
Actinidia 131
Adiantum 213
Adonis 145, 273
Aesculus 11, 22, 54
Agapanthus 227, 301
Agave 301
Ageratum 273
Agrostemma 274
Ailanthus 11
Ajuga 145
Akebia 131
Alcea 274
Alchemilla 146
Alisma 253
Allium 228
Alnus 11, 22, 88
Alonsoa 274
Alopecurus 213
Alstroemeria 146
Althaea 146, 275
Alyssum 147, 275
Amaranthus 275
Amelanchier 23, 54
Ammobium 275
Ampelopsis 132, 302
*Anaphalis*147
Anchusa 147
Andromeda 33
Androsace 148
Anemone 148, 228
Anethum 148
Antennaria 149
Anthemis 149
Antirrhinum 275
Aponogeton 253
Aquilegia 149
Arabis 150
Aralia 55
Araucaria 102
Arbutus 302
Arctostaphylos 33
Arctotis 276
Argyranthemum 276, 302
Arisarum 229
Aristolochia 132
Armeria 150
Aronia 55
Arrhenatherum 214
Artemisia 150
Arum 229
Aruncus 151
Arundinaria 214
Asarum 151
Asclepias 151
Asphodeline 152
Asplenium 214
Aster 152
Astilbe 153
Astilboides 153
Astrantia 154
Athyrium 214
Aubrieta 154
Aucuba 33
Aurimia 155
Avena 214
Azalea 34
Azolla 254
Azorella 155

Baldellia 254
Balsamina 276
Begonia 230, 276
Bellis 276
Berberis 34, 55, 88
Bergenia 155
Betula 12, 23
Bilderdykia 132
Blechnum 214
Bletilla 156
Borago 156, 277
Bouteloua 215
Brassica 277
Briza 215
Brodiaea 230
Browallia 277
Brugmansia 303
Brunnera 156
Buddleia 56
Buphthalmum 156
Butomus, 254
Buxus 35, 88

Calamagrostis 215
Calceolaria 277
Calendula 278
Calla 255
Callicarpa 57
Callistephus 278
Calluna 35
Calocedrus 102
Caltha 157, 255
Calycanthus 57
Camassia 231
Camellia 36, 303
Campanula 157, 278
Campsis 132
Canna 303
Caragana 57
Cardamine 158
Carex 216, 255
Carpinus 12, 89, 133
Caryopteris 58
Castanea 12
Catalpa 13
Ceanothus 37
Cedrus 103
Celastrus 133
Celosia 279
Centaurea 158, 279
Centranthus 159
Cephalotaxus 103
Cerastium 159
Ceratophyllum 255
Ceratostigma 159
Cercidiphyllum 23
Cercis 13
Ceterach 216
Chaenomeles 58
Chamaecyparis 89, 103
Chamaerops 304
Chasmanthium 216
Cheiranthus 279
Chelone 159
Chiastophyllum 160
Chimonanthus 59
Chionanthus 59
Chionodoxa 231
Choisya 304
Chrysanthemum 160, 279, 304
Chysoplenium 256
Cicuta 256
Cimicifuga 161
Cineraria 280
Citrus 304
Cladium 256
Clarkia 280
Clematis 133, 161
Cleome 280
Clerodendrum 59
Clethra 59
Clivia 305
Cobaea 280
Cochlearia 256
Codonopsis 161
Colchicum 231
Coleus 280
Colocasia 256
Colutea 60
Comarum 256
Convallaria 162
Convolvulus 281
Cordyline 305
Coreopsis 162
Cornus 24, 60, 89, 162
Corokia 305
Cortaderia 217
Corydalis 163, 232
Corylopsis 61
Corylus 13, 24, 61
Cosmos 281
Cotinus 62
Cotoneaster 37, 62, 135
Cotula 163, 256
Crambe 163
Crataegus 24, 62, 90
Crinum 232, 306
Crocosmia 232
Crocus 233
Cryptomeria 105
Cucurbita 281
Cuphea 282
x *Cupressocyparis* 105
Cupressus 105, 306
Cycas 306
Cyclamen 233
Cydonia 24, 63
Cymbalaria 163
Cynoglossum 282
Cyperus 217, 257
Cyrtomium 217
Cytisus 63

Daboecia 37
Dactylis 217
Dactylorhiza 257
Dahlia 234, 282
Daphne 38, 63
Darmera 164
Datura 306
Davidia 24
Decaisnea 64
Delphinium 164, 283
Deschampsia 217
Deutzia 38, 64
Dianthus 165, 283
Dicentra 166
Dicksonia 306
Dictamnus 166
Diervilla 64
Digitalis 166, 283
Dipsacus 283
Dodecatheon 166
Doronicum 167
Dorotheanthus 284
Draba 167
Dracunculus 235
Dryas 167
Dryopteris 218
Duchesnea 168

Eccremocarpus 284
Echinacea 168
Echinodorus 254, 257
Echinops 168
Echium 284
Egeria 257
Eichhornia 258, 307
Elaeagnus 38, 65, 90
Eleocharis 258
Elodea 258
Elymus 218
Empetrum 39
Endymion 235
Enkianthus 65
Epilobium 258
Epimedium 168
Epipactis 258
Equisetum 258
Eranthis 235
Eremurus 170, 235
Erica 39
Erigeron 170
Eriophorum 258
Erodium 170
Eryngium 170
Erythronium 236
Escallonia 41, 91
Eschscholzia 284
Eucalyptus 307
Eucharis 236
Eucomis 236, 307
Euonymus 41, 65, 135
Eupatorium 171
Euphorbia 171, 259
Exochorda 65

Fagus 13, 25, 91
Fallopia 135
Fargesia 218
Fatsia 307
Felicia 285
Festuca 218
Ficus 66
Filipendula 171, 259
Foeniculum 172
Forsythia 66, 135
Fothergilla 66
Fraxinus 14, 25
Freesia 236
Fritillaria 237, 259
Fuchsia 66, 91, 172, 307

Gagea 237
Gaillardia 172
Galanthus 238
Galium 173
Galtonia 238, 308
x *Gaulnettya* 41
Gaultheria 41
Gaura 173
Gazania 285
Genista 67
Gentiana 173
Geranium 174, 238
Geum 174
Ginkgo 14, 25
x *Gladanthera* 238
Gladiolus 227, 239
Glaucium 175
Glechoma 175
Gleditsia 15, 26
Gloriosa 239
Glyceria 219, 260
Godetia 285
Grevillea 308
Griselinia 308
Groenlandia 260
Gunnera 175
Gymnocladus 15
Gypsophila 176, 286

Halesia 67
Hamamelis 68
Hebe 41, 308
Hedera 41, 92, 135
Helenium 176
Helianthemum 176
Helianthus 177, 286
Helichrysum 286
Helictotrichon 219
Heliopsis 177
Heliotropium 286, 309
Helipterum 287
Helleborus 178
Hemerocallis 178
Hepatica 178
Heracleum 179, 287
Hermodactylus 240
Hesperis 179, 288
Heuchera 179
Hibanobambusa 219
Hibiscus 68
Hippophae 69
Hippuris 260
Holcus 219
Hosta 179
Hottonia 260
Houttuynia 180, 260
Humulus 136, 288
Hyacinthoïdes 240
Hyacinthus 240
Hydrangea 69, 92, 136
Hydrocharis 260
Hydrocotyle 261
Hymenocallis 241
Hypericum 42, 70, 92, 180

Iberis 181
Ilex 42, 70 ,92
Impatiens 288
Incarvillea 181, 241
Indigofera 70
Indocalamus 219
Inula 181, 261
Ipheion 241
Ipomoea 289
Iris 181, 242, 261
Ismene 242
Ixia 242
Ixiolirion 242

Jasminum 137, 309
Juglans 15
Juncus 219, 261
Juniperus 106
Jussiaea 261

Kadsura 137
Kalmia 43
Kentranthus 182
Kerria 71
Kirengeshoma 182
Kniphofia 183
Kochia 289
Koeleria 200
Koelreuteria 26
Kolkwitzia 71

Laburnum 26, 71
Lagurus 289
Lamiastrum 183
Lamium 183
Lantana 309
Larix 106
Lathyrus 137, 183, 289
Laurus 309
Lavandula 93, 184, 310
Lavatera 184, 290
Ledum 43
Lemna 262
Leontopodium 184
Leptospermum 310
Lespedeza 72
Leucanthemella 185
Leucojum 243
Leucothoë 43
Lewisia 185
Leycesteria 72
Leymus 220
Liatris 185, 243
Libocedrus 106
Ligularia 185
Ligustrum 43, 72, 93
Lilium 243
Limnanthes 290
Limonium 186, 290
Linaria 186
Linnaea 186
Linum 186
Liquidambar 15
Liriodendron 16
Liriope 186, 310
Lobelia 187, 262, 290
Lobularia 291
Lonicera 44, 73, 93, 137
Lotus 262
Ludwigia 262
Lunaria 291
Lupinus 187, 291
Luronium 262
Luzula 220
Lychnis 188
Lycopersicon 292
Lysichiton 262
Lysimachia 188, 263
Lythrum 188, 263

Maclaya 189
Magnolia 16, 27, 73, 138
Magnolia grandiflora 310
x *Mahoberberis* 44
Mahonia 44, 94
Maianthemum 189
Malus 27, 74, 94
Malva 189
Malvaviscus 311
Matteuccia 220
Matthiola 292
Meconopsis 189
Melica 221
Mentha 263
Menyanthus 263
Mertensia 190
Mesembryanthemum 292
Mespilus 28
Metasequoia 16, 106
Microbiota 107
Mimulus 191, 263
Mirabilis 292
Miscanthus 221
Molinia 221, 264
Monarda 191
Montbretia 191
Morus 16, 28, 138
Muscari 244
Myosotis 264, 292
Myrica 74
Myriophyllum 264
Myrtus 311

Narcissus 244
Nasturtium 264
Nectarascordum 245
Neillia 74
Nelumbo 311
Nemesia 293
Nepeta 94, 191
Nerine 246
Nerium 311
Nicandra 293
Nicotiana 293
Nigella 293
Nothofagus 28
Nuphar 265
Nymphaea 265
Nymphoïdes 266

Oenanthe 266
Oenothera 192
Olea 312
Olearia 312
Omphalodes 192
Onoclea 222
Ornithogalum 246
Orontium 266
Osmanthus 45
Osmunda 222
Ostrya 16
Oxalis 247
Oxycoccus 45

Pachysandra 192
Paeonia 75, 193
Panicum 222
Papaver 193, 294
Parrotia 28, 75
Parthenocissus 139
Passiflora 139, 312
Paulownia 16, 294
Pelargonium 294
Pennisetum 222
Penstemon 193
Perilla 294
Pernettya 45
Perovskia 75
Persicaria 267
Petasites 194, 267
Petunia 294
Phacelia 295
Phalaris 223, 295
Phellodendron 17, 29
Philadelphus 76
Phlomis 194
Phlox 194, 295
Phoenix 312
Phormium 313
Photinia 29, 45, 95
Phragmites 267
Phyllitis 223
Phyllostachys 223
Physalis 195
Physocarpus 76
Physostegia 195
Phytolacca 196
Picea 95, 107
Pieris 46
Pinus 108
Pistia 267
Pittosporum 313
Plantago 196
Platanus 17
Platycodon 196
Pleioblastus 224
Plumbago 313
Podocarpus 109
Polemonium 196
Polygonatum 197
Polygonum 140, 197, 267, 296
Polypodium 224
Polystichum 224
Poncirus 76
Pontederia 267
Populus 17, 95
Portulaca 296
Potamogeton 268
Potentilla 46, 76, 95, 198, 268
Primula 199
Prunella 199
Prunus 18, 29, 46, 77, 96, 140
Pseudofumaria 199
Pseudolarix 109
Pseudosasa 225
Pseudotsuga 110
Pteridium 225
Pterocarya 18
Pulmonaria 199
Pulsatilla 200
Punica 314
Puschkinia 247
Pyracantha 47, 141
Pyrethrum 200
Pyrus 30, 96
Quercus 18
Ranunculus 200, 247, 268
Reseda 296
Reynoutria 200
Rhamnus 77
Rheum 200
Rhodochiton 314
Rhododendron 47, 49, 50, 78, 79, 96
Rhus 79
Ribes 50, 79, 80, 97
Ricinus 297
Robinia 19, 30, 80
Rodgersia 201
Rosa 50, 97, 115-130, 314
Rosmarinus 315
Rubus 50, 81, 141
Rudbeckia 201
Rumex 268
Ruscus 51
Ruta 202

Sagina 202
Sagittaria 268
Salix 19, 30, 81, 97
Salpiglossis 297
Salvia 202, 297, 315
Salvinia 269
Sambucus 82, 98, 203
Sanguisorba 203
Santolina 203
Sanvitalia 298
Saponaria 203
Sarcococca 51
Sasa 225
Sasaella 225
Saururus 269
Saxifraga 204
Scabiosa 204
Scilla 248
Scirpus 269
Scutellaria 270
Scyadopitys 110
Sedum 204
Sempervivum 205
Senecio 270, 298
Sequoia 111
Sequoiadendron 111
Sesleria 226
Sidalcea 205
Sinarundinaria 226
Skimmia 51
Smilacina 206
Solanum 142, 270, 315
Solidago 206
Solidaster 206
Sophora 20, 32
Sorbaria 82
Sorbus 20, 32
Sparganium 270
Sparrmannia 315
Spartina 226
Spartium 82
Spiraea 82, 98
Stachys 207, 271
Staphylea 83
Statice 298
Stephanandra 83
Sternbergia 248
Stipa 226
Stranvaesia 51
Stratiotes 271
Symphoricarpos 84, 98
Symphytum 207, 271
Syringa 84

Tagetes 298
Tamarix 85
Taxodium 20, 111
Taxus 99, 111
Telekia 207
Tellima 207
Thalictrum 208
Thelypteris 226, 271
Thuja 99, 112

Thujopsis 113
Thunbergia 299
Thymus 208
Tiarella 208
Tibouchina 315
Tilia 20, 32, 99
Tolmiea 209
Torreya 113
Tradescantia 209
Trapa 272
Tricyrtis 209
Trifolium 210
Trillium 248
Triteleia 248
Tritonia 249
Trollius 210
Tropaeolum 299
Tsuga 113
Tulipa 249
Typha 272

Ulex 85
Ulmus 21, 32, 100
Urginea 251
Vaccinium 52
Valeriana 272
Vallota 251
Veratrum 210
Verbascum 211, 299
Verbena 211, 300
Veronica 211, 272
Viburnum 52, 86, 316
Vinca 211
Viola 212, 300
Viscum 52
Vitis 142
Waldsteinia 212
Washingtonia 316
Weigela 86
Wisteria 142
Woodsia 226

Yucca 212

Zea 300
Zelkova 21
Zephyranthes 251
Zinnia 300

Crédits photographiques

G. Bierna, Voorst : 114-130

International Bloembollencentrum, Hillegom : 227, 228, 229 hg, 229 b, 230 hg, 230 b, 231-237, 238 d, 238 b, 239, 240 b, 241-245, 246 hd, 246 b, 247, 248 m, 248 b, 249 h, 249 bd, 250, 251

Fleurmerc, Wormerveer : 35, 36 g, 39 h, 40 h, 40 bg, 43 d, 56 h, 58 bg, 136 d, 143-160, 161 g, 161 dm, 162 g, 162 d, 163-174, 175 g, 175 d, 176-185, 186 b, 187-197, 198 b, 199-201, 202 hd, 202 bg, 202 m, 203-205, 206 hd, 206 b, 207-209, 210 hg, 210 b, 211, 212, 213 h, 214, 215, 216 hg, 216 b, 217 b, 218-224, 225 hg, 226, 229 d, 230 bd, 238 hg, 240 h, 246 hg, 248 h, 249 bg, 252-258, 259 hg, 259 hd, 260-272, 274 bd, 277 hd, 279 hd, 280 bg, 281 hg, 282 d, 284 hg, 284 d, 285 hg, 286 bg, 287 hd, 288 bg, 290 bd, 292 bd, 294 h, 295 hg, 295 hd, 296 hd, 298 bg, 299 g, 299 hd, 300 hd, 302 g, 304 g, 304 bd, 305 d, 306, 308 hd, 309 g, 310 bg, 311 hg, 314 bd, 315 g, 316 bg, 316 bd.

R. Houtman, Boskoop : 17 hg, 26 hg, 28 hd, 30 m, 33, 39 b, 52 b, 57 h, 60 h, 72 b, 74 bg, 82 d, 102 d, 103 d, 105 d, 106 h, 107 h, 108 h, 132 g, 132 b, 137 h, 142 hg, 175 b, 186 h, 198 h, 202 bd, 206 g, 210 bd, 259 bg, 278 bg, 313 g.

F. Meijer, Landgraaf : 8.

J. Mol, Rijswijk : 10-16, 17 hd, 17 b, 18-25, 26 hd, 26 b, 27, 28 hg, 28 b, 29, 30 h, 30 b, 31, 32, 34, 36 d, 37, 38, 40 bd, 41, 42, 43 g, 43 b, 44, 45, 51, 52 g, 52 h, 53, 55, 56 b, 57 b, 58 h, 58 bd, 59, 60 b, 61-71, 72 h, 73, 74 h, 74 bd, 75-81, 82 g, 83-101, 102 g, 103 g, 103 b, 104, 105 g, 106 b, 107 b, 108 b, 109-113, 131, 132 d, 133-135, 136 g, 137 m, 137 b, 138-141, 142 m, 142 b, 161 b, 162 b, 213 b, 216 hd, 217 g, 217 h, 225 hd, 225 b, 274 g; 274 hd, 275, 276, 277 hg, 277 bd, 279 g, 279 bd, 280 hg, 280 d, 281 bg, 281 d, 282 hg, 282 b, 283, 284 bg, 285 bg, 285 d, 286 hg, 286 d, 287 g, 287 bd, 288 g, 288 hd, 289, 290 g, 290 hg, 291, 292 g, 292 hd, 293, 294 b, 295 bg, 295 bd, 296 g, 296 bd, 297, 298 g, 298 hd, 299 bd, 300 g, 300 bd, 301, 302 hd, 303, 304 hd, 305 g, 307, 308 hg, 308 bd, 309 d, 310 d, 311 bd, 312 g, 312 hd, 313 d, 314 g, 314 hd, 315 d, 316 hg, 316 hd.

G.M. Otter, IJsselstein : 302 bd, 308 bg, 310 hg, 311 bg, 311 hd, 312 bd.

S.W.T. Tolboom, Didam : 6.

Remerciements

L'auteur et les éditeurs tiennent à remercier tout particulièrement les personnes, établissements et organismes dont les noms suivent, sans lesquels cet ouvrage n'aurait pu voir le jour.

Plantes vivaces : Rob de Boer, Frederiksoord ; Decker-Jacobs bv, Heythuysen ; Ploeger, De Bilt : J. de Jong en Zonen, Aalsmer ; Gebr. Koetsier, Boskoop ; Rijnbeek en Zoon, Boskoop ; De Kleine Plantage, Eenrum : Afien Torringa. **Arboriculteurs :** De Bonte Hoek, Glimmen. **Plantes à bulbes et tubercules :** Kwekerij P.C. Nijssen, Heemstede ; Bloembollen- en zaadhandel Van Tubergen, Heemstede. **Plantes en pots et en bacs :** De Egelantier, Paterswolde. **Rosiéristes :** Van Wanroy Rozen, Haps ; Tuincentrum Vroom Dorkwerd, Groningen. **Graineteries :** Cruydt-Hoeck, Groningen ; Hamer Bloemzaden, Hendrik-Ido-Ambacht ; Van Hemert & Co, Waddinxveen. **Bambous :** Oosterwijck, Gilze ; Jos van der Palen, Groei en Bloei.